홀로 하는 공부라서
외롭지 않게 사람in이 동행합니다.

외국어, 내가 지금 제대로 하고 있는지, 정말 이대로만 하면 되는지 늘 의심이 듭니다.
의심이 든다는 건 외로운 거지요. 그런 외로운 독자들에게 힘이 되는 책을 내고 있습니다.

외국어가 나의 언어가 되는 그때까지, 이해의 언어와 훈련의 언어로 각 단계별 임계점에 이르는 방법을 제시하여, 언어 학습의 시작점과 끝점을 확실히 제시하는 정직하고 분명한 책을 만듭니다.

미국적인 너무나 미국적인

미국 영어 회화

2

미국 영어 회화 2

지은이 김아영
개정판 1쇄 인쇄 2021년 1월 14일
개정판 1쇄 발행 2021년 1월 28일

발행인 박효상 **편집장** 김현 **기획·편집** 김준하, 김설아 **디자인** 이연진
디자인 싱타디자인 고희선
마케팅 이태호, 이전희 **관리** 김태옥

종이 월드페이퍼 **인쇄·제본** 현문자현

출판등록 제10-1835호 **발행처** 사람in **주소** 121-839 서울시 마포구 양화로 11길 14-10 (서교동) 3F
전화 02) 338-3555(代) **팩스** 02) 338-3545 **E-mail** saramin@netsgo.com
Website www.saramin.com

책값은 뒤표지에 있습니다.
파본은 바꾸어 드립니다.

ISBN
978-89-6049-884-6 14740
978-89-6049-882-2 (세트)

우아한 지적만보, 기민한 실사구시 사람in

SPEAKING

〈조금은 특별한 미국
보통 사람들의 영어〉 개정판

CANDACE WARMKA
ANDRA COPELAND
STEVE COCKE
JENNIFER ACKER
GALE WORKMAN

미국적인 너무나 미국적인

미국 영어 회화

2

김아영 지음

사람in

Prologue 프롤로그

〈미국 영어 회화 1(개정전 〈미국 보통 사람들의 지금 영어〉)〉에 대한 독자들의 반응은 제가 생각했던 것보다 뜨거웠습니다. 사실 중, 고급 학습자들을 겨냥한 영어책은 마케팅이 힘들다는 국내 출판계의 통념으로 인해 출간할 당시 큰 기대가 없었기 때문에 그것은 더욱 놀라운 결과였습니다. 그리고 서평과 이메일 등을 통해서, 어학교재용으로 인위적으로 만들어진 대화문이 아니라 Natural Setting에서 실제 미국 사람들이 쓰는 살아있는 진짜 영어를 공부할 수 있다는 점에 많은 독자들이 매료되었다는 사실을 알 수 있었습니다. 어떤 독자들은 미국 드라마나 영화처럼 각본에 쓰여진 대화가 아니라, 현재 미국에 살고 있는 보통 사람들의 꾸미지 않은 모습을 그대로 담은 진정성 있는 대화를 통해 학습할 수 있다는 것 또한 이 책의 커다란 장점으로 꼽는다고 했습니다.

그런 반응들을 보면서, 저는 많은 독자들이 제가 이 시리즈를 집필하게 된 동기와 또 제가 가지고 있는 언어교육철학에 대해 깊이 이해하고 있다는 생각이 들었습니다. 언어를 공부하는 방식이 다른 학문을 공부하는 방식과 달라야 하는 이유는, 언어가 의사소통의 도구여서이기도 하지만, 언어라는 것이 지금 바로 이 순간에도 어디선가 누군가 사용하고 있기에, 다시 말해 생동(生動)하기 때문입니다. 우리가 공부하는 영어의 경우, 미국, 영국, 호주, 캐나다 등의 나라에서 독자님께서 이 글을 읽고 계신 지금 이 순간에도 수많은 사람이 이 언어를 통해 자기 생각을 말하고 표현하고 있지요. 그런 연유에서 저는 독자님들이 영어를 공부할 때, 어떤 형태로든 인위적으로 만들어진 대화문을 지표로 삼으며 학습하기보다는, 보통의 원어민들이 일상에서 자주 쓰는 말의 샘플을 지표 삼아 공부했으면 하는 생각을 아주 오랫동안 해왔고, 그 결과 기획된 책이 바로 〈미국 영어 회화〉 시리즈입니다.

〈미국 영어 회화 2(개정 전 〈조금은 특별한 미국 보통 사람들의 영어〉)〉 또한 〈미국 영어 회화 1〉과 똑같은 포맷과 형식을 취하고는 있지만, 인터뷰한 이들은 앞서 만나본 5명의 미국인들과는 또 판이하게 다른 개성을 가진 사람들입니다. 미국의 50분의 1 정도 크기밖에 되지 않는 우리나라에도 많은 다양한 사람들이 살고 있듯이, 미국은 더욱 다양한 색깔을 가진 사람들이 어울려 살아가고 있는 곳입니다. 그들의 모습과 생각이 제각기 다 다른 것처럼, 같은 영어라도 당연히 다른 색깔을 가집니다. 그리고 언어학계에서는 이런 개개인이 가지고 있는 특유의 언어를 "idiolect"라고 부르지요. 그러니, 독자님들께서는 〈미국 영어 회화 2〉에서 인터뷰한 또 다른 보통 사람들의 영어를 접하시면서 영어의 세계에 한층 더 깊이 들어가 보시기 바랍니다.

플로리다에서 저자 **김아영**

영어를 글과 눈으로 배운 당신에게 전하는 글

대여섯 줄이 넘어가는 긴 문장도 정확히 이해하고 외국인과의 필담도 무리 없이 가능한 당신을 우리는 영어 중급자라고 부릅니다. 하지만, 그에 반해 회화 실력은 어떤가요? 눈으로 보면 술술 이해하는 독해력과 의사전달이 가능할 만큼의 작문 실력에 비례해 말로 하는 의사소통 즉, 회화를 제대로 하고 있나요? 글쎄요, 아마 **자신이 영어 중급자라고 생각하는 사람들 대부분은 독해력과 작문이 중급이지 회화는 절대 중급이 아닐 겁니다.** 마음 상해하지 마세요. 비난하려는 게 아니라 사실을 말하는 거니까요.

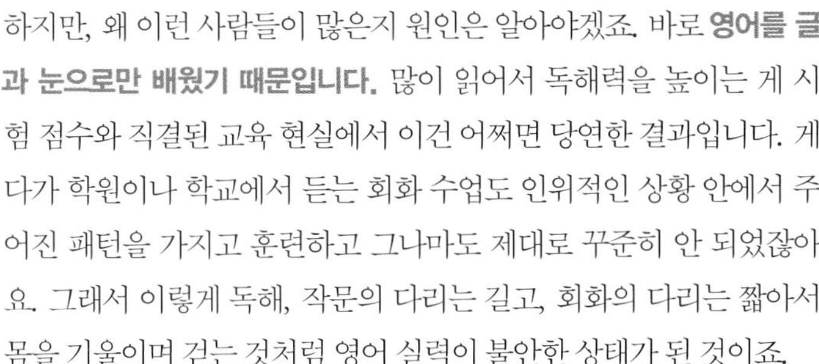

하지만, 왜 이런 사람들이 많은지 원인은 알아야겠죠. 바로 **영어를 글과 눈으로만 배웠기 때문입니다.** 많이 읽어서 독해력을 높이는 게 시험 점수와 직결된 교육 현실에서 이건 어쩌면 당연한 결과입니다. 게다가 학원이나 학교에서 듣는 회화 수업도 인위적인 상황 안에서 주어진 패턴을 가지고 훈련하고 그나마도 제대로 꾸준히 안 되었잖아요. 그래서 이렇게 독해, 작문의 다리는 길고, 회화의 다리는 짧아서 몸을 기울이며 걷는 것처럼 영어 실력이 불안한 상태가 된 것이죠.

이 책은 바로 그런 여러분을 위해 기획되었습니다. 독해력이나 작문에서는 꿀리지 않지만, 외국에서 오는 전화를 혹시라도 나한테 바꿔 주지 않을까 늘 노심초사하는 독해·작문 중급, 회화 초급자인 여러분들을 위해 말이죠. 이런 특수한 상황의 여러분들에게 영어 전 분야가 초급인 학습자용 대상의 회화 책은 맞지 않습니다. 그래서 여러분들에게는 어떤 책이 맞을까 고심했죠. 그리고 과연 어떤 것이 회화만 잡히면 진정한 중급 또는 고급이 될 수 있는 학습자들에게 효과가 있을지요. 그래서 찾아낸 것이 바로 미국 보통 사람들과의 인터뷰입니다.

무슨 근거로 미국 보통 사람들과의 인터뷰를 영어 불균형을 앓고 있는 독자들에게 효과 좋은 처방전으로 가져왔을까요? 또 그것이 영어의 균형 감각을 갖추는 데 어떻게, 또 얼마나 도움이 될 수 있을까요? 이에 대한 자세한 설명이 다음 페이지에서 펼쳐집니다.

조금은 특별한 보통 미국인의 인터뷰가 회화 불균형에 특효약인 이유

1 동시대인으로서 느끼는 공감이 흥미를 유발

공부나 인간 관계의 핵심을 관통하는 키워드는 바로 '공감'입니다. 여기 나온 다섯 명의 이야기를 읽다 보면 피부색과 환경은 다르지만 '아! 사람 사는 건 한국이나 미국이나 다 같구나!'라고 느끼게 될 겁니다. 이렇게 공감이 되면 마음이 열리고 영어가 어렵지 않습니다. 그 사람들이 이럴 때는 이 표현을 쓰고, 저럴 때는 저 표현을 쓰는구나 알게 되는 게 즐겁기 때문이죠. 그래서 하늘이 두 쪽이 나지 않고는 만나기 힘든 유명 인사가 아니라 지극히 평범한, 그러면서도 인생과 이야기의 주제가 있는 사람들을 선정해 담담히 이야기를 풀었습니다.

2 말을 던지고 받아치면서 익히는 양방향 소통이 가능

미드나 TED, 영어 학습에 정말 좋은 자료입니다. 하지만 모두에게 좋은 자료가 될 수는 없습니다. 더군다나 회화가 초급인 사람들에게는 말이죠. 이건 일방적으로 듣기만 하는 일방향 영어이기 때문입니다. 회화의 목적은 의사소통이고, 의사소통은 내가 던지는 말을 상대가 이해하고 또 반대로 상대가 던지는 말을 내가 맞받아칠 수 있어야 합니다. 그걸 현실성 없는 미드나 피드백 없이 혼자 말하는 스타일의 TED로는 할 수 없습니다. 그래서 택한 것이 바로 미국인들과의 인터뷰입니다. 인터뷰 하니까 어려워 보이지만, 음, 오프라 윈프리(Oprah Winfrey) 쇼에 톰 크루즈(Tom Cruise)가 나오는 걸 본 적이 있을 거예요. 둘이 편안하게 앉아서 이야기를 주고 받는 모습이요. 이 책이 그것의 보통 사람 버전이라고 보면 됩니다.

여기 나오는 미국인들은 질문을 던지고 반응하며 이야기를 이끌어 가는 인터뷰어와 함께 자신의 이야기를 풀어 놓습니다. 피드백을 던지는 사람이 있어서 그때그때의 반응에 맞게 말하는데, 이건 양방향 소통을 한다는 거죠. 이렇게 말을 던지고 받아치면서 이야기를 이끌어 가려면 많은 스킬이 필요합니다. 주제에 벗어난 이야기를 하다가도 다시 원래 주제로 돌아올 수 있어야 하고, 상대방이 이해를 못하거나 잘못 이해하면 그것을 정정해 주기도 해야 합니다. 때로는 반박하거나 찬성도 하고 말이 안 되는 얘기가 나오면 무시도 할 수 있어야 합니다. 바로 이런 게 우리가 회화에서 가장 중점적으로 배워야 하는 것이고, 이 모든 걸 가능하게 하는 것이 인터뷰이며, 이 책이 바로 인터뷰의 최적 모델이랍니다.

3 자연스런 분위기의 인터뷰에 쓸어 담고 싶은 표현이 한가득!

이런 인터뷰가 회화에 좋은 자료인 건 억지 설정을 하지 않고 편안한 분위기에서 이야기를 나누기 때문에 인터뷰어와 인터뷰이들의 화법과 자연스럽고 공감 가득한 표현, 화술을 그대로 익혀 실제 회화에 응용할 수 있다는 것입니다.

시중에 회화책들은 많이 나와 있지만, 내용면에서는 좀 천편일률적인 편입니다. 하지만 이 책은 배경과 출신이 다른 다섯 명이 말하는 걸 듣고 배울 수 있다는 묘미가 있습니다. 매사에 자신감이 넘치고 긍정적인 에너지가 샘솟는 사람, 타인을 바라보는 따뜻한 시선을 그대로 표현하는 사람, 만연하는 편견에 여리지만 꿋꿋하게 자신의 의견을 피력하는 사람 등, 듣고 말하다 보면 어느 하나 똑 같은 내용이 없고 똑 같은 시선이 없고, 똑같은 어법, 태도가 없습니다. 서로 비슷한 듯하면서도 개성 다양한 사람들의 이야기와 그들만의 이야기 전개 방식을 자기 것으로 만드는 과정에서 여러분의 회화 실력은 한층 업그레이드 될 것입니다.

4 적은 돈으로 내 방에서 편하게 하는 톡톡한 효과의 어학 연수

많은 사람들이 회화 실력을 늘이기 위해 외국으로 어학 연수를 가 볼까 고민합니다. 하지만, 들인 시간과 돈, 노력에 비해 실제로 얻는 게 그리 크지 않은 경우가 많습니다. 그리고 막상 어학 연수를 떠난다고 해도 보통 사람들과 만나서 이 책에 나올 정도의 대화를 하려면 나름의 노력과 수고를 들여야 합니다. 하지만 이 책은 여러분의 그런 수고를 덜어 줍니다. 어디서 이렇게 다양한 배경의 사람들을 만나서 심도 깊게 이야기하고, 그것을 온전히 내 머리와 마음에 이해시킬 수 있을까요? 여러분이 할 일은 하루에 한 시간만 시간을 내는 것입니다. 그리고 그 시간에 초집중하여 이들의 대화를 계속해서 반복해 듣고 말하는 것입니다. 그렇게 꾸준히만 한다면 최소의 비용으로 6개월 어학 연수의 효과를 볼 수 있다고 감히 장담합니다.

우리의 시선을 고정시키는
5명의 조금은 특별한 미국 보통 사람들

Candace Warmka

보통 미국 학생들에 비해 더 예의 바르고 단아한 분위기의 그녀는 아버지가 미국인이고 어머니가 한국인인 Half-Korean입니다. Candace는 대학원 인턴 시절부터 영문법 공부를 정말 열심히 해서 현재 플로리다 주립대 어학연수원의 최고 인기 영문법 강사랍니다. 한국과 미국 이 두 나라 문화의 장점만 쏙 가져다가 흡수한 그녀의 흥미로운 문화 이야기를 들어 보세요.

I think the more you interact with others, the richer your life is.

당신이 다른 사람들과 소통을 많이 할수록, 당신의 삶은 더 풍요로워질 거라고 생각해요.

Andra Copeland

오랜 시간 미국에 살았음에도 전혀 미국화되지 않은 액센트, 겉모습에서부터 풍기는 정통 영국풍의 절제된 분위기, 미국에 살고 있는 영국 보통 사람, Andra Copeland 씨입니다. 미국에 사는 이방인 그리고 이민자로서 제게 동질감을 갖고 따뜻하게 배려해 준 그녀는 플로리다주 탈라하시에서 유아원 원장을 하고 있어요. Andra 씨를 통해 그녀의 고향 스코틀랜드 문화를 함께 경험해 보세요.

My philosophy of life is to leave this world a better place.

제 인생관은 이 세상을 좀 더 나은 곳으로 남겨 주는 것입니다.

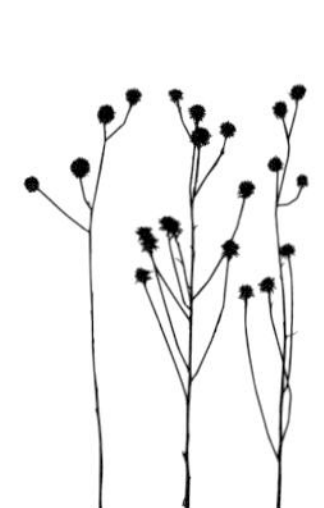

Steve Cocke

한국인보다 더 깊은 한국 음식의 맛을 알고 즐기는 Steve 교수. 허리케인과 태풍을 포함한 날씨와 기후에 대해 연구하며 그 분야에 끊임없는 투지와 열정을 쏟는 모습은 모두에게 큰 귀감이 됩니다. 미국 플로리다에 사는 과학자가 어쩌다 한국 음식에 이렇게 빠져들게 되었고, 또 멋진 한국인 부인을 만나서 결혼까지 하게 되었을까요? 다소 독특한 취향의 Steve Cocke 씨의 이야기가 펼쳐집니다.

Like with food, I think everyone probably has their own recipe for happiness.

마치 음식처럼, 저는 모두가 행복해지는 데 대한 저마다의 방법이 있을 거라고 생각합니다.

Jennifer Acker

셰익스피어 작품의 줄리엣, 데스데모나, 오필리아가 되었다가, 현대극에서는 뮤지컬 "렌트"의 모린으로, 수많은 멋진 역할로 변신하는 Jennifer Acker 씨는 애틀랜타에서 가장 큰 극단의 프로 연극배우로 활동하고 있어요. 남다른 성실성과 프로정신으로 현재는 명성 있는 극단의 교육 담당 총 책임자로 중요한 임무를 맡고 있기도 합니다. 배우로서의 삶이 마냥 쉽지 않음에도 자신의 꿈을 좇는 삶을 살아가고 있는 아름다운 그녀의 이야기와 흥미로운 무대 뒷얘기에도 귀 기울여 보세요.

Happiness is knowing your most authentic self, knowing your true voice, and being able to communicate it.

행복은 자신의 진정한 자아를 아는 것, 자신의 진짜 목소리는 아는 것, 그리고 그것을 전달할 수 있는 것이라고 생각해요.

Gale Workman

플로리다에서 유명한 흑인 대학(Florida A&M University)의 첫 백인 여자 교수이자, 신문방송학과 교수이면서 '외국어로서의 영어 교사 자격증 과정'을 완벽하게 최고점으로 마친 학생으로 매우 독특한 이력을 가진 Gale Workman 교수. 여행을 좋아해서 71개국을 방문했고 앞으로 여행할 나라를 버킷 리스트에 적어 둔 노교수의 꿈은 앞으로도 계속 이루어질 것입니다.

Happiness for me is having the freedom to make my own choices.

저한테 행복이란, 제가 원하는 선택을 할 수 있는 자유가 있다는 것이에요.

이 책의 특징

중급으로 도약하려는 독자를 대상으로 한 최초의 영어 인터뷰 회화책

일반인을 게스트로 초대해 진행한 인터뷰를 그대로 실은, 최초의 회화책입니다. 가벼운 인사말을 시작으로 정치, 인종, 전문 분야 등의 수준 높은 이야기로 자연스럽게 전개되는 방식이 그대로 책 속에 펼쳐집니다. 누구나 공감할 만한 주제로 어떻게 대화를 이어 가는지, 해당 상황에는 어떻게 답변하는지 양방향 소통의 룰을 자연스럽게 익힐 수 있습니다.

자연스러운 분위기에서 행해지는 실용성, 활용도 120%의 영어 표현

연출한 상황이 아닌 자연스러운 분위기에서 인터뷰를 진행했고, 거기에 쓰인 회화, 어휘 등은 현실감이 톡톡 묻어나는 것으로 회화에 바로 활용 가능합니다. 인터뷰에 나온 주요 표현과 어휘, 문법 설명에 나온 짧은 대화문 역시 미국 현지인의 사고를 생생히 전달합니다.

실력이 향상되지 않고는 못 배기는 4단계 스피킹 트레이닝

인터뷰의 내용이 좋고 알아두고 싶은 표현과 문장이 아무리 많아도 또 그냥 눈으로 읽고 고개만 끄덕거린다면 아무 소용 없겠죠? 서 말인 구슬을 보배로 만들기 위해 실로 꿰어야 하듯이 회화 역시 듣고 입으로 훈련해야 합니다. 그래서 회화가 늘지 않고는 못 배기는 4단계 speaking 훈련 과정을 제시했습니다.

1단계	2단계	3단계	4단계
문장 또박또박 끊어 읽기 - 청크 단위로 끊어 읽으면서 입 근육을 풀어 줍니다.	제시된 어휘로 문장 완성하기 - 앞서 공부한 내용을 얼마나 자기 것으로 만들었는지 확인하는 과정으로 회화 훈련에서 빼놓을 수 없습니다.	자기 상황에 맞게 문장 완성하기 - 회화는 결국 자신의 상황에 맞게 응용할 수 있어야 훈련의 의의가 있습니다. 살짝 어렵지만 해봐야겠다 동기를 부여합니다.	질문에 자기만의 표현으로 답하기 - 회화 훈련의 최고난도 과정으로 머릿속에서 영어로 생각하는 과정과 입으로 나오는 과정을 동시에 훈련합니다.

현지에서 녹음한 생생한 음원

플로리다 현지에서 실제 저자-인터뷰이 실황을 녹음한 생생한 음원을 제공합니다. 기존 틀에 박힌 비슷하고 딱딱한 방식의 원어민 대화문이 아닌 다양한 지역 출신의 현지 미국인들이 말하는 스피드와 톤, 억양이 그대로 담겨 있어 듣는 것만으로도 굳었던 귀 근육을 말랑하게 하는 데 도움이 됩니다.

이렇게 활용하면 효과 UP!

외국어 교육학에서는 schema reading (배경 읽기)을 독해력을 높이는 요소로 보고 중요시합니다. 배경 지식이 전무한 상태에서 읽는 것보다 배경 지식을 갖추고 읽으면 이해력과 기억에 훨씬 더 도움이 된다고 하네요. 한글만 있다고 건너뛰지 말고 꼭 읽으셔야 합니다. 여기서는 인터뷰이의 현재 하는 일과 성장 배경, 저자와의 인연이 소개됩니다.

꽤 긴 인터뷰 풀 스크립트를 곧바로 제시하지 않고, 전체 인터뷰 내용을 적당한 분량으로 나누어 한글 해석을 먼저 제시하고 바로 옆 페이지에 영어 인터뷰가 보이게 했습니다. 이렇게 한 이유는 한글을 먼저 읽으면서 배경을 쌓고, 영어로 어떻게 말하는지 확인하는 과정에서 학습에 대한 심리적 부담이 줄기 때문입니다. 이건 영어로 어떻게 말하지?가 궁금한 문장은 한글 인터뷰 부분에 표시하면서 읽은 후 해당 영어 문장을 옆 페이지에서 찾아 보세요. 그런 다음 QR 코드를 찍어 문장을 여러 번 들어 보세요. 그리고 영어 대화문을 큰 소리로 여러 번 읽으세요. 대화 문에서 주요 어휘와 숙어, 문법 구문에는 강조 표시를 해두었고 바로 뒤에 설명이 나옵니다.

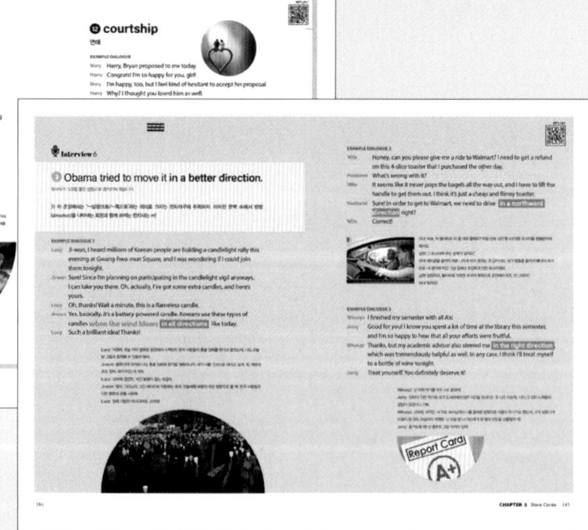

앞에 나온 영어 인터뷰 부분에 번호 표시된 어휘와 문법 사항을 다룬 부분이에요. 간결한 설명에 실용적인 회화문을 실었습니다. 영어 인터뷰 못지 않게 주옥 같은 문장과 표현들이 많이 나오니 역시 여러 번 듣고 따라 말할 것을 권합니다.

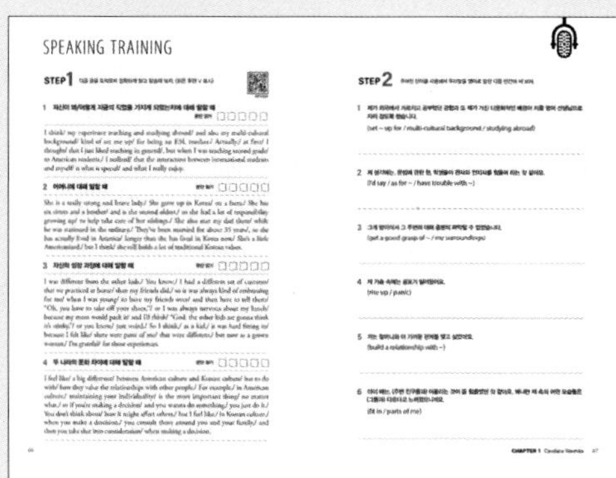

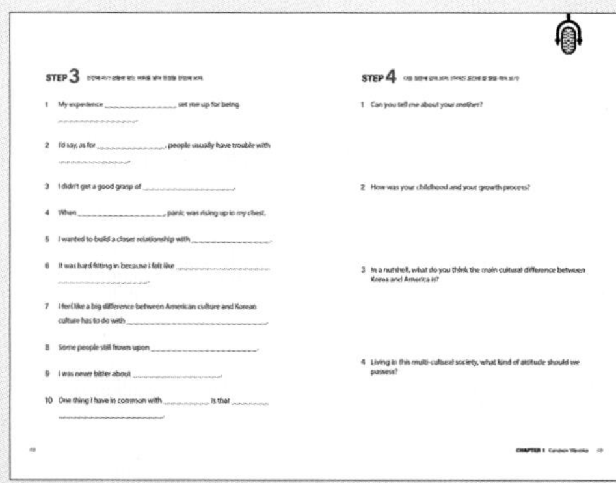

배운 것을 실제 스피킹으로 이어지게 하는 4단계 스피킹 트레이닝 섹션입니다.
*1단계에서는 정해진 상황에서 바로 응용할 수 있는 구문을 뽑아서 또박또박 끊어 읽기–자연스럽게 읽기를 연습합니다.
*2단계에서는 제시된 어휘로 문장을 완성합니다. 앞의 인터뷰를 열심히 했다면 쉽게 풀 수 있습니다. 문장을 완성한 후 여러 번 소리내어 읽는 연습을 하세요.
*3단계에서는 자기 상황에 맞게 문장을 완성합니다. 여기서부터는 응용 학습이므로 살짝 당황할 수 있지만, 걱정하지 마세요. 중급인 여러분은 할 수 있습니다.
*4단계에서는 질문에 자기만의 표현으로 답하는 걸 훈련합니다. 바로 답하기가 힘들다면 빈칸에 적어 가면서 생각을 정리한 후 큰 소리로 말하세요. 모두의 상황이 달라서 정해진 정답은 없지만 뒤에 예시 정답을 수록했으니 참고하세요.
이 4단계 부분을 빠뜨리고 가는 건, 알맹이는 먹지 않고 겉만 핥겠다는 것과 같습니다. 반드시 이 부분을 완벽히 하고 넘어가야 합니다.

앞에서 나누어 공부했던 인터뷰의 full script 버전입니다. 전체 이야기를 끊김 없이 죽 이어 듣고 싶을 때 활용하세요. 청취가 되어야 회화가 된다는 걸 기억하시고요.

저자가 미국에서 생활하며 느낀 생생한 문화 체험이 담겨 있습니다. 베이비 샤워, 지역 감정, 단어 공부 요령, 미국 경찰, 미국 대선 등 흥미롭고 때론 민감한 이슈에 대한 저자만의 깊고도 날카로운 의견이 있어 미국 문화를 이해하는 데 도움이 될 겁니다.

Contents

프롤로그 4
영어를 글과 눈으로 배운 사람들에게 전하는 글 5
조금은 특별한 보통 미국인의 인터뷰가 회화 불균형에 특효약인 이유 6
우리의 시선을 고정시키는 5명의 조금은 특별한 미국 보통 사람들 8
이 책의 특징 9
이렇게 활용하면 효과 UP! 10

Chapter 1
플로리다 주립대 인기 영어 강사
Candace Warmka 16
I think the more you interact with others, the richer your life is.
쉬어가는 페이지 1 : 태어날 아기를 위한 선물 공세 – Baby shower!

Chapter 2
미국에 사는 영국 보통 사람
Andra Copeland 82
My philosophy of life is to leave this world a better place.
쉬어가는 페이지 2 : 미국의 지역감정

Chapter 3
다진 양념 없이는 설렁탕을 안 먹는 과학자
Steve Cocke 150
Like with food, I think everyone probably has their own recipe for happiness.
쉬어가는 페이지 3 : 단어 공부는 반드시 문맥과 함께!

Chapter 4
열정적인 연극배우
Jennifer Alice Acker 204
Hapiness is knowing your most authentic self, knowing your true voice, and being able to communicate it.
쉬어가는 페이지 4 : 미국의 경찰들

Chapter 5
플로리다 대표 흑인 대학의 첫 백인 여자 교수
Gale Workman 262
Happiness for me is having the freedom to make my own choices.
쉬어가는 페이지 5 : 미국 대선 1 & 2

에필로그 322
Answers (STEP 2-4) 324

Tell me
and I'll forget.
Teach me,
and I may remember.
Involve me
and I learn.

Benjamin Franklin

말해 주면 잊어버려요.
보여주면 기억할 수도 있겠죠.
내가 하면 깨달아요.

Benjamin Franklin 벤자민 프랭클린 1706–1790
출판업자이자 정치가, 과학자, 미국 건국의 아버지.

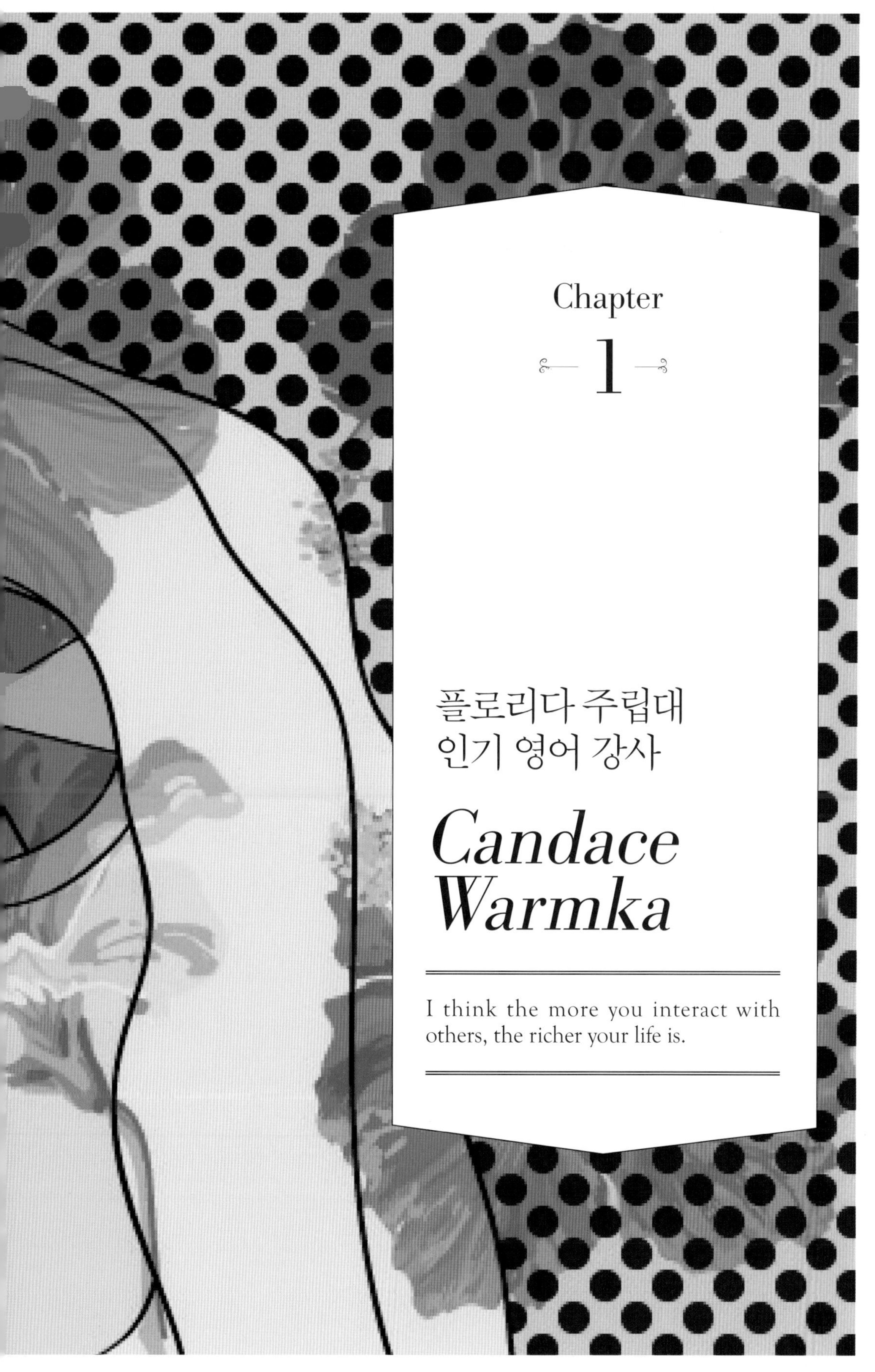

Chapter 1

플로리다 주립대 인기 영어 강사

Candace Warmka

I think the more you interact with others, the richer your life is.

WHO IS SHE

어학원 영어 수업을 할 당시, 수업 외의 내 주요 업무 중 하나는 교육 대학원의 석·박사 인턴 학생들을 트레이닝하는 일이었다. 한국식으로 말하자면 '교생 실습 지도' 정도가 되겠다. 사실 그 일이 대학원생들이 자신이 트레이닝을 받고 싶은 멘토(Montor)를 지정해서 부탁해야만 시작되는 일이기 때문에 어학원 강사들에게 항상 부여되는 업무는 아니었지만, 내 경우 적지 않은 학생들이 나에게 영문법 강의법을 배우고 싶어해서 내가 가르치는 문법 수업에는 영문법 지식을 쌓으려는 인턴이 거의 매 학기마다 한 명씩 있었다.

이렇게 많은 학생들을 가르치고 트레이닝하다 보면, 학기가 끝나기가 무섭게 다들 잊혀져 가기 마련이지만, Candace Warmka는 그렇지가 않았다. 9시에 시작되는 내 문법 수업을 청강하기 위해 그녀는 언제나 30분 정도 일찍 와서 준비하고 있었는데, 사실 내 이목을 끈 것은 이런 그녀의 성실함만은 아니었다. 일반적인 미국 학생들에 비해 윗사람들에게 지나칠 정도로 예의 바르고 공손한 그녀의 태도와 보통의 미국 대학생들과는 사뭇 다른 그녀의 단정한 옷차림과 단아한 몸가짐 등 그녀가 풍기는 분위기는 내게 무척 인상적이면서도 뭔가 낯설지 않은 그런 묘한 느낌을 주었다.

그러던 어느날, 학기가 중반쯤 지났을 때, 그녀가 내게 와서는 자신도 '한국 사람'이라고 말하는 것이었다. 평소 별 생각 없이 다른 대학원생들과 똑같이 그녀를 대했던 나는 그제서야 그녀의 얼굴 속에 어렴풋이 한국인의 색깔이 묻어있음을 알 수 있었다. 그리고 그 순간, 내가 가지고 있던 그녀에 대한 이런

저런 궁금증들이 모두 해소되었다. Candace Warmka는 아버지가 미국인이고 어머니가 한국인인 미국식 표현으로 말하자면, 'Half-Korean'이었던 것이다. 재미있는 사실은 그녀가 내게 자신을 소개할 때, 이 'Half-'를 빼고 그냥 'Korean'이라고 했다는 점이다. 그녀가 자신의 정체성을 한국인이라고 생각하는 것과는 별개로, 내게 그녀는 한국적임과 미국적임을 모두 갖춘 Half-Korean이자 Half-American인 여성이다. 단아한 옷차림과 조심스런 몸가짐, 교육에 대한 열의, 나이 든 사람을 공경하는 태도 등을 보면, 보통의 한국인 엄마 밑에서 자란 평범한 20대의 한국인 여성과 무척 닮아 있지만, 그녀의 검소한 생활 태도와 다름을 존중하는 열린 사고는 보통의 미국인 모습을 갖고 있는 Candace. 한국과 미국 이 두 나라 문화에서 장점만 쏙 가져다가 흡수한 그녀에게 나는 너무나 끌렸고 우리는 금세 가까운 친구가 되었다. 우리는 자주 그녀가 좋아하는 떡볶이, 김치 순두부 찌개 등을 해서 같이 먹으며 한국 드라마를 함께 봤다. 맥주를 마시면서는 쥐포를 찾는 그녀와 함께 있을 때면, 언어만 영어를 쓸 뿐이지 한국인 친구와 함께 있다는 착각마저 든다. 한번은 내가 3시간짜리 강의를 불과 1시간 앞두고 배탈이 나서 힘들어 할 때, Candace가 학교에서 왕복 50분 거리에 있는 한국 식품가게로 가서 정로환을 사다 준 적도 있었다. 이러니, 아무리 친한 미국인 친구들이 여럿 있어도 Candace는 내게 특별한 존재일 수밖에 없다.

그리고 대학원 인턴 시절부터 영문법 공부를 정말로 열심히 했던 그녀가 현재 플로리다 주립대 어학 연수원에서 최고 인기 영문법 강사가 된 것은 많은 대학원생들을 지도했던 내가 볼 때에도 너무나 당연한 수순이었다. 그럼, 플로리다 주립대 최고 인기 영문법 강사인 내 친구 Candace Warmka의 이야기를 인터뷰를 통해 직접 들어 보자.

Interview 1

Candace Warmka

아래 인터뷰를 우리말로 번역한 것을 읽고 영어로 말하고 싶은 표현을 표시해 보자. 표시한 우리말 문장을 각자 영어로 말해 보고, 다음 페이지의 영어 대화문에서 실제로 어떻게 쓰였는지 확인해 보자.

Kim: 자신의 소개를 좀 해 주시겠습니까?

Candace: 제 이름은 캔디스 웜카입니다. 결혼 전 이름은 월터스이고요. 저는 플로리다에서 자랐는데, 제 고향은 세틀라잇 비치라고 불리는 곳입니다. 그곳은 플로리다 동부 해안에 위치해 있어요. 우주선을 띄우는 케이프 커내버럴에서 약간 남쪽에 있죠. 그래서 어릴 때는 좋았어요. 우주선이 발사되는 것은 볼 수 있었으니까요. 지금은 플로리다 주 탈라하시에 사는데, 플로리다 주립대에서 영어를 가르쳐요.

Kim: 그러니까 캔디스 씨는 외국어로서의 영어 강사이시군요. 국제 유학생들에게 영어를 가르치는 것이 재미있으세요?

Candace: 저는 정말 재밌어요. 제 생각에, 제가 외국에서 가르치고 공부했던 경험과 또 제가 가진 다문화적인 배경이 저를 영어 선생님으로 자리 잡도록 한 것 같아요. 사실, 처음에는, 저는 제가 그냥 일반적으로 가르치는 일을 좋아한다고만 생각했었죠. 그 후 초등학교 2학년 미국 학생들을 가르친 적이 있는데, 그때 외국 학생들과 저 사이의 소통이 제가 정말 좋아하고 또 제게 특별한 그 무엇이라는 사실을 깨닫게 되었죠.

Kim: 캔디스 씨도 아시다시피, 이 책의 모든 독자들은 영어를 공부해요. 뭐, 그래서 이 책을 구입했겠지만요. 그분들에게 어떻게 하면 영어 실력을 향상시킬 수 있는지 조언해 주실 수 있으세요?

Candace: 네, 제 생각에는, 무엇보다도, 나가서 배운 영어를 사용해 보는 것이 가장 중요한 것 같아요. 그러니까, 그냥 집에서 공부만 하지 말고, 배운 영어를 사용할 수 있도록 대화 상대를 찾는 것이 그분들이 영어를 더 유창하게 하고 또 언어를 습득하는 데 도움이 될 거예요. 둘째로, 언어만 배우지 말고, 그 언어가 속한 문화 또한 배워야 한다는 것인데, 왜냐면 제 생각엔 그게 더 흥미롭고 어떤 동기 부여도 되면서 또한 그 언어 자체도 더 깊이 이해할 수 있게 되거든요.

Kim: 훌륭한 충고 감사드립니다. 한국 학생들이 가장 흔히 하는 문법 실수도 몇 가지 말씀해 주실 수 있으세요?

Candace: 제 생각에는, 문법에 관한 한, 학생들이 관사 a/an과 the, 그리고 전치사를 힘들어 하는 것 같아요. 하지만, 솔직히, 저는 제가 가르치는 대부분의 학생들이 문법 지식과 어휘 지식을 가지고 있다고 생각해요.

Kim: Can you please tell us a little bit about yourself?

Candace: My name is Candace Warmka. My maiden name is Walters. I grew up in Florida, and my hometown is called Satellite Beach. It's located on the east coast of Florida. It's a little bit south of Cape Canaveral which is where they ❶ **launch** the space shuttles, so that was neat as a kid because I got to see the space shuttles go up. Now I live in Tallahassee, Florida, and I teach English as a Second Language at Florida State University.

Kim: So you are an ESL instructor! How do you enjoy teaching English to international students?

Candace: I really enjoy it a lot. I think my experience teaching and studying abroad and also my multi-cultural background kind of ❷ **set** me **up** for being an ESL teacher. Actually, at first, I thought that I just liked teaching in general, but when I was teaching second grade to American students, I realized that the interaction between international students and myself is what is special and what I really enjoy.

Kim: As you might already know, all the Korean readers of this book are studying English, and well, I guess that's why they've purchased this book. Would you like to provide some tips on how to improve their English for them?

Candace: Yeah, I think, first of all, getting out and using the English is the most important thing, so not just studying at home but ① finding a conversation partner to use the English will **help them with their fluency** and **help them acquire** the language...and the second thing is not just to learn the language, but also the culture of the language because I think that is more interesting and gives some motivation and a deeper understanding of the language itself.

Kim: Thank you for your great advice. Could you also share some of the most commonly made grammar mistakes by Korean students?

Candace: ❸ **I'd say,** ❹ **as for** grammar, my students usually have trouble with the articles, a/an and the, and also prepositions...but to be frank, I think most of my students have good grammar knowledge and vocabulary knowledge.

VOCABULARY & IDIOMS

❶ launch

(로켓을) 쏘아 올리거나, (비행기 등을) 날려 보내거나 (배나 보트를) 띄운다는 의미로 쓰이는 타동사

EXAMPLE DIALOGUE 1

Ryler How was your weekend?

Chloe Well, uneventful, as always… How was yours?

Ryler We went to the closest beach in order to **launch** my dad's new boat.

Chloe Wow, he bought another boat?

Ryler Yeah, and he says it's one of those "high-end" boats that he has been dreaming of.

Chloe Boy, your father must be super rich!

Ryler I wish! He got a mortgage to purchase that boat, and now I'm kind of concerned about our financial status because this is the third boat he has purchased for the last two years. I wish he were collecting boots instead of boats.

Ryler: 주말 잘 보냈어?
Chloe: 글쎄, 별 다른 일은 없었어, 언제나처럼 말야. 넌?
Ryler: 우린 우리 아빠 새 보트를 띄우기 위해 가장 가까운 해변으로 갔어.
Chloe: 와, 너네 아버지 보트를 또 사셨어?
Ryler: 응, 아버지께서는 그게 항상 꿈꿔 오셨던 고급 보트 중 하나라고 하시네.
Chloe: 와, 너네 아버지는 엄청난 부자이신 게 틀림없어!
Ryler: 그랬으면 얼마나 좋을까! 아버지는 그 보트 사시려고 은행 대출을 받으셨는데, 이제 난 우리 집 재정 상태가 걱정 돼, 왜냐면 이게 아버지가 지난 2년간 구입하신 세 번째 보트거든. 난 아버지께서 보트 대신 부츠를 수집하셨으면 해.

EXAMPLE DIALOGUE 2

*launch는 이 외에도 새로운 일을 시작하거나 새로운 상품을 출시한다는 의미로도 쓰인다.

Tim This is great! We've had a very productive discussion. Is there anything else we should talk about?

Tammy Oh, another thing I wanted to give you a heads up on is we're **launch**ing our new product in Japan next month. We'll have to have another meeting with all our staff members to make sure everyone understands how to **launch** this new product successfully.

Tim Sure! What's your schedule like next week?

Tammy I can meet with you on Wednesday morning or Friday afternoon, but I'll have to check everyone else's schedule as well and let you know.

Tim Sounds good!

Tim: 좋아요! 실로 생산적인 토의를 했네요. 우리가 상의해야 할 또 다른 사안이 있나요?
Tammy: 알려 드릴 또 다른 사안은 우리가 신제품을 일본에서 다음 달에 출시한다는 겁니다. 이 신제품을 어떻게 성공적으로 출시할지 모두가 이해할 수 있도록 우리 스탭들 다 함께 회의를 해야 할 것 같아요.
Tim: 물론이죠! 다음 주 스케줄이 어떻게 되나요?
Tammy: 저는 수요일 아침이나 금요일 오후에 만날 수 있지만, 모두의 스케줄도 알아보고 다시 알려 드릴게요.
Tim: 그래요!

VOCABULARY & IDIOMS

❷ set ~ up

"set someone up"은 많은 다른 동사구와 같이 아주 다양한 의미로 쓰이는 숙어이지만, 이 문맥 속에서는 "누군가를 ~로서의 위치/지위로 확고히 하다" 혹은 "누군가를 ~로서 자리 잡도록 하다"라는 정도의 뜻으로 해석된다.

EXAMPLE DIALOGUE 1

Harold Have you heard that Dr. Bewley became the new dean in the psychology department with unanimous support?

Alice That doesn't surprise me. Eveyone is aware of the fact that he's quite well-known in the field of abnormal psychology.

Harold I agree. I heard he was very much influenced by his mother, who is also a renowned psychology professor, and decided to **set himself up** as a psychologist.

Harold: 뷸리 박사님께서 전원 일치의 지지로 심리학과의 새 학장이 되셨다는 소식 들었니?
Alice: 별로 놀랍지는 않아. 그분이 이상 심리학 분야에서 매우 잘 알려진 분이라는 사실은 모두가 다 알고 있잖아.
Harold: 동의해. 잘 알려진 심리학과 교수였던 그분 어머니의 영향을 많이 받으셔서 심리학자로서의 위치를 확고히 하기로 결정하셨다고 들었어.

MP3_003

EXAMPLE DIALOGUE 2

Meg Katie, do you wanna join us for a girls' night out this weekend?

Katie I'd love to, but I'm invited to my cousin's birthday party and need to drive to Miami Beach on Friday night. He says we all should be there because he bought a ferry just for his 25th birthday party this year.

Meg Oh, my God! Is he a millionaire or something?

Katie After graduating from high school, he decided to set up a business instead of going to college. I heard he was financially struggling at first, but his father's investment tremendously helped to **set him up** in his business.

Meg Gosh, I wish I had a father just like his.

Katie Meg, you're a self-made woman in your field. I admire people like you a lot more, and you should be proud of yourself, my friend!

Meg Thanks, Katie. No wonder you're my best friend.

Meg: 케이티, 이번 주말에 걸즈 나잇하는 데 너도 올래?

Katie: 가고 싶은데, 우리 사촌 생일에 초대받아서 마이애미 비치에 차를 타고 가야 해. 사촌이 올해 자기 25번째 생일 파티 하려고 페리도 한 척 샀기 때문에 우리 모두 와야 한다고 해.

Meg: 세상에! 너네 사촌은 백만장자라도 되는 거야?

Katie: 걔는 고등학교 졸업하고 대학에 가는 대신 사업체를 하나 차렸거든. 처음에는 재정적으로 힘들었다고 들었는데, 걔네 아버지의 투자가 그가 사업가로 자리 잡는데 아주 크게 도움이 되었어.

Meg: 진짜, 나도 너네 사촌의 아버지 같은 아버지가 있었으면 얼마나 좋을까.

Katie: 멕, 넌 네 분야에서 자수성가한 사람이야. 난 너같은 사람을 더 존경하니까, 너 자신에 대해서 자랑스러워 해, 친구!

Meg: 고마워, 케이티. 우리가 베프라는 건 너무나 당연한 사실이야.

VOCABULARY & IDIOMS

❸ I'd say ~

제 생각엔 ~인 것 같아요/제가 보기엔 ~인 것 같아요

EXAMPLE DIALOGUE

Patrick Molly, have you ever made the Southern style BBQ sauce?

Molly Which version of the Southern BBQ sauce are you talking about? You know, every region of the South has its own unique style.

Patrick Yeah, I also heard BBQ sauce differs from region to region, but I don't really know the differences. Which one would you recommend?

Molly Well, my favorite is Louisiana BBQ sauce, so-called "Cajun style".

Patrick Is it for people who have a sweet tooth?

Molly Not really. **I'd say** it's for spicy food lovers.

Patrick Fabulous! I love spicy food as well.

Molly Then, try Paula Jeen's recipe. Here it is.

Patrick Well, her recipe is too sweet for me. If I wanna make it less sugary keeping the same flavor, how much sugar should I put here?

Molly **I'd say** about 70% of the original recipe.

Patrick Got it! Thanks!

Molly Anytime!

Patrick: 몰리, 남부 스타일의 바베큐 소스를 만들어 본 적이 있니?

Molly: 어떤 버전의 남부 바베큐 소스를 말하는 거야? 알다시피, 남부의 각각의 지방이 모두 그들 고유의 스타일을 가지고 있거든.

Patrick: 그렇지, 나도 바베큐 소스가 각 지방마다 다르다고는 들었는데, 난 그 차이를 정말 모르겠어. 넌 어떤 걸 추천하고 싶어?

Molly: 글쎄, 내가 좋아하는 건 소위 '케이준 스타일'이라고 불리는 루이지애나 바베큐 소스야.

Patrick: 그건 단 걸 좋아하는 사람들을 위한 소스야?

Molly: 아니. 내 생각엔 그건 매운 걸 좋아하는 사람들을 위한 소스야.

Patrick: 잘됐다! 나도 매운 요리 엄청 좋아하거든.

Molly: 그렇다면, 폴라 진의 레시피로 한 번 만들어 봐. 자, 여기 있어.

Patrick: 음, 폴라 진의 레시피는 나한테는 너무 달아. 같은 맛을 유지하면서 조금 덜 달게 하고 싶으면, 설탕을 얼마나 넣어야 해?

Molly: 내 생각에 원래 레시피의 한 70% 정도 넣으면 될 것 같아.

Patrick: 알았어! 고마워!

Molly: 천만에!

MP3_004

❹ as for

~에 대해서/관해서

EXAMPLE DIALOGUE

(The phone rings.)

Receptionist Hello, this is Florida Swim School. How may I help you?

Enrollee Hello. I'm sorry to say this, but I won't be able to attend the summer swimming lesson I have enrolled in and was wondering how I could withdraw from the class and get my money back.

Receptionist What's your name, sir?

Enrollee It's Tom Hunks.

Receptionist How do you spell your last name?

Enrollee H-U-N-K-S.

Receptionist Okay...Mr. Hunks, I've removed your name from the list. **As for** the refund, you will have to make your request via e-mail so that I can forward your request to our financial staff to process your cancellation. They'll let you know about the cancellation fee as well.

Enrollee Thank you, ma'am. Can I find your e-mail address on your website?

Receptionist Yes, sir.

Enrollee Thank you very much. Have a nice one!

Receptionist You, too! Bye.

(전화벨이 울린다.)

접수원: 여보세요. 플로리다 수영학교입니다. 어떻게 도와 드릴까요?

등록자: 여보세요. 이런 말씀드리기 죄송하지만, 제가 등록한 여름 수영 강습을 못 듣게 되어서, 어떻게 수업을 취소하고 환불을 받을 수 있을까 해서요.

접수원: 성함이 어떻게 되세요?

등록자: 톰 헝크스 입니다.

접수원: 성의 철자가 어떻게 되세요?

등록자: H-U-N-K-S입니다.

접수원: 알겠습니다. 헝크스 씨, 명단에서 귀하의 성함을 삭제했습니다. 환불에 관해서는 이메일로 요청하시면 제가 귀하의 이메일을 저희 재정 담당자가 취소 절차를 밟을 수 있도록 전달해 드릴 수 있습니다. 그쪽에서 취소 요금에 대해서도 안내해 드릴 거예요.

등록자: 감사합니다. 이메일 주소는 웹사이트에서 찾을 수 있을까요?

접수원: 네, 그렇습니다.

등록자: 정말 고맙습니다. 좋은 하루 보내세요!

접수원: 귀하께서도 좋은 하루 보내세요! 안녕히 계세요.

Interview 2

Candace Warmka

아래 인터뷰를 우리말로 번역한 것을 읽고 영어로 말하고 싶은 표현을 표시해 보자. 표시한 우리말 문장을 각자 영어로 말해 보고, 다음 페이지의 영어 대화문에서 실제로 어떻게 쓰였는지 확인해 보자.

Candace: (계속) 문제는 그들이 그것을 유창하게 사용할 수 있도록 하는 데에 있지요... 그게 사실 힘든 부분인데, 많은 경우 제 한국 학생들은 뭔가를 말하면 매우 정확하지만, 그들은 많이 말하지를 않아서, 저한테 힘든 점이라면 그들이 더 많이 말하게 하면서 유창성을 향상시키 도록 하는 데에 있어요. 그래서 저는, 문법적 정확도에 관한 한, 학생들이 잘하고 있다고 생각해요.

Kim: 그렇다면, 한국인들이 잘하는 발음 실수에는 어떤 것들이 있을까요?

Candace: 사실 발음은 정말 유창성와 관련이 있어서, 그거야말로 제 생각에는 학생들이 더 열심히 노력해야 하는 부분이에요. /L/과 /R/ 발음들, 그리고 제가 가르치는 모든 다른 나라 ESL(English as a Second Language: 영어를 외국어로 배우는) 학생들처럼, /th/ 발음도 어려운 것 같아요.

Kim: 무성음 /th/ 발음이요? 아니면, 유성음 /th/ 발음을 말씀하세요?

Candace: 제 생각엔 둘 다요. 하하...

Kim: 감사합니다, 캔디스 씨. 저는 캔디스 씨가 한국에서도 1년 정도 영어를 가르치셨다고 알고 있는데, 그렇죠? 한국의 독자들과 나눌 재미난 일화 같은 것 있으세요?

Candace: 네... 사실, 이건 제가 한국에 간 지 2주 째 되었을 때 일어난 일이에요. 제가 처음 한국에 갔을 때는 추석 연휴 중이어서 모두가 휴가 중이었는데, 그래서 저희 외삼촌께서 저를 데리러 오셨어요. 그 첫 주는 친척분들이 저를 데리고 계셔서 저는 아무것도 걱정할 필요가 없었는데, 그 다음 주에 가서 저와 함께 가르칠 선생님을 학교에서 만나야 했죠. 그곳에 저녁에 갔고, 그 선생님께서 저에게 그 근처를 구경시켜 주셨는데, 그게 밤이어서 주변에 대해 충분히 파악할 수 없었어요. 그 다음 날 아침에 깨서는, 저는 "오케이, 직접 나가서 한 번 살펴봐야지."라고 생각했죠. 집을 떠난 지 5분이 지나서 저는 조금 불안한 마음이 들어서, "그래, 다시 돌아가야겠어."라고 생각해서 그 근처를 봤는데, 모든 게 다 똑같아 보이는 거예요. 저는 제 집 문이 어떻게 생겼는지, 혹은 어디로 가야 하는지를 기억할 수가 없어서, 몇몇 지나가는 사람들에게 물어봤고, 제 주소를 보여 줬지만, 그분들은 저를 도와줄 수 없었어요. 그분들은 영어를 할 줄 모른다는 사실 때문에 (저와 말하는 것을) 두려워했거든요. 그런데 그때, 드디어 학교가 끝나서 아이들이 나왔는데, 저는 "아이들이야! 잘됐다! 걔들은 학교에서 영어를 배울 거야."라고 생각해서는 그들에게 다가갔죠. 제가 말을 건 여자애들은 좀 긴장을 했는데, 걔들은 제 집이 어딘지 몰랐고, 저를 보고는 웃었어요. 제 가슴 속에는 공포가 밀려왔어요.

MP3_005

Candace: (Continuing) ❷ It's just getting them to use it with fluency... that's the hard part, so a lot of times my Korean students will say something, and it's very accurate, but they just won't say a lot, so I think the trick for me is getting them to work on their fluency by talking more. So I think ❺ **in terms of** grammar accuracy, they're pretty good.

Kim: Then, what are some common pronunciation mistakes that Koreans make?

Candace: Actually, pronunciation ❻ **is** really **linked to** fluency, so this is something that I'd say my students need to work on more. Probably the /L/ and the /R/ sounds, and as with all my ESL students, the /th/ sound's difficult too.

Kim: Are you talking about the voiceless or the voiced /th/ sound?

Candace: I'd say both. Haha...

Kim: Thanks, Candace. I understand you also taught English in S. Korea for about a year, didn't you? Do you have any hilarious anecdotes to share with the Korean audience?

Candace: Yeah... actually, this happened the second week I was in Korea. So when I first got to Korea, it was during Chuseok, so everyone was on holiday, and my uncle came to pick me up. That first week they took care of me, so I didn't have to worry about anything, and then the next week I had to go and meet my co-teacher at my school. I got there in the evening, and she ❼ **showed** me **around**, but it was at night, so I didn't ❽ **get a good grasp of** my surroundings. When I woke up in the morning, I thought "OK, I'm gonna go and explore." Five minutes after leaving my house, I felt a little ❾ **uneasy**, so I was like, "OK, I need to ❿ **turn back**," and I looked at the neighborhood, and everything looked the same. I couldn't remember what my door looked like or where to go, so I asked some adults, and I showed them my address, but they couldn't help me. They were scared because they didn't know how to speak English. And then finally school ⓫ **let out**, and the kids came out, and I thought, "Kids! This is perfect! They're probably learning English in school," so I approached them. The girls I approached were a little nervous, and they told me they didn't know where my house was, and they laughed at me. ⓬ **Panic was rising up in my chest**.

VOCABULARY & IDIOMS

5 in terms of

~의 측면에서 보자면/~에 관하여는

EXAMPLE DIALOGUE

Son Mom, another company offered me a job, and I don't know what to do now.

Mom I thought you had already decided to accept the job offer from Samsang.

Son **In terms of** salary, Samsang is a great company to work for, but this other company draws my interest a lot more because I've always been interested in computer engineering. Then again, Samsang pays way more than the other one.

Mom Then, it's up to you. I mean... it's your decision, P.J.

Son Well, I'm still debating which job to take. Do you have any words of wisdom for me, mom?

Mom Money is important, but it's not everything in life, and your job should be more than just winning your bread, I believe.

Son Then, I'll just follow my heart. Thanks for your wise advice as always. I feel so fortunate that you're my mom.

Mom Anytime! Either way, I'm so proud of you, P.J.

아들: 엄마, 또 다른 회사에서도 합격해서 이제 어떻게 해야 할지 모르겠어요.

엄마: 난 네가 삼상에서 일하기로 이미 결정한 줄 알았어.

아들: 월급에 관한 한, 삼상이 일하기 좋은 회사이긴 하지만, 이 회사가 훨씬 더 제 흥미를 끌어서요. 왜냐면 제가 항상 컴퓨터 공학에 관심이 있었잖아요. 근데 또 한편으로 생각해 보면, 이 회사보다는 삼상이 훨씬 더 월급을 많이 주니까…

엄마: 그렇다면, 네 결정에 달렸지. 내 말은… 결국 네가 해야 할 결정이라는 거야, P.J.

아들: 글쎄, 저는 여전히 어떤 직장으로 가야 할지 모르겠어요. 저한테 지혜로운 조언을 해 주실 수 있어요, 엄마?

엄마: 돈이 중요하긴 하지만, 인생의 전부는 아니란다. 그리고 직업은 단순히 밥벌이하는 것 이상이 되어야 한다고 엄마는 믿어.

아들: 그렇다면, 제 마음이 가는 대로 할게요. 언제나처럼 지혜로운 충고 감사해요. 저는 엄마가 우리 엄마라서 정말 좋아요.

엄마: 언제든지! 어떤 쪽을 선택하든, 난 네가 자랑스러워, P.J.

MP3_006

❻ is linked to

~와 관련 있다/연관되다

EXAMPLE DIALOGUE

Wife Honey, my shrink says my depression got so much better and it may end soon.

Husband Super! So I guess that means you don't have to take depression meds?

Wife No, and she doesn't know exactly how it got better since there are a number of factors, but I think it might **be linked to** my coffee consumption.

Husband That's pretty interesting because I was just reading an article about that. Oh, it's right here. "Caffeine may be linked with decreased depression risk."

Wife Apparently, there's another reason why I should keep drinking coffee every day.

Husband I'm so jealous of you. I love the taste and smell of coffee, but to me it only causes diarrhea, which actually makes me depressed.

아내: 여보, 정신과 의사가 내 우울증이 아주 많이 좋아져서 곧 없어질 것 같다고 해요.
남편: 잘됐네요! 그러니까 우울증 약은 안 먹어도 된다는 거죠?
아내: 네, 그리고 의사는 많은 요인이 있기 때문에 어떻게 좋아졌는지는 모르겠다고 하는데, 난 그게 내가 커피를 마시는 것과 관련이 있다고 생각해요.
남편: 이거 정말 흥미로운데요. 나도 방금 그에 관한 기사를 읽고 있었거든요. 아, 여기 있어요. "카페인이 우울증의 위험성을 줄여주는 것과 관련이 있는 것 같다."
아내: 그러니까, 내가 왜 계속해서 매일 커피를 마셔야 하는지 또 다른 이유가 있네요.
남편: 당신이 정말 부러워요. 난 커피의 맛과 향을 너무 좋아하지만, 나한테 커피는 설사만 일으켜서 오히려 나를 우울하게 만들거든요.

VOCABULARY & IDIOMS

❼ showed someone around ~

누구에게 ~를 구경시켜 주다

EXAMPLE DIALOGUE

Bonnie So are you gonna **show** me **around** Tampa?

Kevin Yup! What are your special interests? There are so many things to do here… like we could go to an art gallery or an amusement park. Oh, there's a historic museum in the middle of the downtown area as well.

Bonnie Actually, I wanna try out the best restaurant here. You know, food is one of my life's biggest pleasures.

Kevin Got it! Do you wanna try the best Cuban restaurant here? Tampa is known for great Cuban dishes because of its Cuban population here.

Bonnie Why not?

Bonnie: 나 탬파 구경시켜 줄 거야?

Kevin: 물론! 뭐 특별히 하고 싶은 것이라도 있어? 여긴 할 게 너무 많거든… 이를테면, 미술관이나 놀이 공원에 갈 수도 있고, 아, 다운타운 한가운데 역사박물관도 있어.

Bonnie: 사실, 난 여기서 제일 좋은 식당에 가보고 싶어. 음식은 내 삶의 가장 큰 즐거움 중 하나거든.

Kevin: 알았어! 이곳의 가장 좋은 쿠바 식당 한번 가보고 싶어? 이곳에 쿠바 사람들 인구가 많아서 탬파는 훌륭한 쿠바 요리로 알려져 있거든.

Bonnie: 가 보자!

❽ get/have a good grasp of

~을 잘 이해하고 있다

EXAMPLE DIALOGUE

Robert Hey, I'm looking for a symphony that embodies the quintessential Mozart's music.

Elizabeth Robert, you know that I'm not a big fan of classical music. Why don't you ask Shawn who **has a good grasp of** classical music?

Robert Good idea! Thanks for your suggestion.

Robert: 이봐, 내가 지금 전형적인 모차르트 음악을 보여 주는 교향곡을 찾고 있거든.

Elizabeth: 로버트, 넌 내가 클래식 음악을 그다지 안 좋아한다는 것 잘 알잖아. 클래식 음악을 잘 이해하고 있는 숀에게 물어보지 그래?

Robert: 좋은 생각이야! 제안 고마워.

* 여기서 잠깐!

이때 get이나 have를 쓰는 각각의 차이는 get은 동작 동사(Event/Action verb), have는 상태 동사(State verb)라는 점에 있다.

MP3_007

❾ uneasy

불안한

EXAMPLE DIALOGUE

Leslie Harry, I feel kind of **uneasy** because I'm teaching my very first class tomorrow morning.

Harry Leslie, you're gonna be fine. I believe in you.

Leslie What I mean is these students are the top 1% of the students at this school, and it's a little daunting to me.

Harry Just try your best to make your class enjoyable and boost their intrinsic motivation. As long as they have some fun and learn something in your class, you don't have to worry about anything, girl.

Leslie Thanks, Harry. I'll keep that in mind.

Leslie: 해리, 나 내일 아침에 내 인생의 첫 수업을 가르쳐야 해서 마음이 좀 불안해.
Harry: 레슬리, 넌 잘 할 거야. 난 네 능력을 믿거든.
Leslie: 내 말은, 내가 가르칠 학생들이 이 학교에서 상위 1% 안에 드는 학생들이라, 그게 나를 좀 주눅 들게 하네.
Harry: 네 수업을 재미있게 만들어서, 그 애들에게 내적인 동기 부여를 하도록 최선을 다해 봐. 학생들이 네 수업에서 재미를 느끼면서 뭔가를 배우는 이상, 넌 아무것도 걱정할 것이 없어.
Leslie: 고마워, 해리. 명심할게.

VOCABULARY & IDIOMS

⑩ turn back

(갔던 길을) 되돌아오다

EXAMPLE DIALOGUE 1

Jackie How was your trip to the Bahamas? You guys took the ferry there, didn't you?

Kyle We were going to, but the severe storm forced us to **turn back**.

Jackie I'm so sorry to hear that.

Jackie: 바하마 여행은 어땠어? 너희들 그곳에 페리 타고 갔지, 안 그래?
Kyle: 그러려고 했지만, 강한 폭풍 때문에 되돌아와야 했어.
Jackie: 아쉽게 됐네.

EXAMPLE DIALOGUE 2

*__turn back__은 또한, 아래와 같이 '했던 일을 되돌리다'라는 의미로도 쓰인다.

Lacey As to this matter, Hunter is clearly in the wrong, and he doesn't even wanna admit that.

Tim I am aware of that, and it doesn't surprise me. We all know he got where he is now by devious means.

Lacey Is there any way that he could **turn back**?

Tim I think it's too late for him to **turn back**. I'd say he has gone too far.

Lacey: 이 문제에 관한 한, 헌터가 명백하게 잘못한 건데, 그는 그걸 인정하기조차 싫어해.
Tim: 나도 그 사실을 알고 있는데, 그건 별로 놀랍지도 않아. 우리 모두 그가 정직하지 못한 방법으로 지금의 자리에 올랐다는 걸 알고 있잖아.
Lacey: 그가 그 일을 되돌릴 방법이 있을까?
Tim: 난 그가 되돌리기엔 이미 너무 늦었다고 생각해. 내가 보기엔 걔가 갈 데까지 간 것 같아.

⓫ let out

(학교, 영화, 회의, 쇼 등이) 끝나다

⓬ Panic was rising up (in my chest)

(가슴 속에서) 갑작스러운 두려움이/공포가 솟아났어요/일어났어요

EXAMPLE DIALOGUE

Interviewer So when did you start your modeling career?

Model When I was 18. It was very challenging to me because I was a painfully shy girl, and none of my high school classmates knew that I was gonna be a fashion model.

Interviewer Why is that?

Model I was tall and skinny. I mean I was super-tall to the point that I got bullied because of my height, which made me feel even more uncomfortable in front of people. So when school **let out**, I would go straight home without hanging out with the other kids in school.

Interviewer Then, do you remember when you had to walk on the runway for the very first time?

Model Sure, I do. I was dressed in bright yellow from head to toe, and I had to walk in extremely high heels. Right before I started walking, **panic was rising up in my chest**. However, about half-way through the walking, I felt comfortable all of a sudden and found myself enjoying the people's attention.

Interviewer Wow, you're cut out to be a model!

진행자: 모델 일은 언제 시작하셨습니까?

모델: 제가 18살 때요. 저한테 그건 정말 힘든 일이었어요. 왜냐면 제가 지나치게 수줍음이 많은 소녀였거든요. 제 고등학교 같은 반 친구들은 아무도 제가 패션모델이 될 거라는 걸 몰랐어요.

진행자: 왜 그런가요?

모델: 저는 키가 크고 말랐었죠. 그러니까, 키가 너무 커서 키 때문에 왕따를 당할 정도였는데, 그게 사람들 앞에 서는 걸 더 불편하게 만들었어요. 그래서 학교가 끝나면, 저는 학교의 다른 애들과 어울리지 않고 곧장 집으로 갔어요.

진행자: 그렇다면, 제일 처음으로 패션쇼 무대에서 걸어야 했을 때를 기억하세요?

모델: 물론 기억해요. 저는 머리끝에서 발끝까지 밝은 노란색을 입고 있었는데, 극도로 높은 하이힐을 신고 걸어야 했어요. 걷기 시작하기 바로 전에, 가슴 속에서 갑작스러운 공포감이 밀려왔죠. 하지만, 반쯤 걸었을 때, 갑자기 편안하게 느껴졌고, 저는 저를 보는 사람들의 시선을 즐기고 있는 저 자신을 발견했어요.

진행자: 와, 정말 모델로서의 자질이 풍부하시네요!

3 Interview
Candace Warmka

아래 인터뷰를 우리말로 번역한 것을 읽고 영어로 말하고 싶은 표현을 표시해 보자. 표시한 우리말 문장을 각자 영어로 말해 보고, 다음 페이지의 영어 대화문에서 실제로 어떻게 쓰였는지 확인해 보자.

Candace: (계속) 그때, 걔들이 뛰어 돌아와서는, "우리가 그 주소를 컴퓨터에서 찾아봤어요."라고 말하고는, 둘 다 그 주변을 둘러봤는데도 여전히 우린 그곳을 찾을 수가 없었어요. 그래서 결국 제가 "화양 초등학교가 어딨는지 아니? 학교 말야."라고 말해서, 그 애들이 저를 거기로 데려다줬어요. 그게 재미있는 이유는, 그 애들이 바로 제가 가르칠 학생들이었기 때문인데, 걔들이 저를 먼저 도와주게 된 거죠. 저는 좀 쑥스러웠지만, 지금 생각해 보면 좀 웃겨요.

Kim: 정말 재밌는 일화네요. 그건 그렇고, 애초에 왜 한국으로 가신 거예요?

Candace: 그게, 제가 강의 경력을 쌓고 싶기도 했지만, 제 가족들에 대해서 더 알고 싶었어요. 제 어머니는 한국인이시고, 저희 외할머니와 이모 두 분도 거기 사시죠. 저는 외할머니와 더 가까운 관계를 맺고 싶었어요.

Kim: 어머니께서 한국인이시라니, 어머니에 대해서 말씀해 주실 수 있을까요?

Candace: 네. 저희 어머니는 정말로 강하고 용기 있는 여성이세요. 음, 한국의 한 농가에서 자라셨는데, 어머니에게는 여섯 명의 자매와 한 명의 남동생이 있으세요. 어머니는 둘째여서 형제자매들을 돌보는 것을 도우면서 자라야 하는 막중한 책임이 따르셨어요. 어머니께서는 제 아버지께서 그곳의 군대에 배치되셔서 계시는 동안 만나셨죠. 두 분은 35년여간 결혼 생활을 하셨고, 그래서 어머니는 한국에서 사셨던 것보다 더 오랜 세월을 미국에서 사셨어요. 조금 미국화되셨지만, 여전히 많은 한국의 전통적 가치관을 가지고 계시다고 저는 생각해요.

Kim: 한국인 어머니와 미국인 아버지 아래서 자라시면서, 어린 시절과 성장 과정이 어떠셨어요? 제 생각엔 실로 좋은 경험이었을 것 같은데요.

Candace: 아주 흥미로웠죠. 저는 다른 아이들과 달랐거든요. 그러니까, 제 경우, 우리가 집에서 다른 친구들이 하는 것과는 달리 행하는 관습들이 있었기 때문인데, 이를테면 우리 집에 친구들이 놀러 오면, 걔들한테 "어, 너 신발은 벗어야 해."라고 말해야 하는 것이 언제나 좀 쑥스러웠어요. 또는 어머니께서 싸 주시는 점심에 대해 항상 불안해하면서, "다른 애들이 내 음식에서 냄새가 난다고 생각할 거야." 또는, 그냥 이상하다고 생각할 거라든가, 뭐 그런 거요. 그래서, 제 생각에, 아이 때는, (주변 친구들과) 어울리는 것이 좀 힘들었던 것 같아요. 왜냐면 제 속의 어떤 모습들은 (그들과) 다르다고 느껴졌으니까요. 하지만 성인이 된 지금, 저는 그런 경험들에 감사해요.

MP3_009

Candace: (Continuing) Then, they came racing back, and they were like, "Oh, we ⓭ **looked up** your address on the computer," and they both started looking around, and we still couldn't find it. So finally I said, "Do you know where 화양 초등학교 is…the school?", and they took me there. It's funny because those were the students that I was gonna be teaching, and they ended up helping me out first. I was kind of embarrassed, but it's funny thinking back on it now.

Kim: That's pretty hilarious! By the way, why did you go to Korea ⓮ **in the first place**?

Candace: Well, I wanted to ⓯ **build up** my teaching **experience**, but I also wanted to get to know my family. My mom's Korean, so my grandmother lives there, and I have a couple aunts who live there. I just wanted to ⓰ **build a** closer **relationship with** my grandmother.

Kim: So your mother's Korean… can you tell us more about her?

Candace: Yeah. She is a really strong and brave lady. Umm, she grew up in Korea on a farm, and she has six sisters and a brother. She was the second oldest, so she had a lot of responsibility growing up to help take care of her siblings. She also met my dad there while he was stationed in the military. They've been married for about 35 years, so she has actually lived in America longer than she has lived in Korea now. She's a little Americanized, but I think she still ⓱ **holds** a lot of traditional Korean values.

Kim: Growing up under a Korean mother and an American father, how was your childhood and your growth process? I assume that might have been quite an experience.

Candace: It was very interesting. I was different from the other kids. You know, I had a different set of customs that we practiced at home than my friends did, so it was always kind of embarrassing for me when I was young to have my friends over and then have to tell them "Oh, you have to take off your shoes," or I was always nervous about my lunch because my mom would pack it and I'd think "God, the other kids are gonna think it's stinky," or you know, just weird. So I think, as a kid, it was hard ⓲ **fitting in** because I felt like there were parts of me that were different, but now as a grown woman, I'm grateful for those experiences.

VOCABULARY & IDIOMS

⓭ look up ~

~를 찾아보다

EXAMPLE DIALOGUE

Student Excuse me, Professor Kim. I cannot seem to find the research paper that you were talking about in your sociolinguistics class. I think I **looked** it **up** everywhere on the course site. Could you please point me in the right direction?

Professor Sure! Have you **looked** it **up** in the folder of extra materials? It's right below the media gallery.

Student Oh, somehow I overlooked those folders under the media gallery. I appreciate your help in this matter, sir. Also, sorry for the hassle.

Professor No problem!

학생: 실례합니다, 김 교수님. 제가 교수님께서 사회언어학 시간에 말씀하셨던 연구 논문을 찾지 못하겠어서요. 그걸 이 수업 웹사이트 모든 곳에서 찾아본 것 같은데 말이죠. 어떻게 찾는지 올바른 방법을 좀 알려 주실 수 있으세요?
교수: 물론이죠! 추가 교재를 모아둔 폴더에서는 찾아봤어요? 그 폴더는 미디어 갤러리 바로 아래에 있어요.
학생: 어머나, 왠지 미디어 갤러리 아래에 있는 폴더들은 제가 간과했네요. 이 문제에 관해 도움을 주셔서 감사합니다. 그리고 귀찮게 해드려서 죄송해요.
교수: 천만에요!

⓮ in the first place

애초에

EXAMPLE DIALOGUE

Katie Jake, Ji-hong got mugged in the middle of Frenchtown. The law enforcement officer believes the suspect has already fled that area, but we need to pick her up at the police station.

Jake What? Frenchtown is one of the most dangerous parts of this city. Why did she go there all by herself **in the first place**?

Katie She says she thought she could practice her French there. You know, her major is Francophone Studies.

Jake Geez, no one speaks French there. It's Frenchtown in Tallahassee, Florida, not in Quebec, Canada.

Katie Tell me about it! As you know, Ji-hong has been here only for a couple of weeks, and I guess she was not aware of that.

Jake Apparently!

Katie: 제이크, 지홍이가 프렌치타운 한가운데서 강도를 당했어. 경찰은 용의자가 이미 그 지역에서 달아났다고 믿고 있지만, 우리가 지홍이를 데리러 경찰서로 가야 해.
Jake: 뭐? 프렌치타운은 이 도시에서 가장 위험한 지역 중 하나잖아. 걔는 애초에 거길 왜 혼자 간 거야?
Katie: 지홍이 말로는 그곳에서 프랑스어를 연습할 수 있을 거로 생각했대. 있잖아, 걔 전공이 프랑스어권 연구학이잖아.
Jake: 세상에나, 거기 프랑스어 쓰는 사람이 어디 있다고! 거긴 플로리다주 탈라하시에 있는 프렌치타운이지, 캐나다 퀘벡에 있는 프렌치타운이 아니라고.
Katie: 내 말이! 너도 알다시피, 지홍이가 여기 온 지 2주 정도밖에 안 돼서, 그걸 몰랐던 것 같아.
Jake: 정말 그래!

VOCABULARY & IDIOMS

⑮ build up (experience)

(경력을) 쌓다

EXAMPLE DIALOGUE

Jimmy Hillary, I'm looking for a school that I could intern at because I need to **build up** my teaching experience. Can you please recommend a school for me?

Hillary Sure! You said you wanted to teach high school kids, right?

Jimmy Correct!

Hillary If that's the case, I'd like to recommend Leon High School because it has such an amazing internship program.

Jimmy Really? I've heard Lincoln High School has a better program.

Hillary Trust me, Jimmy. Leon has a better program in terms of internship. You can count on me for this matter.

Jimmy Okay. Who should I contact? I guess I'll have to write a formal letter or something?

Hillary You don't have to. A phone call will suffice, and they'll tell you all the requirements in order to intern there.

Jimmy Sweet! Thanks, Hillary!

Hillary Anytime!

Jimmy: 힐러리, 내가 교사 경력을 쌓아야 해서, 교생 실습을 할 수 있는 학교를 찾고 있거든. 내게 학교 하나만 추천해 줄 수 있어?

Hillary: 물론이지! 너 고등학교 학생들 가르치고 싶다고 했었지?

Jimmy: 맞아!

Hillary: 그렇다면, 레온 고등학교를 추천하고 싶어. 왜냐면 그 학교가 교생 실습 프로그램이 엄청 괜찮거든.

Jimmy: 정말? 난 링컨 고등학교가 너 나은 프로그램이라고 들었는데.

Hillary: 지미, 내 말 들어. 교생 실습에 관한 한 레온 고등학교가 더 나은 프로그램을 가지고 있어. 이 문제에 대해서는 나를 믿어.

Jimmy: 오케이. 누구한테 연락해야 하지? 공식적인 편지를 쓰거나 해야 하겠지?

Hillary: 그럴 필요 없어. 전화 한 통이면 충분하고, 그 사람들이 너한테 거기서 교생 실습하기 위한 모든 자격 요건에 대해서 이야기해 줄 거야.

Jimmy: 잘됐다! 고마워, 힐러리!

Hillary: 천만에!

MP3_011

⑯ build a closer relationship with ~

~와 더 가까운 관계를 맺다

EXAMPLE DIALOGUE

Jackie Catherine, Katie and I are going to the movies. You wanna join us?

Catherine I don't know. I kind of feel uneasy around her.

Jackie Really? I thought you guys were so compatible with each other.

Catherine At first I tried hard to **build a closer relationship with** her, but it just didn't work.

Jackie I'm sorry to hear that, but I don't think you should stop trying. I really think there's more that unites you guys than divides you guys.

Jackie: 캐서린, 케이티하고 내가 영화보러 가는데, 너도 같이 갈래?
Catherine: 모르겠어. 난 걔가 좀 불편하게 느껴지거든.
Jackie: 정말? 난 너희 둘이 서로 잘 맞는 줄 알았어.
Catherine: 처음에는 내가 걔하고 가까워지려고 많이 노력했지만, 그게 그렇게 안 됐어.
Jackie: 안타깝네, 하지만 난 네가 계속해서 노력해야 한다고 생각해. 난 정말 너희들 사이를 갈라지게 하는 것들보다는 하나 되게 하는 것들이 더 많다고 생각하거든.

⑰ hold

이런 문맥 속에서 hold는 가치관이나 의견 등을 지닌다는 뜻으로 해석된다.

EXAMPLE DIALOGUE

John Hey, Young-min! I heard your current president ended up in jail.

Young-min Do you mean our former president?

John Oh, yeah! That might be a more accurate expression. In any case, Koreans must be thrilled about it!

Young-min Well, surprisingly, not all Koreans are thrilled about it. Her supporters **hold** a completely different opinion.

John Oh, my God! She still has supporters in S. Korea? Wow, even though everyone is entitled to have his own opinion, that's quite shocking to me.

Young-min You took the words right out of my mouth!

VOCABULARY & IDIOMS

John: 어이, 영민아! 너희 현직 대통령이 감옥에 가게 됐다고 들었어.
Young-min: 우리 전직 대통령 말하는 거야?
John: 오, 그렇지! 그게 더 정확한 표현이겠네. 어쨌든, 한국인들은 거기에 대해서 쾌재를 부르겠는데!
Young-min: 글쎄, 놀랍게도, 모든 한국 사람들이 그 뉴스에 대해 기뻐하는 건 아니야. 전 대통령 지지자들은 완전히 다른 의견을 가지고 있거든.
John: 세상에! 한국에 아직도 그녀를 지지하는 사람들이 있다고? 와, 모두가 자신의 의견을 가질 권리가 있기는 하지만, 그런데도 그건 나한테 너무 충격적이다.
Young-min: 내 말이 바로 그 말이야!

18 fit in

~와 어울리다/조화하다

EXAMPLE DIALOGUE

Ross Vicky, Jack was looking for you all over the place.
Vicky I don't care because I'm not gonna talk to him any more.
Ross Please stop acting like a child! He really wants to clear things up with you. It looks like you're misunderstanding him or something, but he doesn't wanna lose your friendship.
Vicky Really? Is that what he said?
Ross Yes, seriously! As you know, he's only been in this country for about a year, and he's trying hard to **fit in** with us.
Vicky Okay, I'll talk to him now.
Ross That's great! I hope it will all be sorted out soon.

Ross: 비키, 잭이 너 찾아서 여기저기 돌아다니고 있던데.
Vicky: 상관없어. 난 걔랑 이제 말 안 할 거야.
Ross: 애처럼 굴지 좀 마! 잭은 정말 너하고 오해를 풀기 원해. 네가 걔를 오해하거나 그런 걸로 보이는데, 잭은 너와의 우정을 잃고 싶지 않아 해.
Vicky: 정말? 걔가 그렇게 말해?
Ross: 응, 진짜! 너도 알다시피, 잭은 우리나라에 온 지 1년 정도밖에 안 됐고, 우리하고 잘 어울려 보려고 많이 노력하고 있잖아.
Vicky: 알았어. 지금 걔하고 이야기해 볼게.
Ross: 잘됐다! 모든 게 잘 해결되길 바랄게.

MP3_012

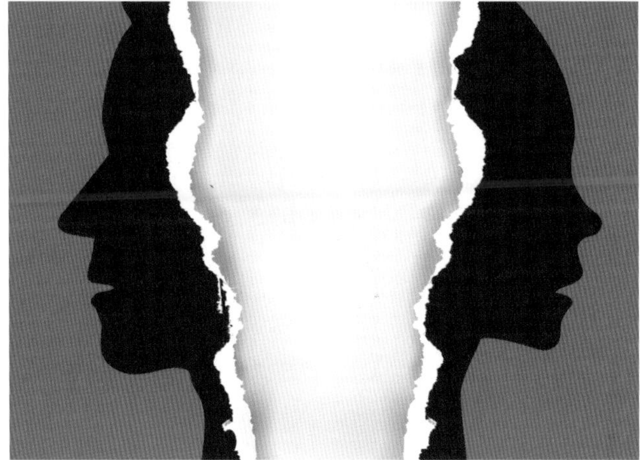

4 Interview

Candace Warmka

아래 인터뷰를 우리말로 번역한 것을 읽고 영어로 말하고 싶은 표현을 표시해 보자. 표시한 우리말 문장을 각자 영어로 말해 보고, 다음 페이지의 영어 대화문에서 실제로 어떻게 쓰였는지 확인해 보자.

Kim: 그렇다면, 간단하게 한국과 미국의 가장 주된 문화적 차이가 무엇이라고 생각하세요?

Candace: 제 생각에는, 그러니까 제 경험상으로는, 미국 문화와 한국 문화의 큰 차이 중 하나가 다른 사람들과의 관계에 얼마나 중점을 두느냐 하는 것과 연관 있는 것 같아요. 예를 들어, 미국 문화권에서는, 어떤 경우에도 자신의 자립성을 유지하는 것이 가장 중요해요. 그래서 어떤 결정을 하고 무언가를 하고 싶을 때, 사람들은 그냥 그걸 하죠. 그 일이 주변 사람들에게 어떻게 영향을 줄지는 생각 안 하죠. 하지만, 제가 느낀 바로는, 한국 문화권에서는 사람들이 결정할 때 주변 사람들이나 가족들과 상의를 하고, 결정할 때 그런 것들을 모두 고려하죠.

Kim: 참으로 좋은 지적을 해 주셨고, 저도 전적으로 동의합니다. 저는 또한 캔디스 씨가 많은 면에서 미국적이기보다는 좀 더 한국적이라고 느껴지는데요, 게다가 때때로 캔디스 씨는 자신이 한국인으로서의 정체성을 갖고 있다고도 하시고요. 형제자매분들은 어떠세요? 그분들도 캔디스 씨와 비슷하세요, 아니면 캔디스 씨보다는 조금 더 미국적인 편이세요?

Candace: 제가 느끼기에, 저는 제 주변 사람들과 상의를 하는 편에 속하는 사람인 것 같은데, 그래서 제가 뭔가를 하기 전에 저는 꼭 어머니에게 전화하고는 "이렇게 해도 될까요?" 하고 물어보는 편이거든요.

Kim: 그건 정말 한국적이네요.

Candace: 하하.... 반면, 제 형제자매들의 경우, 그들은 그냥 해버리고는, 어머니한테 전화해서는 "그게... 제가 그랬어요."라고 말하죠. 그러니까, 뭔가를 하고는 나중에 용서를 구하는 식인데, 그에 반해 저는 어머니한테 뭔가를 하기 전에 말하는 편이고요. 그래서 그들이 (저보다는) 좀 더 미국적인 것 같아요.

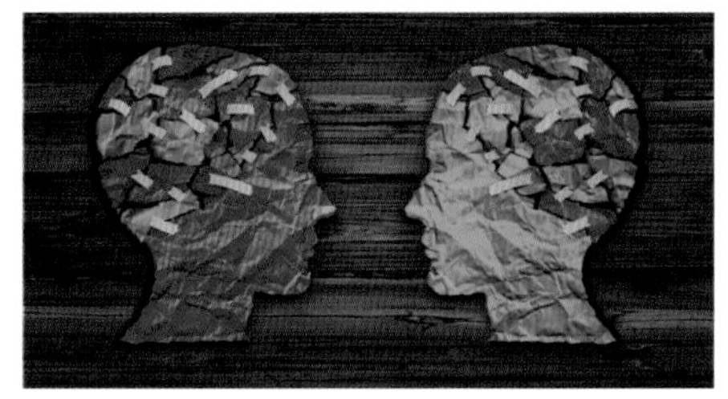

Kim: Then, ⓳ **in a nutshell**, what do you think the main cultural difference between Korea and America is?

Candace: I think, in my experience, I feel like a big difference between American culture and Korean culture has to do with how they value the relationships with other people. For example, I feel like, ③ in American culture, maintaining your individuality is the most important thing no matter what, so if you're making a decision and you wanna do something, you just do it. You don't think about how it might affect others, but I feel like, in Korean culture, when you make a decision, you consult those around you and your family, and then you ⓴ **take** that **into consideration** when making a decision.

Kim: You've made a very good point, and I entirely agree with you. I also feel like you're more Korean than American in many ways, and you sometimes identify yourself as a Korean. What about your siblings? Are they just like you, or are they more American than you are?

Candace: I feel like for me I'm more of that person who consults with people around me, so before I do something, I have to call my mom, and I have to ask her "Should I do this?"

Kim: That's pretty Korean.

Candace: Haha...but with my siblings, they do it, and then they call my mom, and they're like "Yeah... I did this." It's kind of like you do something, and then you ask for forgiveness later whereas I will tell my mom before doing something. So I'd say they're more American.

VOCABULARY & IDIOMS

⓳ in a nutshell

간단히 말해서

EXAMPLE DIALOGUE

Jen This has been a crazy semester for us.

Bob What's going on? Is everything okay?

Jen To put it **in a nutshell**, our brilliant new president came up with this new immigration law, and it's negatively affecting our department.

Bob Yeah, your department is full of international students, isn't it?

Jen Yes, and because of that, more and more international students don't wanna come to the U.S., which will affect the majority of American universities as well.

Bob I hope things begin to look up for your department. Maybe we'll get this immigration ban foolishness behind us before too long.

Jen: 이번 학기는 우리한테 정말 힘드네.

Bob: 무슨 일 있어? 괜찮아?

Jen: 간단히 말해서, 똑똑하신 우리 새 대통령 각하께서 새로운 이민법을 만들었는데, 그게 우리 과에 부정적인 영향을 미치고 있거든.

Bob: 맞아. 너희 과는 국제 유학생들이 많지, 안 그래?

Jen: 그래. 그리고 그것 때문에 점점 더 많은 국제 학생들이 미국에 오고 싶지 않아 하는데, 그게 대부분의 미국 대학들에 영향을 끼치고 있기도 하고.

Bob: 너희 학과 사정이 나아지기를 바란다. 이 바보 같은 이민 금지법도 머지않아 지난 일이 되겠지.

MP3_014

⓴ take ~ into consideration

~를 고려하다/~를 계산에 넣다

EXAMPLE DIALOGUE

Husband Honey, I think this is a perfect house for us. Please check this out!

Wife Wow, it looks like our dream house! Four bedrooms and two bathrooms... oh, I love this swimming pool as well! By the way, what about the school zone?

Husband Oh, you're right! We have to **take it into consideration** above all things. Somehow, I overlooked that part.

Wife Of course! Education is our top priority until Paul graduates from high school.

남편: 여보, 내 생각엔 이 집이 우리한테 완벽한 것 같아요. 한 번 보세요.
아내: 와, 우리가 딱 바라던 그런 집이네요! 침실 4개 욕실 2개…. 아, 여기 수영장도 좋네요! 그건 그렇고 여기 학군은 어떻죠?
남편: 아, 맞아요! 우린 다른 무엇보다도 그걸 먼저 고려해야죠. 왠지 내가 그 부분을 간과했네요.
아내: 물론이죠! 폴이 고등학교 졸업할 때까지는 교육이 우리가 가장 우선순위로 생각할 일이라고요.

5 Interview

Candace Warmka

아래 인터뷰를 우리말로 번역한 것을 읽고 영어로 말하고 싶은 표현을 표시해 보자. 표시한 우리말 문장을 각자 영어로 말해 보고, 다음 페이지의 영어 대화문에서 실제로 어떻게 쓰였는지 확인해 보자.

Kim: 정말 재밌네요! 이제 다음 질문을 드릴게요. 미국에 아주 많은 타인종 간 결혼한 부부가 있음에도 불구하고, 여전히 이런 결혼에 대해서 눈살을 찌푸리는 사람들도 있잖아요. 캔디스 씨의 아버지 가족분들께서는, 아버지께서 한국 여성과 결혼하신다는 소식을 처음에 어떻게 받아들이셨나요?

Candace: 네.... 그건 정말 힘든 시작이었는데, 그 이유는 저희 아버지께서 어머니와 결혼하는 것에 대해서 그분들이 탐탁지 않게 생각하셨기 때문이었어요. 그분들은 아버지가 아버지 고향인 뉴욕 출신 여성과 결혼하길 원하셨고, 그건 제 어머니께는 정말 힘든 일이었죠. 어머니께서 미국에 오셔서 아버지와 함께 사셔야 했는데, 그분들께서 그걸 무척이나 반대하셨으니까요. 심지어 자라면서도, 그러니까 보통 사람들은 결혼해서 아이까지 낳게 되면, 부모님들이 결국 받아들일 거라고들 생각하지만, 제 생각에 그런 일은 절대로 일어나지 않았어요.... 그래서 우리는 사실 친가 쪽 가족들과는 그렇게 가까웠던 적이 단 한 번도 없었어요. 그런데 재밌는 사실은, 제가 앞서 개인주의에 관해서 말씀드렸던 것처럼, 제 할머니께서 치매에 걸리셨을 때, 뉴욕에 사는 모든 가족은 자신들의 삶을 사느라 너무 바빠서 시간 내서 할머니를 돌보려고 하지 않았기 때문에, 결국 어머니께서 할머니를 우리 집으로 모시고 오셔서 돌아가실 때까지 보살펴 드리게 됐죠. 게다가 어머니께서는 그 어떤 것에 대해서도 결코 나쁜 감정을 가지지 않으셨는데, 그게 전 아주 놀라웠어요. 아시다시피, 처음부터 그렇게 좋은 대우를 받지 못하셨음에도 불구하고 말이죠.

Kim: 정말 유감입니다. 제 생각에는 그게 어머님께서 가지신 한국적인 면 같은데요.

Candace: 저도 그렇게 생각해요. 제가 앞서 전통적 가치관에 대해서도 언급했듯이, 제 어머니께서는 그 모든 일에도 불구하고 할머니를 위하셨어요. 할머니의 인정을 단 한 번도 받지 못하셨음에도 불구하고 말이죠. 어머니께서는, 특히 그분이 제 아버지의 어머니셨기 때문에, 할머니를 편안하게 해 주셨고 잘 돌보셨어요.

Kim: Very interesting! Here's my next question. Although there are so many interracial couples in the United States, I know some people still ㉑ **frown upon** interracial marriages. How did your father's family take the news when they first heard he was getting married to a Korean woman?

Candace: Yeah...that was a really hard beginning because they were not happy with my dad marrying my mom. You know, they wanted him to marry someone who is from New York which is where he is from, so it was hard for my mom because she was gonna come to the States to live with my dad, but they were really against it...and even growing up, you'd think after they'd had kids, they would've just accepted it, but I feel like that never really happened... so we were never that close with my dad's side of the family, and the funny part is that, like I mentioned before about individualism, when my grandmother got dementia, everybody in New York was just too busy with their own lives to ㉒ **take the time to** take care of her, so my mom was the one who ended up ㉓ **taking her in** and caring for her until she passed away. So that's something that kind of amazes me that my mom never was ㉔ **bitter about** anything...you know, even with not really getting treated that well from the start.

Kim: I'm so sorry to hear that. I suppose that's the Korean part of her.

Candace: I think so too. Like what I mentioned before about traditional values, I think she still cared about her even though she never got her approval. She made her comfortable and took care of her especially being my dad's mom.

VOCABULARY & IDIOMS

21 frown upon

(못마땅해서) 눈살을 찌푸리다

EXAMPLE DIALOGUE

(At a grocery store)

Cashier Did you find everything you needed?

Customer Yes, ma'am.

Cashier It's $19.76.

Customer Here it is.

Cashier Debit or credit?

Customer Oh, it's credit.

Cashier Is plastic okay?

Customer Do you provide paper bags as well? (plastic = plastic bag)

Cashier Oh, sure!

Customer Sorry, I don't mean to be picky, but all my roommates are so called tree-huggers, and I get **frowned upon** whenever they see me using a plastic bag.

Cashier I understand, and that's why we provide paper bags as well as plastic bags.

(식료품 가게에서)

점원: 필요하신 것은 다 찾으셨나요?

손님: 네.

점원: 19달러 76센트입니다.

손님: 여기요.

점원: 현금 카드로 계산하시겠습니까? 신용 카드로 계산하시겠습니까?

손님: 아, 신용 카드입니다.

점원: 비닐봉지에 넣어드려도 될까요?

손님: 혹시 종이봉투도 있으세요?

점원: 오, 물론이죠!

손님: 죄송합니다. 제가 까다롭게 굴려고 그러는 건 아닌데, 제 룸메이트들이 모두 급진적인 환경운동가라고 불리는 사람들이라서 제가 비닐봉지를 쓸 때마다 저한테 눈살을 찌푸려서요.

점원: 이해합니다. 그래서 저희도 비닐봉지뿐만 아니라 종이봉투도 제공하고 있답니다.

MP3_016

㉒ take the time to ~

시간을 내서 ~를 하다

EXAMPLE DIALOGUE

(The phone rings.)

Dan Hello.

Emma Dan, I called you several times, but your phone was turned off for about 2 hours.

Dan Oh, I'm so sorry. I was watching "Beauty and the Beast", and the movie just let out.

Emma So did you like it?

Dan I loved it! Since I had seen the animation version of it, I wasn't gonna watch it, but this live action version was even better. You should definitely check it out!

Emma Yeah, that's what everyone says, but I have a very hectic schedule for the next few months.

Dan I see, but you should really **take the time to** watch this movie. I'm telling you, you won't regret it.

(전화벨이 울린다.)

Dan: 여보세요.

Emma: 댄, 내가 너한테 여러 번 전화했는데, 네 전화가 대략 2시간가량 꺼져 있더라고.

Dan: 오, 미안. 내가 '미녀와 야수'를 보고 있었는데, 영화가 지금 막 끝났어.

Emma: 재밌었어?

Dan: 정말 좋더라고! 난 이 영화를 애니메이션으로 봐서 이건 안 보려고 했는데, 실사로 만든 건 더 괜찮았어. 너도 꼭 한 번 봐!

Emma: 그래, 사람들이 다 그렇게 말하기는 하는데, 다음 몇 달간 내 스케줄이 너무 빡빡해서.

Dan: 알겠는데, 너 시간 내서 이 영화를 꼭 봐야 해. 내 말 꼭 들어. 절대로 후회하지 않을 거야.

VOCABULARY & IDIOMS

㉓ taking ~ in

~를 집으로 받아들이다/~를 집에서 지내게 하다

EXAMPLE DIALOGUE

Interviewer It's good to have you here again, Victoria.

Interviewee Thank you for inviting me again, Josh.

Interviewer Most of our listeners were pretty impressed by your candid interview last time.

Interviewee Oh, really?

Interviewer Yes, and you also said, in a sense, the character that you played in Mother Jaresha was very similar to your mother, and lots of people would like to hear more about your mother.

Interviewee Sure! To her friends, she's known as the quintessential Southern Belle, which means she's very kind and warm-hearted...but I used to think she's a little too extreme because she would shock me by **taking in** a homeless stranger.

Interviewer She sounds just like Mother Jaresha in your movie.

Interviewee I guess that's why I felt kind of comfortable when I played that character.

진행자: 빅토리아 씨를 또 볼 수 있게 되어서 영광입니다.

배우: 조쉬 씨, 또 한 번 저를 초대해 주셔서 감사합니다.

진행자: 저희 청취자들 대부분이 지난번 빅토리아 씨의 솔직한 인터뷰에 깊은 인상을 받았어요.

배우: 오, 그래요?

진행자: 네, 그리고 빅토리아 씨께서는, 어떤 의미에서는 '제레사 수녀'에서 연기한 캐릭터가 빅토리아 씨의 어머니와 매우 닮았다고 하셨는데, 그래서 많은 사람이 어머님에 대한 이야기를 더 듣고 싶어 합니다.

배우: 물론이죠! 어머니 친구들에게, 어머니는 전형적인 남부 여인으로 알려져 있는데, 그러니까, 어머님께서는 매우 친절하시고 따뜻한 마음을 가진 분이라는 의미로요…. 하지만 전 어머니가 좀 너무 심하다고 생각할 때도 있었는데, 왜냐면 모르는 노숙자를 집으로 데리고 오셔서는 저를 놀라게 하실 때도 있으셨거든요.

진행자: 실로 빅토리아 씨 영화에 나오는 제레사 수녀 같은 분이시네요.

배우: 제 생각에는 그래서 제가 그 캐릭터를 연기할 때 다소 편안하게 느껴졌던 것 같아요.

MP3_017

㉔ bitter about ~

~에 대해서 씁쓸한/분한/억울한

EXAMPLE DIALOGUE

Counselee Dr. James, I'm taking care of my dad because he's suffering from pancreatic cancer now, but I cannot help feeling **bitter about** what he did to me and my mom in the past.

Counselor What exactly did he do?

Counselee He was an alcoholic and very abusive. Whenever he was drunk, he'd beat up my mom. I used to wake up in the middle of the night because my mom screamed for help.

Counselor You should just acknowledge how you really feel about him and the past, but at the same time, you should be aware that being bitter only poisons yourself.

내담자: 제임스 박사님, 저희 아버지께서 췌장암으로 고통받고 계셔서 제가 지금 아버지를 돌보고는 있지만, 아버지께서 저나 제 어머니께 과거에 했던 일들에 대해서 원망스러운 마음을 가지지 않을 수가 없어요.

상담자: 아버지께서 정확히 어떤 행동을 하셨습니까?

내담자: 아버지는 알콜중독자였는데 심하게 학대를 하셨어요. 술에 취할 때마다 어머니를 때리셨죠. 저는 한밤중에 어머니께서 도와달라고 소리 지르시는 바람에 깨곤 했죠.

상담자: 아버지와 과거에 일어났던 일에 대해서 자신이 느끼는 감정을 인정해야 하지만, 동시에, 억울한 감정을 갖는다는 것은 자신에게 해가 될 뿐이라는 사실 또한 인지하셔야 합니다.

Interview 6

Candace Warmka

아래 인터뷰를 우리말로 번역한 것을 읽고 영어로 말하고 싶은 표현을 표시해 보자. 표시한 우리말 문장을 각자 영어로 말해 보고, 다음 페이지의 영어 대화문에서 실제로 어떻게 쓰였는지 확인해 보자.

Kim: 음, 이제 기분 좋은 이야기를 좀 해 볼까요. 캔디스 씨의 로맨스에 대해서 이야기해 주실 수 있으세요? 캔디스 씨는 작년에 결혼하셨는데요. 아 참, 그렇게 아름다운 결혼식에 저를 초대해 주셔서 감사드려요. 정말 세련된 결혼식이었어요! 남편분은 어떻게 만나셨어요? 첫눈에 반한 그런 사랑이었나요?

Candace: 사실 그 사람을 플로리다 주립대에 다니면서 만났어요. 제 생각에 그에게는 첫눈에 반한 사랑이었지만, 저한테는 그건 아니었던 것 같아요. 하하, 왜냐면 남편은 제 생일 파티 때 저를 봤던 이야기를 늘 하는데, 그때 그는 저를 기억했지만 저는 그가 누군지 기억 못 했죠. 결국 저는 그를 처음에는 친구로 만나게 되었는데, 우리가 둘 다 다문화 가정 출신이라서 서로 잘 통했던 것 같아요. 그게 저희의 공통점이거든요.

Kim: 맞아요, 남편분은 반은 미국인이고 또 반은 엘살바도르인이죠, 그렇죠? 그럼 캔디스 씨의 자녀분들은 그들의 정체성을 어떻게 정의하기를 원하세요? 제 말씀은 그러니까.... 자녀분들은 두 분의 미국인 할아버지와 한 분의 엘살바도르인 할머니, 또 한 분의 한국인 할머니를 가지게 될 테니까요.

Candace: 그건 어려운 질문인데, 저는 제 아이들은 그들이 자신들이 무엇이라고 생각하는 쪽으로 정체성을 결정할 것 같아요. 그래서 제가 할 일은 아이들에게 그 모든 다른 문화들을 접하게 하고, 그런 다른 문화들을 배우고 경험할 기회를 제공하는 것이죠. 하지만 결국에는 어떤 문화의 정체성을 갖게 되는가는 그들의 선택에 달렸죠.

Kim: 이제 이것이 캔디스 씨에게 드리는 마지막 질문인데요. 다문화 사회 속에서 살아가면서, 우리는 어떤 태도를 취해야 할까요? 조언 좀 해 주실 수 있으세요?

Candace: 저는 열린 마음을 가지고 실제로 다른 사람들이 살아가는 방식에 대해서 알려고 노력하는 자세라고 생각해요. 그 이유는, 저는, 사람들이 여행하지 않고 다른 곳에 살고 있는 다른 사람들과 소통하지 않으면, 그 사람은 사실 고립된 것이나 마찬가지라고 믿거든요. 당신이 다른 사람들과 소통을 많이 할수록, 당신의 삶은 더 풍요로워질 거로 생각해요. 바로 그런 점 때문에 저는 제 가족과 또 제가 살아온 삶을 사랑합니다. 그리고 알렉스(캔디스 씨 남편)의 문화 또한 그 진가를 인정하며, 그의 가족들에 대해서 배우게 된 것도 감사해요. 그들도 또 다르니까요. 이런 것들은 인생을 좀 더 재미있게 하거든요.

Kim: 캔디스 씨의 말씀에 전적으로 동의합니다. 캔디스 씨, 함께한 시간 즐거웠습니다. 시간 내주셔서 정말 감사합니다.

Candace: 네, 인터뷰해 주셔서 감사합니다.

Kim: Well, let's talk about something pleasant now. Can you also tell us about your romance? You got married last year, and thank you again for inviting me to such a beautiful wedding. It was just exquisite! How did you meet your husband? Was it love at first sight?

Candace: I actually met him at Florida State when we were going to school. I'd say it was love at first sight for him, but not for me. Haha...because he always talks about seeing me at my birthday party, and how he remembered me but I just didn't remember who he was, so eventually I got to know him as a friend first, and I think we connected because we both come from multi-cultural families, so that's something that we ㉕ **have in common**.

Kim: Yeah, because your husband is half-American and half-Salvadoran, right? How do you want your children to identify themselves? I mean…since they'll have two American grandfathers, one Salvadoran grandmother, and one Korean grandmother…

Candace: That's a hard question, but I think my kids are gonna identify with whatever they feel makes them who they are, so I think my job is just gonna be to expose them to all those different cultures and give them the opportunity to learn about them and engage with them, but I think ㉖ **in the end**, it's gonna be up to them ㉗ **as to** which culture they identify with the most.

Kim: Finally, this is going to be my last question for you. Living in this multi-cultural society, what kind of attitude should we possess? Would you like to give any advice?

Candace: I think just having an open mind and actually seeking to know about the way other people live… 'cause I believe if you don't travel and don't interact with other people who live in different places, ㉘ you**'re** kind of **in a bubble**. I think the more you interact with others, the richer your life is, so that's why I feel like I love my family and I love the life that I've had, and I appreciate Alex's culture too and learning about his family because they're different too. It just makes life more fun.

Kim: ㉙ **I couldn't agree with you more**. Candace, it was a pleasure talking with you. Thank you so much for your time.

Candace: Yeah, thank you for speaking with me.

VOCABULARY & IDIOMS

㉕ have ~ in common (with someone)

(누군가와) ~라는 공통적인 관심사/생각을 하고 있다

EXAMPLE DIALOGUE

Christine Jamie, I'm engaged, and I'm getting married next month!

Jamie Congrats! How did you guys meet each other?

Christine We took Dr. Ciappetta's applied linguistics class together, and he gave a phenomenal presentation on Noam Chomsky's theory, and gosh, he left such a strong impression…so I picked him up at the end of that semester.

Jamie That makes sense because you're into linguistics as well, right?

Christine Actually, we **have** lots of things **in common** besides linguistics. Both he and I love jazz music and Cuban food!

Jamie Fantastic! I'm so happy for you, girl!

Christine: 제이미, 나 약혼했고, 다음 달에 결혼해!

Jamie: 축하해! 약혼자와는 서로 어떻게 만난 거야?

Christine: 우리가 씨아페타 교수님의 응용언어학 강의를 함께 들었는데, 그가 노암 촘스키 이론에 관한 놀라운 프레젠테이션을 했거든. 그래서 정말 강한 인상을 남겨서 내가 학기 말에 그에게 대쉬했지.

Jamie: 너도 언어학에 빠져있으니까 이해가 된다, 그렇지?

Christine: 사실, 언어학 외에도 우린 많은 공통적인 관심사가 있어. 우리 둘 다 재즈를 좋아하고 쿠바 음식을 잘 먹거든.

Jamie: 진짜 잘됐다! 그 말 들으니 나도 행복하다, 얘!

MP3_019

26 in the end

결국

EXAMPLE DIALOGUE

Husband Oh, my God! My hairline is beginning to recede! I'm gonna become bald-headed **in the end**!

Wife Calm down, honey. Why don't we find some home remedies for hair loss?

Husband I don't believe in home remedies. I think I should find the right clinic for me. Do you know what type of doctor I should see for thinning hair?

Wife I think you should see a dermatologist in that case.

남편: 세상에! 내 이마가 벗겨지기 시작했어! 결국에는 내가 대머리가 될 거야!

아내: 진정해요, 여보. 우리 탈모에 좋은 민간요법을 찾아봐요.

남편: 난 민간요법 같은 건 안 믿어요. 나한테 맞는 (탈모 전문) 병원을 찾아야겠어요. 탈모에는 어떤 종류의 의사를 찾아가야 하는지 알아요?

아내: 그런 경우, 피부과 전문의를 봐야 한다고 알고 있어요.

VOCABULARY & IDIOMS

27 as to ~

~에 관해서는

EXAMPLE DIALOGUE

Man Hello, may I speak to Ms. Gary please?

Woman This is she.

Man Hi, I'm calling on behalf of Mr. Lee who is interested in your hair growth program since he doesn't speak English.

Woman Okay, how may I help you?

Man Mr. Lee wants to try your 6-month-program, but he was wondering if he could make the payments in monthly installments.

Woman **As to** payment plans, you will have to talk to Mr. Davis, who is our admin staff. I'll put you through.

Man Thank you.

남자: 여보세요, 개리 씨 좀 바꿔 주시겠습니까?
여자: 전데요.
남자: 안녕하세요, 저는 귀사의 발모 프로그램에 관심 있는 이선생님을 대신해서 전화드려요. 이선생님께서 영어를 잘 못 하셔서요.
여자: 네, 어떻게 도와 드릴까요?
남자: 이선생님께서는 귀사의 6개월 프로그램을 해 보고 싶어 하시는데, 회비를 월부로도 낼 수 있는지 궁금해 하세요.
여자: 결제 방식에 대해서는 저희 행정 직원인 데이비스 씨와 상의하셔야 할 거예요. 연결해 드리겠습니다.
남자: 감사합니다.

28 be/live in a bubble

고립된 채 있다/살다

EXAMPLE DIALOGUE

Nick Is Ian gonna join us?

Nicole Nope, as always. Didn't you know he doesn't wanna join any clubs?

Nick I know, but I thought our movie club would draw his interest.

Nicole Well, to me, it just looks like he wants to **live in a bubble**.

Nick Well, if that's the case, let's just leave him alone.

MP3_020

Nick: 이안이 우리랑 같이할 거야?

Nicole: 아니, 늘 그래왔듯이 말야. 넌 걔가 어떤 클럽 활동도 하기 싫어한다는 것 몰랐어?

Nick: 알고는 있지만, 난 우리 영화 클럽은 그의 관심을 끌 거라고 생각했거든.

Nicole: 글쎄, 내가 보기엔 걔는 고립돼서 살고 싶어 하는 것 같아.

Nick: 뭐, 그렇다면, 걔가 혼자 있게 내버려 두자.

㉙ I couldn't agree with you more.

전적으로 동의합니다

EXAMPLE DIALOGUE

Nancy Grace, my son's school nurse just called me, and I should pick him up right away. Can you please cover for me if the boss comes in while I'm away?

Grace Of course, girl! No worries about here, and you go and take care of your little one.

Nancy Thank you so much, Grace! I'll pay you back by cooking you a meal, washing your dishes, or whatever you need! You are the quintessential merciful woman.

Grace **I couldn't agree with you more.**

Nancy Ha ha… I'll see you tomorrow!

Nancy: 그레이스, 우리 아들 학교 간호사가 방금 나한테 전화했는데, 지금 당장 아들을 데리러 가야겠어. 내가 없을 때, 만약 사장님께서 오시면 나 대신 일 처리 좀 해 줄 수 있겠어?

Grace: 물론이지! 여기는 걱정하지 말고, 가서 네 아이나 잘 돌봐.

Nancy: 정말 정말 고마워, 그레이스! 내가 밥 한 끼 해 주던지, 너희 집 설거지를 해 주던지, 아니면 뭐든 네가 필요한 걸 해서 이 신세를 꼭 갚을게. 넌 정말 자비로운 여성의 전형이야.

Grace: 나도 전적으로 동의해.

Nancy: 하하… 그럼, 내일 봐!

GRAMMAR

이 챕터에서 주목할 문법

Interview 1

1 Finding a conversation partner to use the English will **help them with their fluency** and **help them acquire** the language.

배운 영어를 사용할 수 있도록 대화 상대를 찾는 것이 그분들이 영어를 더 유창하게 하고 또 언어를 습득하는 데 도움이 될 거예요.

≫ 많은 한국의 문법책 속 원형부정사 파트에서 다루는 〈help + 목적어 + 원형부정사〉의 구조다. help는 준사역 동사라서 그 뒤에 문법적으로 부정사와 원형부정사가 둘 다 올 수 있지만, 실제 미국인들은 이 경우 원형부정사를 압도적으로 많이 쓰는 편이다. 아선생은 그 이유를 언어의 경제성(같은 말을 더 적은 단어로 할 수 있을 때, 사람들이 무의식적으로 그 옵션을 선택하게 되는 언어적 현상)때문이라고 본다. 이때, 원형부정사가 아닌 명사가 올 경우 전치사 with를 써서 〈help someone with ~〉의 구조가 되어 '누군가 ~하는 것을 돕다'라는 의미가 된다.

EXAMPLE DIALOGUE 1

(The phone rings.)

Staff Hello, Michael Jors Customer Service. This is Catherine. How may I help you?

Customer Hi, Catherine. I'd like to purchase the shoes featured in the January edition of the Instyle magazine, but I cannot seem to find them anywhere. I think they are Katie's pumps in charcoal. **Could you please help me find those shoes?**

Staff Sure! Hold on please. Oh, we're currently sold out of those pumps, but we plan to restock them sometime next week. However, we do have them in taupe now. Would you be interested?

Customer Well, I'm afraid I'm not a big fan of the taupe color. I'll just have to wait until you restock them. How much do you charge for shipping?

Staff For our shipping, we have a flat shipping rate of $7.95, but if the order is over $75, the shipping is free.

Customer Awesome! Thank you. I'll be looking forward to buying those shoes next week.

Staff We thank you for your interest in our products. **Please let me know if we can help you with anything else.**

Customer Well, I have all the information I need for now. Thanks.

MP3_021

(전화벨이 울린다.)

직원: 여보세요, 마이클 조어스 고객 서비스 센터입니다. 제 이름은 캐서린입니다. 무엇을 도와 드릴까요?

고객: 안녕하세요, 캐서린 씨. 저는 인스타일 잡지 1월호에 나왔던 그 구두를 구입하고 싶은데, 어디서든 찾을 수가 없는 것 같아요. 제 생각에 짙은 회색으로 된 케이티의 펌프스(끈이 없는 가벼운 여성용 정장 구두)였던 것 같아요. 그 구두를 찾는 것을 도와주실 수 있으세요?

직원: 물론입니다! 잠시만요. 저희가 지금 현재 그 펌프스가 다 팔리고 없지만, 다음 주 중으로 다시 들여 놓을 계획입니다. 하지만 같은 구두가 회갈색으로는 있어요. 그건 어떠세요?

고객: 글쎄, 제가 회갈색을 그다지 좋아하지를 않아서요. 그냥 짙은 회색 구두를 다시 들여 놓으실 때까지 기다릴게요. 배송료는 얼마예요?

직원: 배송료는, 얼마를 주문하든 모두 7달러 95센트이지만, 75달러 이상 주문하시면, 무료로 배송해 드립니다.

고객: 괜찮네요. 감사합니다. 그럼, 다음 주 중에 그 구두를 살 수 있기를 기대할게요.

직원: 저희 제품에 관심을 가져 주셔서 저희가 감사합니다. 다른 것도 저희가 도와 드릴 일이 있으면 알려 주세요.

고객: 뭐, 제가 지금 필요한 정보는 다 얻은 것 같아요. 감사합니다.

EXAMPLE DIALOGUE 2

Son Mom, **can you please** **help me with this homework assignment**?

Mom James, it's your homework, not mine.

Son Mom, I'm almost done with it. I just wanted you to check my spelling and grammar before turning it in because Mrs. Noel says, on the whole, I'm making progress but I still need to work on my grammar and spelling.

Mom All right. Let's see...oh, there's a punctuation error here. You should use a comma when a coordinating conjunction connects between two clauses, so just correct these two sentences. Everything else looks good.

Son Great! Also, I'm not sure how to submit this video through a Word document. Do you think this link will suffice?

Mom I think so, but why don't you read this article that provides specific guidelines on how to use the Microsoft program?

Son Let me see. "Stress-free ways to use Microsoft program". Super! I think **it will definitely** **help me better understand** **how this program works**. Thanks, mom! You are the best!

Mom Anytime!

아들: 엄마, 이 숙제 좀 도와주실 수 있어요?

엄마: 제임스, 그건 네 숙제지 엄마 숙제가 아니야.

아들: 엄마, 나 이 숙제 거의 다 했어요. 전 그냥 엄마께서 이거 제출하기 전에 제 스펠링과 문법 좀 체크해 주시길 원했거든요. 노엘 선생님 말씀이 전체적으로는, 제 실력이 향상하고는 있지만, 문법과 스펠링은 여전히 더 공부해야 한다고 하셔서요.

엄마: 알았어. 어디 한번 보자… 어, 여기 구두법이 하나 틀렸네. 등위 접속사가 두 개의 절을 연결할 때는 쉼표를 사용해야 해. 그러니까 이 두 문장만 고치렴. 다른 건 다 좋아 보여.

아들: 좋아요! 그리고 워드 프로그램으로 비디오를 어떻게 제출하는지 잘 모르겠어요. 여기 이 링크로 충분할까요?

엄마: 그런 것 같은데, 여기 마이크로소프트 프로그램 사용 방법에 대한 자세한 가이드라인을 제시하는 이 기사를 좀 읽어 보지 그러니?

아들: 볼게요. "스트레스 없이 마이크로소프트 프로그램을 사용하는 방법"이라… 좋아요! 확실히 이 프로그램이 어떻게 작동하는지 제가 더 잘 이해하는 데 도움이 될 것 같아요. 고마워요, 엄마! 엄마는 정말 최고예요!

엄마: 천만에!

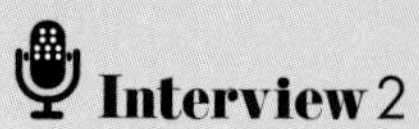

② It's just **getting them to use it** with fluency.

문제는 그들이 그것을 유창하게 사용할 수 있도록 하는 데에 있지요.

》 〈get + 목적어 + to부정사〉의 구조. Get 또한 help처럼 준사역동사지만 help 뒤에 원형부정사가 올 수 있는 것과는 달리, get 뒤에는 to부정사만 쓸 수 있다. have, let등의 다른 사역동사처럼 '~하게 하다'라는 의미는 있지만, 그런 동사들처럼 강제성을 띄지 않아 그 의미가 다소 약하기 때문에 이런 문법의 차이를 보인다.

EXAMPLE DIALOGUE 1

Olivia **How can I get my child to eat greens?**

George **Why don't you get him to try different types of green vegetables?** Then, he should be able to find the one he likes.

Olivia **It's extremely hard to get my kid to try new things**. He's such a picky eater.

George If that's the case, I would have him stop snacking between meals.

Olivia Maybe I should consider that option.

Olivia: 내 아이가 어떻게 녹색 채소를 먹게 할 수 있을까?
George: 아이에게 다양한 종류의 녹색 채소를 먹어 보게 하는 건 어때? 그럼, 걔가 좋아하는 하나쯤은 찾을 수 있을 거야.
Olivia: 우리 애에게 새로운 것을 먹어 보게 하는 건 정말 힘든 일이야. 걔가 식성이 지나치게 까다롭거든.
George: 그렇다면 말야, 나라면 식간에 간식을 못하게 하겠어.
Olivia: 그렇게 하는 것도 생각해 봐야겠어.

*단, 이때 목적어에 사람이 아닌 사물이 올 경우에는 to 부정사 대신 과거분사를 쓰기 때문에 〈get + 목적어 + 과거분사〉의 구조가 된다.

EXAMPLE DIALOGUE 2

Steve Jung-un, I'm going to the Koreatown in Atlanta this weekend and was wondering if you could recommend some good restaurants there.

Jung-un Sure! You know it's actually located in the city of Duluth which is about 30 minutes from downtown Atlanta, right?

Steve I thought it was in Doraville, Georgia.

Jung-un Both of them are Koreatowns, and they're near each other, but Duluth is the bigger one. In any case, I think you should try the Korean fried chicken place there.

Steve I wouldn't eat fried chicken in Koreatown. **Why would I drive three hours to eat fried chicken when I could get it delivered to my home?**

Jung-un You don't know what you're talking about, Steve. This Korean chicken that I'm talking about is phenomenal, and it doesn't even compare to the Buffalo wings in town.

Steve I don't know. I'm driving there because I have a craving for Bulgogi and Japchae.

Jung-un Man, you're missing out!

Steve: 정은아, 이번 주말에 내가 아틀란타에 있는 코리아타운에 갈 건데, 네가 그곳의 좋은 식당을 좀 추천해 줄 수 있을까?

Jung-un: 물론이지! 코리아타운은 사실 아틀란타 다운타운에서 30분쯤 걸리는 둘루스라는 도시에 위치에 있다는 것 너도 알지?

Steve: 난 그곳이 조지아 주의 도라빌에 있는 줄 알았어.

Jung-un: 두 곳(둘루스와 도라빌) 다 코리아타운이긴 하고, 서로 가까이 있지만, 둘루스가 더 큰 곳이야. 어쨌든, 난 네가 그곳의 후라이드 치킨집에 가서 먹어 봐야 한다고 생각해.

Steve: 나라면 코리아타운까지 가서 후라이드 치킨을 먹지는 않겠어. 치킨은 우리 집으로 배달시킬 수도 있는데, 왜 3시간이나 운전해 가서 먹겠냐고?

Jung-un: 스티브, 너 진짜 모른다. 내가 말하는 이 한국식 후라이드 치킨은 엄청나게 맛있는데, 그건 우리 동네 버팔로 치킨윙하고는 비교도 안 되는 맛이야.

Steve: 잘 모르겠어. 난 불고기하고 잡채가 진짜 너무 먹고 싶어서 거기까지 운전해서 가는 거거든.

Jung-un: 넌 좋은 기회를 놓치는 거야!

3 ...in American culture, maintaining your individuality is the most important thing **no matter what...**

미국 문화권에서는, 어떠한 경우에도 자신의 자립성을 유지하는 것이 가장 중요해요.

>> 〈no matter + 의문사(what/which/who/when/where/how)〉의 형태로, 보통은 다음의 대화문과 같이 주어와 동사를 포함해서 부사절로 쓰인다.

EXAMPLE DIALOGUE 1

John What are you watching now?

Eun-young Oh, I'm watching this presidential debate.

John The election is over, Eun-young! **No matter how vicious our president is, you should admit that he's our current president.**

Eun-young John, this is a Korean presidential debate. Our election is next month.

John Oh, sorry. So what does this guy say?

Eun-young People found out this guy had helped his roommate with an attempted date rape in college.

John How?

Eun-young According to the media report, he and his friends helped him to obtain some sort of stimulant. In any case, it caused public outrage in S. Korea, but this guy seems to underestimate the seriousness of this matter.

John Gosh, **no matter how intelligent he is, I would never vote for such a person.** I mean that's a crime!

Eun-young I couldn't agree with you more!

John: 지금 뭐 보는 거야?
Eun-young: 아, 대통령 후보 토론을 보고 있어.
John: 은영아, 선거는 끝났어. 우리 대통령이 아무리 포악해도, 넌 이제 그가 우리의 현직 대통령이라는 사실을 인정해야 한다고.
Eun-young: 존, 이건 한국 대통령 후보 토론이야. 우리 선거는 다음 달이거든.
John: 오우, 미안. 그래, 이 남자가 뭐라는 거야?
Eun-young: 사람들이 이 남자가 대학교 때 자기 룸메이트가 데이트 강간하려는 것을 도왔다는 사실을 알게 됐어.

John: 어떻게?
Eun-young: 언론 보도에 따르면, 그 사람하고 그의 친구들이 그 강간 미수범이 흥분제를 손에 넣을 수 있게 도왔다고 해. 어쨌든, 그 일은 한국에서 공분을 샀지만, 이 남자는 이 사안의 심각성을 모르는 것 같아.
John: 세상에, 아무리 그 사람이 똑똑하다고 해도, 나라면 절대로 그런 인간 안 뽑아 주겠어. 그건 범죄야!
Eun-young: 네 말에 전적으로 동의해!

*하지만, 구어체에서는 캔디스씨와의 인터뷰에서와 같이 주어, 동사 등을 포함하지 않고 단독으로도 자주 쓰인다.

EXAMPLE DIALOGUE 2

Kyle Hey, Lacey! Did you just see Randy's bumper sticker?

Lacey Of course, I did. Didn't you know that he's a notorious Trump supporter in this neighborhood?

Kyle Oh, my! Does he even watch the news?

Lacey I'm sure he does.

Kyle Then, he should know all the racist and sexist comments that Trump has made.

Lacey Of course, he does!

Kyle Now I'm really curious what prompted him to support Donald Trump. I really wanna have a conversation about why we should vote against Trump with him.

Lacey Kyle, please don't waste your breath. **He's going to vote for Trump no matter what.**

Kyle: 저기, 레이시! 랜디의 자동차 범퍼 스티커 봤어?
Lacey: 물론, 봤지! 넌 그가 이 동네에서 악명 높은 트럼프 지지자라는 것 몰랐어?
Kyle: 세상에! 그 사람 대체 뉴스는 보는 거야?
Lacey: 물론 보겠지.
Kyle: 그렇다면, 트럼프가 한 그 모든 인종 차별적이고 성차별적인 발언들을 알 거 아니야?
Lacey: 물론, 알겠지.
Kyle: 그렇다면 난 대체 무엇이 그가 도널드 트럼프를 지지하게 했는지 정말 궁금해. 난 그 사람하고 우리가 트럼프를 뽑으면 왜 안 되는지에 대해서 정말 대화를 하고 싶어.
Lacey: 카일, 말해 봐야 입만 아프니 그러지 마. 그 사람 무슨 일이 일어나도 트럼프 뽑을 거야.

SPEAKING TRAINING

STEP 1 다음 글을 또박또박 정확하게 읽고 암송해 보자. (읽은 후엔 V 표시)

MP3_024

1 자신이 왜/어떻게 지금의 직업을 가지게 되었는지에 대해 말할 때

문단 읽기 □ □ □ □ □

I think/ my experience teaching and studying abroad/ and also my multi-cultural background/ kind of set me up/ for being an ESL teacher./ Actually,/ at first/ I thought/ that I just liked teaching in general/, but when I was teaching second grade/ to American students,/ I realized/ that the interaction between international students and myself/ is what is special/ and what I really enjoy.

2 어머니에 대해 말할 때

문단 읽기 □ □ □ □ □

She is a really strong and brave lady./ She grew up in Korea/ on a farm./ She has six sisters and a brother/ and is the second oldest,/ so she had a lot of responsibility growing up/ to help take care of her siblings./ She also met my dad there/ while he was stationed in the military./ They've been married for about 35 years/, so she has actually lived in America/ longer than she has lived in Korea now./ She's a little Americanized,/ but I think/ she still holds a lot of traditional Korean values.

3 자신의 성장 과정에 대해 말할 때

문단 읽기 □ □ □ □ □

I was different from the other kids./ You know,/ I had a different set of customs/ that we practiced at home/ than my friends did,/ so it was always kind of embrassing for me/ when I was young/ to have my friends over/ and then have to tell them/ "Oh, you have to take off your shoes,"/ or I was always nervous about my lunch/ because my mom would pack it/ and I'd think/ "God, the other kids are gonna think it's stinky,"/ or you know,/ just weird./ So I think,/ as a kid,/ it was hard fitting in/ because I felt like/ there were parts of me/ that were different,/ but now as a grown woman,/ I'm grateful/ for those experiences.

4 두 나라의 문화 차이에 대해 말할 때

문단 읽기 □ □ □ □ □

I feel like/ a big difference/ between American culture and Korean culture/ has to do with/ how they value the relationships with other people./ For example,/ in American culture,/ maintaining your individuality/ is the most important thing/ no matter what,/ so if you're making a decision/ and you wanna do something,/ you just do it./ You don't think about/ how it might affect others,/ but I feel like,/ in Korean culture,/ when you make a descision,/ you consult those around you and your family,/ and then you take that into consideration/ when making a decision.

STEP 2 주어진 단어를 사용해서 우리말을 영어로 말한 다음 빈칸에 써 보자.

1 **제가 외국에서 가르치고 공부했던 경험과 또 제가 가진 다문화적인 배경이 저를 영어 선생님으로 자리 잡도록 했습니다.**

(set ~ up for / multi-cultural background / studying abroad)

---

2 **제 생각에는, 문법에 관한 한, 학생들이 관사와 전치사를 힘들어 하는 것 같아요.**

(I'd say / as for ~ / have trouble with ~)

---

3 **그게 밤이어서 그 주변에 대해 충분히 파악할 수 없었습니다.**

(get a good grasp of ~ / my surroundings)

---

4 **제 가슴 속에는 공포가 밀려왔어요.**

(rise up / panic)

---

5 **저는 할머니와 더 가까운 관계를 맺고 싶었어요.**

(build a relationship with ~)

---

6 **아이 때는, (주변 친구들과) 어울리는 것이 좀 힘들었던 것 같아요. 왜냐면 제 속의 어떤 모습들은 (그들과) 다르다고 느껴졌으니까요.**

(fit in / parts of me)

STEP 3 빈칸에 자기 상황에 맞는 어휘를 넣어 문장을 완성해 보자.

1 My experience ____________________ set me up for being ______________________.

2 I'd say, as for ____________________, people usually have trouble with ____________________.

3 I didn't get a good grasp of __________________________.

4 When _________________________, panic was rising up in my chest.

5 I wanted to build a closer relationship with ____________________.

6 It was hard fitting in because I felt like ___________________________ _________________________.

7 I feel like a big difference between American culture and Korean culture has to do with ____.

8 Some people still frown upon ____________________________.

9 I was never bitter about _________________________.

10 One thing I have in common with _____________ is that ___________ ______________________________.

STEP 4 다음 질문에 답해 보자. (주어진 공간에 할 말을 적어 보기)

1 Can you tell me about your mother?

2 How was your childhood and your growth process?

3 In a nutshell, what do you think the main cultural difference between Korea and America is?

4 Living in this multi-cultural society, what kind of attitude should we possess?

I think the more you interact with others, the richer your life is.

Kim: Can you please tell us a little bit about yourself?

Candace: My name is Candace Warmka. My maiden name is Walters. I grew up in Florida, and my hometown is called Satellite Beach. It's located on the east coast of Florida. It's a little bit south of Cape Canaveral which is where they launch the space shuttles, so that was neat as a kid because I got to see the space shuttles go up. Now I live in Tallahassee, Florida, and I teach English as a Second Language at Florida State University.

Kim: So you are an ESL instructor! How do you enjoy teaching English to international students?

Candace: I really enjoy it a lot. I think my experience teaching and studying abroad and also my multi-cultural background kind of set me up for being an ESL teacher. Actually, at first, I thought that I just liked teaching in general, but when I was teaching second grade to American students, I realized that the interaction between

international students and myself is what is special and what I really enjoy.

Kim: As you might already know, all the Korean readers of this book are studying English, and well, I guess that's why they've purchased this book. Would you like to provide some tips on how to improve their English for them?

Candace: Yeah, I think, first of all, getting out and using the English is the most important thing, so not just studying at home but finding a conversation partner to use the English will help them with their fluency and help them acquire the language...and the second thing is not just to learn the language, but also the culture of the language because I think that is more interesting and gives some motivation and a deeper understanding of the language itself.

Kim: Thank you for your great advice. Could you also share some of the most commonly made grammar mistakes by Korean students?

Candace: I'd say, as for grammar, my students usually have trouble with the articles, a/an and the, and also prepositions...but to be frank, I think most of my students have good grammar knowledge and vocabulary knowledge. It's just getting them to use it with fluency...that's the hard part, so a lot of times my Korean students will say something, and it's very accurate, but they just won't say a lot, so I think the trick for me is getting them to work on their fluency by talking more. So I think in terms of grammar accuracy, they're pretty good.

Kim: Then, what are some common pronunciation mistakes that Koreans make?

Candace: Actually, pronunciation is really linked to fluency, so this is something that I'd say my students need to work on more. Probably the /L/ and the /R/ sounds, and as with all my ESL students, the /th/ sound's difficult too.

Kim: Are you talking about the voiceless or the voiced /th/ sound?

Candace: I'd say both. Haha…

Kim: Thanks, Candace. I understand you also taught English in S. Korea for about a year, didn't you? Do you have any hilarious anecdotes to share with the Korean audience?

Candace: Yeah…actually, this happened the second week I was in Korea. So when I first got to Korea, it was during Chuseok, so everyone was on holiday, and my uncle came to pick me up. That first week they took care of me, so I didn't have to worry about anything, and then the next week I had to go and meet my co-teacher at my school. I got there in the evening, and she showed me around, but it was at night, so I didn't get a good grasp of my surroundings. When I woke up in the morning, I thought "OK, I'm gonna go and explore." Five minutes after leaving my house, I felt a little uneasy, so I was like, "OK, I need to turn back," and I looked at the neighborhood, and everything looked the same. I couldn't remember what my door looked like or where to go, so I asked some adults, and I showed them my address, but they couldn't help me. They were scared because they didn't know how to speak English…and then finally school let out, and the kids came out, and I thought, "Kids! This is perfect! They're probably learning English in school," so I approached them. The girls I approached were a little nervous, and they told me they didn't know where my house was, and they laughed at me. Panic was rising up in my chest. Then, they came racing back, and they were like, "Oh, we looked up your address on the computer," and they both started looking around, and we still couldn't find it. So finally I said, "Do you know where 화양 초등학교 is…the school?", and they took me there. It's funny because those were the students that I was gonna be teaching, and they ended up helping me out first. I was kind of embarrassed, but it's funny thinking back on it now.

Kim: That's pretty hilarious! By the way, why did you go to Korea in the first place?

Candace: Well, I wanted to build up my teaching experience, but I also wanted to get to know my family. My mom's Korean, so my grandmother lives there, and I have a couple aunts who live there. I just wanted to build a closer relationship with my grandmother.

Kim: So your mother's Korean…can you tell us more about her?

Candace: Yeah. She is a really strong and brave lady. Umm… she grew up in Korea on a farm, and she has six sisters and a brother. She was the second oldest, so she had a lot of responsibility growing up to help take care of her siblings. She also met my dad there while he was stationed in the military. They've been married for about 35 years, so she has actually lived in America longer than she has lived in Korea now. She's a little Americanized, but I think she still holds a lot of traditional Korean values.

Kim: Growing up under a Korean mother and an American father, how was your childhood and your growth process? I assume that might have been quite an experience.

Candace: It was very interesting. I was different from the other kids. You know, I had a different set of customs that we practiced at home than my friends did, so it was always kind of embarrassing for me when I was young to have my friends over and then have to tell them "Oh, you have to take off your shoes," or I was always nervous about my lunch because my mom would pack it and I'd think "God, the other kids are gonna think it's stinky," or you know, just weird. So I think, as a kid, it was hard fitting in because I felt like there were parts of me that were different, but now as a grown woman, I'm grateful for those experiences.

Kim: Then, in a nutshell, what do you think the main cultural difference between Korea and America is?

Candace: I think, in my experience, I feel like a big difference between American culture and Korean culture has to do with how they value the relationships with other people. For example, I feel like, in American culture, maintaining your individuality is the most important thing no matter what, so if you're making a

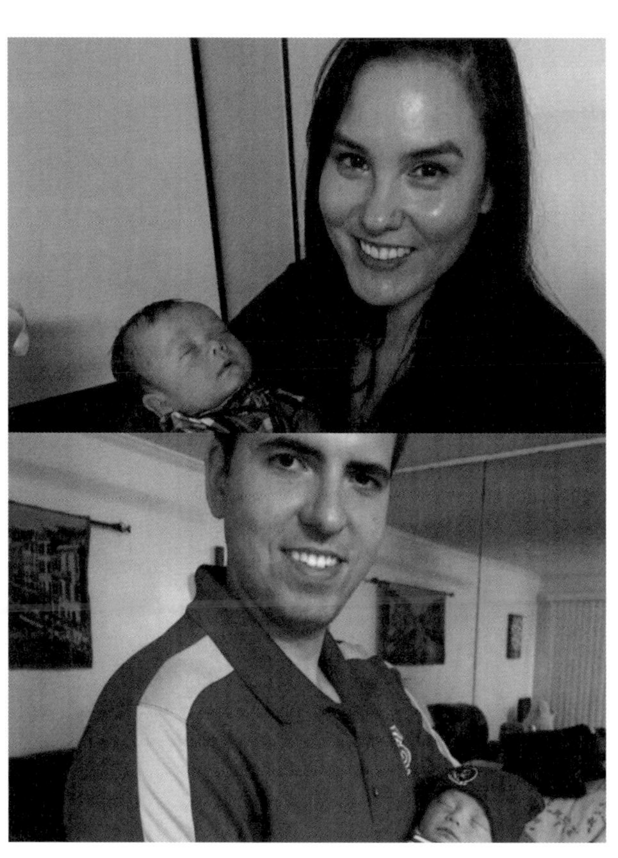

decision and you wanna do something, you just do it. You don't think about how it might affect others, but I feel like, in Korean culture, when you make a decision, you consult those around you and your family, and then you take that into consideration when making a decision.

Kim: You've made a very good point, and I entirely agree with you. I also feel like you're more Korean than American in many ways, and you sometimes identify yourself as a Korean. What about your siblings? Are they just like you, or are they more American than you are?

Candace: I feel like for me I'm more of that person who consults with people around me, so before I do something, I have to call my mom, and I have to ask her "Should I do this?"

Kim: That's pretty Korean.

Candace: Haha...but with my siblings, they do it, and then they call my mom, and they're like "Yeah...I did this." It's kind of like you do something, and then you ask for forgiveness later whereas I will tell my mom before doing something. So I'd say they're more American.

Kim: Very interesting! Here's my next question. Although there are so many interracial couples in the United States, I know some people still frown upon interracial marriages. How did your father's family take the news when they first heard he was getting married to a Korean woman?

Candace: Yeah…that was a really hard beginning because they were not happy with my dad marrying my mom. You know, they wanted him to marry someone who is from New York which is where he is from, so it was hard for my mom because she was gonna come to the States to live with my dad, but they were really against it…and even growing up, you'd think after they'd had kids, they would've just accepted it, but I feel like that never really happened…so we were never that close with my dad's side of the family, and the funny part is that, like I mentioned before about individualism, when my grandmother got dementia, everybody in New York was just too busy with their own lives to take the time to take care of her, so my mom was the one who ended up taking her in and caring for her until she passed away. So that's something that kind of amazes me that my mom never was bitter about anything…you know, even with not really getting treated that well from the start.

Kim: I'm so sorry to hear that. I suppose that's the Korean part of her.

Candace: I think so too. Like what I mentioned before about traditional values, I think she still cared about her even though she never got her approval. She made her comfortable and took care of her especially being my dad's mom.

Kim: Well, let's talk about something pleasant now. Can you also tell us about your romance? You got married last year, and thank you again for inviting me to such a beautiful wedding. It was just exquisite! How did you meet your husband? Was it love at first sight?

Candace: I actually met him at Florida State when we were going to school. I'd say it was love at first sight for him, but not for me. Haha...because he always talks about seeing me at my birthday party, and how he remembered me but I just didn't remember who he was, so eventually I got to know him as a friend first, and I think we connected because we both come from multi-cultural families, so that's something that we have in common.

Kim: Yeah, because your husband is half-American and half-Salvadoran, right? How do you want your children to identify themselves? I mean…since they'll have two American grandfathers, one Salvadoran grandmother, and one Korean grandmother…

Candace: That's a hard question, but I think my kids are gonna identify with whatever they feel makes them who they are, so I think my job is just gonna be to expose them to all those different cultures and give them the opportunity to learn about them and engage with them, but I think in the end, it's gonna be up to them as to which culture they identify with the most.

Kim: Finally, this is going to be my last question for you. Living in this multi-cultural society, what kind of attitude should we possess? Would you like to give any advice?

Candace: I think just having an open mind and actually seeking to know about the way other people live…'cause I believe if you don't travel and don't interact with other people who live in different places, you're kind of in a bubble. I think the more you interact with others, the richer your life is, so that's why I feel like I love my family and I love the life that I've had, and I appreciate Alex's culture too and learning about his family because they're different too. It just makes life more fun.

Kim: I couldn't agree with you more. Candace, it was a pleasure talking with you. Thank you so much for your time.

Candace: Yeah, thank you for speaking with me.

아선생의 미국말 미국문화

태어날 아기를 위한 선물 공세 - Baby Shower!

미국에서 여성 시청자들을 대상으로 하는 드라마를 보면 단골로 등장하는 소재가 바로 Baby Shower이다. 몇 년 전 네 살된 내 아들을 데리고 친구의 Baby Shower에 갔을 때, 아이가 "샤워하는 베이비가 어딨어?"라고 말해서 미국인 친구들과 한참을 웃은 기억이 있다. 그렇다. Baby Shower에 가면 "Baby"도 없고 우리가 생각하는 "Shower"도 없다. 선물을 받을 당사자인 Baby는 아직 엄마 뱃속에 있고 여기서 말하는 "Shower"는 욕실에서 하는 그 "Shower"가 아니기 때문이다. 미국인 친구는 내 아이에게 "The baby is still inside Mommy's tummy, and he is gonna get showered with lots of gifts today. That's why it's called 'Baby Shower'." (선물을 받을 아기는 아직 엄마 배 속에 있고, 그 아기가 오늘 소나기처럼 쏟아지는 많은 선물들을 받을 거야. 그래서 Baby Shower이라고 불리는 것이란다.)라고 친절하게 설명해 주었다. 미국에서는 한국의 네이버 영어 사전만큼이나 인기있는 인터넷 사전 〈The Free Dictionary.com〉에서는 shower를 동사로 "to bestow abundantly or liberally" (풍부하거나 후하게 수여/부여하다)라고 정의한다. 그래도 여전히 알쏭달쏭한 독자께서는 태어날 아기를 위한 선물들이 소나기(Shower)처럼 쏟아지는 날이라 하여 Baby Shower라고 불린다고 설명드리면 좀 더 쉽게 기억하실 수 있을까?

어쨌든 Baby Shower는 임신한 친구와 곧 태어날 그녀의 아기를 위해서 여자 친구들이 열어주는 파티로 초대된 사람들은 아기를 위한 선물을 하나씩 가지고 와야 된다. 아기 옷, 아기 모자, 아기 양말, 아기 신발, 아기 이불, 아기 베개, 아기 침대, 유모차, 아기용 카시트, 아기용 의자, 젖병, 장난감, 기저귀, 공갈 젖꼭지, 분유, 아기용 샴푸나 비누, 유아용 책 등등 아기에게 필요한 물건이라면 무엇이든 선물할 수 있는데 미국에서는 돌잔치보다 이 Baby Shower가 더 큰 행사이다.

이런저런 이벤트를 좀 더 독창적이고 기발하게 하는 것을 좋아하는 아선생의 친구들은 Baby Shower에서도 여러가지 번뜩이는 아이디어로 재치를 발휘한다. 이를테면, 재작년에 있었던 한 Baby Shower에서는 아무런 무늬도 그림도 없는 100% 순면의 하얀색 아기 옷들을 초대된 손님들에게 여러 벌씩 주면서, 빨아도 지워지지 않는 갖가지 색의 유성펜으로 그 아기 옷들을 꾸며

보라고 했다. 그리고 그날의 주인공인 아기 엄마가 가장 맘에 드는 옷을 고르면, 그 옷을 꾸민 친구에게 상을 준다고 했다. 그림에는 병아리 눈물만큼의 재능도 없는 아선생이 꾸민 옷들이 최고의 작품으로 뽑힌 건 솔직히 그리 놀라운 일이 아니었다. (단언컨대, 이건 근거 있는! 자신감이다!!) 그림에 전혀 소질도 자신도 없는 나는, 그날 고민 끝에 각각의 아기 옷에 그림 대신 예쁜 색깔로 한글 단어를 하나씩 써 넣었다. 파란색으로 쓴 "희망", 분홍색으로 쓴 "사랑", 초록색으로 쓴 "꿈", 보라색으로 쓴 "행복" 등등… 새로 태어날 내 미국인 친구의 아기가 이렇게 한글이 쓰인 옷을 입고서 플로리다 곳곳을 돌아다닐 생각을 하니, 괜히 설레기까지 했다. 자, 이 정도 센스라면 그림 솜씨가 없어도 최고상을 받을 만 하지 아니한

가? 푸하하하하…!!! 그날, 아선생은 수상의 영광을 진심으로 존경하는 언어학자이신 세종대왕님께 돌렸으며 그때가 바로 미국에서 내가 가본 가장 기억에 남는 Baby Shower가 되었다.

Chapter

2

미국에 사는 영국 보통 사람

Andra Copeland

My philosophy of life is to leave this world a better place.

WHO IS SHE?

스팅의 〈Englishman in New York〉이라는 노래를 들어보면, 멜로디도 숨 막히게 아름답지만, 가사 속에서 영국과 미국의 문화 차이를 엿볼 수 있는 재미까지 쏠쏠하다. 내가 살고 있는 이곳 플로리다에도 이 노래를 생각나게 하는 사람이 있다. 너무나 오랜 시간 미국에 살았음에도 전혀 미국화되지 않은 그녀의 액센트. 겉모습에서부터 풍기는 정통 영국풍의 절제된 그녀의 분위기. 미국에 살고 있는 영국 보통 사람, Andra Copeland 씨.

한국의 타지역 출신 사람들이 서울에서 오래 살다 보면 보통 자기 지역 사투리와 서울말이 자연스럽게 섞이는 것과 마찬가지로, Andra 씨도 미국에서 미국 남부 출신인 남편과 그토록 오래 살아왔으면 미국식 영어를 조금씩 구사할 법도 하다. 하지만 그녀는 자신의 영국식 액센트(British Accent)를 티끌만큼도 버릴 마음이 없어 보인다. 그리고 나는 그녀의 그런 당당함이 부러우면서도 무척 멋지다고 생각한다.

Andra 씨와 처음 만났던 날을 나는 지금도 생생하게 기억한다. 워킹맘인 나는 내 아이를 보낼 유아원(Preschool)을 고르기 위해 이곳저곳을 방문하던 중 우연히 Andra 씨가 운영하는 유아원을 들러 보게 되었다. 그 유아원의 커리큘럼과 운영 방식 등에 대해서 열심히 설명하는 Andra 씨의 말을 듣고 있던 나는, 학부모로서 들어야 할 메시지보다는 색다른 그녀의 발음에 어느새 더 집중하고 있었다. 미국인들과는 달리 명확하게 발음되는 그녀의 /t/와 /d/, 또 미국식의 굴러가는 듯한 발음과는 달리 딱딱 끊기는 듯한 절제된 그녀의 액센트는 플로리다에서 사는 내게는 무척이나 신선했다. 대략 그녀가 영국에서 왔을 것으로 추측할 때쯤 /a/ 발음을 영국식으로 '아'라고 하지 않고 '애'라고 하는 것, 또 내가 알고 있는 영국 영어와는 달리 음절 마지막에 오는 /r/을 또렷하게 발음하는 등의 패턴을 들으면서 나는 헷갈리기 시작했다. 복잡한 생각을 멈출 수 없었던 나는 급기야 자신의 교육 철학에 대해 진지하게 설명하고 있던 그녀에게 뜬금없이 "By the way, may I ask where you're from?" (저기, 그건

그렇고, 혹시 어디서 오셨는지 여쭤봐도 될까요?)라고 물었다. 그제야 그때까지의 복잡미묘했던 내 표정이 무엇을 의미하는지를 눈치챈 Andra 씨는 웃으면서 자신은 스코틀랜드 사람인데 고향이 잉글랜드와 스코틀랜드의 경계선 부근에 자리 잡은 도시라서 자신이 쓰는 영어가 일반적인 사람들이 생각하는 스코틀랜드 영어보다는 잉글랜드 쪽 영어에 더 가깝다고 했다. 그렇게 내 아이는 Andra 씨가 운영하는 유아원을 다니게 되었고, 유아원에서 온종일 그녀와 함께 시간을 보내는 아이의 영어 발음은 서서히 변화하기 시작했다. 이를테면, 아이가 water나 can't 등의 단어에서 일반 미국인들과 달리 't' 소리를 또렷하게 발음하거나 white나 where 등의 단어에서 'h' 소리를 강하게 내거나 하는 모습을 보는 것은 영어 공부를 업으로 삼는 내게는 참으로 흥미로운 일이었다.

Andra 씨는 자신도 미국에서는 이방인이라며, 자신이 또 다른 이민자인 나와 같은 정서를 가지고 있다고 한다. 플로리다 주립대 유학생 시절에는 국제 유학생 협회의 부회장을 맡았었다고도 했다. 그래서인지 나와 내 아이에게 특히 더 신경 써 주고 친절했던 Andra 씨. 한 번은 내가 아파서 응급실에 간 적이 있었는데, 그때 내 남편에게 전화해서 우리 아이를 자신의 집으로 데려가서 저녁을 먹이고 재울 테니, 걱정하지 말고 병원에서 나를 돌보라고 했다고 한다.[1] Andra 씨는 이렇게 나를 자신이 가르치는 아이의 학부모 이상으로 대해 주시면서 미국 남자에게 시집와서 친정 식구들이 모두 스코틀랜드에 있는 자신의 처지가 한국에 가족들을 모두 두고 홀로 이민 온 나와 똑같기 때문에 우리가 서로 도와야 한다는 이야기도 빼놓지 않았다. 스코틀랜드는커녕 영국이란 나라 자체에 단 한 번도 가 본 적이 없는 나는 이렇게 Andra 씨를 통해 플로리다에서 그들의 문화를 경험한다.

이 챕터에서는 나와는 이런 인연으로 만난 Andra Copeland 씨의 이야기를 들어 보자. 2016년 7월, 전 세계인들을 떠들썩하게 한 'Brexit'에 대해서 스코틀랜드 사람인 그녀는 어떻게 받아들이고 있을까? 게다가 이 책에 등장하는 다른 미국인 인터뷰이들과는 또 다른 Andra 씨의 액센트를 들어 보는 것은 한국의 독자들에게 스팅의 노래 가사만큼이나 흥미로울 듯하다.

1 한국의 독자들은 이게 무슨 대수인가 하겠지만, 이는 미국에서는 매우 특별한 일이다. 아이 부모가 사정이 있어서 못 데리러 올 경우에, 미국인 선생님들은 매뉴얼에 따라서 부모가 지정한 비상 연락처(Emergency Contact)에 있는 사람에게 연락해서 아이를 데려가게 하지, 자신의 집으로 아이를 데려가서 먹여 주고 재워 주는 일은 거의 없다고 봐도 된다. 그래서 아이가 입학할 때 부모는 Emergency Contact란에 3, 4명의 연락처를 적어 넣어야 한다. 게다가 아무리 선의라고 해도, 매뉴얼에 따르지 않은 행동에 대해서는 반드시 개인의 책임이 따르기 때문에, 보통의 미국인 선생님들은 나중에 책임질 일을 만들지 않기 위해서라도 이렇게 하는 것을 꺼린다.

Interview 1

Andra Copeland

아래 인터뷰를 우리말로 번역한 것을 읽고 영어로 말하고 싶은 표현을 표시해 보자. 표시한 우리말 문장을 각자 영어로 말해 보고, 다음 페이지의 영어 대화문에서 실제로 어떻게 쓰였는지 확인해 보자.

Kim: 한국의 독자들에게 자기소개 부탁드립니다.

Andra: 네, 제 이름은 알렉산드라 진 워커 코프랜드인데, 앤드라라고 부르셔도 됩니다. 제 고향은 영국에 있지만, 지금은 플로리다주의 탈라하시에서 유아원 원장을 하고 있어요.

Kim: 감사합니다, 앤드라 씨. 영국에서 오셨는데, 앤드라 씨의 액센트는 제가 영국 영화에서 들을 수 있는 액센트와는 조금은 다르게 들리는데요.

Andra: 네, 그건 제가 스코틀랜드에서 자랐기 때문입니다.

Kim: 아, 스코틀랜드에서 오셨어요? 하지만 제가 아는 스코틀랜드 방언은 앤드라 씨 악센트 같지 않던데, 이를테면, 미국인들에게는 거의 이해하기 힘든 글래스고 방언 같은 것들은 앤드라 씨 액센트와 정말 다르잖아요.

Andra: 맞아요. 비록 스코틀랜드는 작지만, 스코틀랜드에는 실제로 세 개의 언어가 존재하는데, 셋 다 무척 다릅니다; 하나는 영어이고, 또 하나는 아주 아주 오래된 언어인 스코틀랜드어, 그리고 보통 산악지대나 스코틀랜드 도서 지역에 살고 있는 매우 적은 수의 스코틀랜드 사람들이 사용하는 켈트어가 있어요. 하지만 아영 씨 말이 맞아요. 글래스고는 제가 자란 곳에서 50마일 정도만 떨어져 있는 곳인데도, 거긴 마치 노랫소리 같은 액센트가 있죠, 그러니까 올라갔다 내려갔다 하는… 하지만 에든버러, 즉 제가 자란 곳인 (스코틀랜드의) 수도에서는, 액센트가 훨씬 더 정확해요. 아영 씨는 아마 제 말이 얼마나 명확한지 들을 수 있을 거예요. 시작하는 자음과 끝나는 자음을 다 들으실 거예요.

Kim: 맞아요, 확실하게 들을 수 있어요. 그럼 앤드라 씨의 고향에 대해서도 한국의 독자들에게 말씀해 주실 수 있으세요?

Andra: 네, 에든버러는 멋진 도시인데, 아영 씨의 한국 친구들이 방문할 것을 고려해봐야 하는 곳 중 하나예요. 에든버러는 스코틀랜드에서 가장 큰 도시는 아니지만, 제 생각에 가장 아름답고 멋진 곳이에요… 음, 제가 편견이 있을지는 모르겠지만요. 하하… 그곳은 수도인데, 스코틀랜드의 동쪽 해안에 있어요. 스코틀랜드 남쪽에 있는 포스 강가예요. 오래된 아름다운 도시죠. 에든버러에서 가장 의미 있는 장소라면 화산암 위에 위치한 고성인데, 도시의 딱 한가운데에 있어요. 이 책에서 화산암 위에 있는 에든버러성의 사진을 보실 수 있으실 거예요. 정말로 드라마틱하게 볼만한 장소죠. 에든버러에 오실 분들을 위해서 말씀드리자면, 기차역에서 나오실 때, 기차에서 내려서 계단을 올라가면서 그곳을 보실 수 있어요; 도시의 바로 한가운데에 그 성이 있거든요.

MP3_026

Kim: Please introduce yourself to the Korean readers.

Andra: Yes, my name is Alexandra Jean Walker Copeland, but you can certainly call me Andra. My home is in the United Kingdom, but at the moment, I'm a preschool director here in Tallahassee, Florida.

Kim: Thank you, Andra. Although you're from the UK, your accent sounds slightly different from the accent I hear watching British movies.

Andra: Yes, that's because I grew up in Scotland.

Kim: Oh, you're from Scotland? But the Scottish dialect that I know is not like yours, you know, such as the Glasgow accent, which is almost impossible for Americans to understand, is very very different from your accent.

Andra: That's true. Even though Scotland is small, there are really three languages in Scotland, which are all quite different among themselves; one is English, one is a very very old language called Scots, and then, there is Gaelic. Gaelic is a language that's spoken by very few Scottish people mostly in the highlands and on some of the Scottish islands, but yes, you're right. In Glasgow, which is only about 50 miles from where I grew up, there is a very sing-song kind of accent, which goes up and down and up and down, but in Edinburgh, the capital city where I grew up, the accent is much more precise. You can probably hear how my voice is very clear. You can hear the beginning consonants and the ending consonants.

Kim: Yes, I certainly can. Would you like to talk to the Korean readers about your hometown as well?

Andra: Yes, Edinburgh is a wonderful city and somewhere that your Korean friends should think about visiting. Edinburgh is not the largest city in Scotland, but I think it's the most beautiful and wonderful city…well, I suppose I'm biased. Ha ha, It is the capital, and it's on the east coast of Scotland, in the south of Scotland on the banks of the River Forth. It's a very old and beautiful city. Probably the most significant landmark in Edinburgh is the old castle, which sits on a volcanic rock, right in the center of town. In your book, you'll see a photograph of Edinburgh Castle right there settled on an old volcanic rock. It's a very dramatic site to see. For visitors to Edinburgh, you see it when you come out of the railway station and come up the steps from the train; there's the castle just right in the middle of the city.

Interview 2

Andra Copeland

아래 인터뷰를 우리말로 번역한 것을 읽고 영어로 말하고 싶은 표현을 표시해 보자. 표시한 우리말 문장을 각자 영어로 말해 보고, 다음 페이지의 영어 대화문에서 실제로 어떻게 쓰였는지 확인해 보자.

Kim: 와, 숨을 멎게 하는 광경이네요. 아름다운 사진 감사합니다. 예쁜 도시인 것 같네요. 그건 그렇고, 저는 영국 가수 스팅의 〈Englishman in New York〉이란 노래를 들을 때마다 앤드라 씨 생각이 나는데, 앤드라 씨께서는 그 노래가 묘사하는 영국과 미국의 문화적 차이에 대해서 어떻게 생각하시는지 궁금합니다.

Andra: 저는 그 노래가 특히 뉴욕과 영국의 차이를 묘사하고 있다고 생각해요. 영국인이 뉴욕에 살 때 생각나는 아쉬운 점들이 정말 있거든요. 하지만 뉴욕은 미국의 단지 한 부분에 지나지 않죠. 제가 미국과 영국의 차이점에 대해서 생각할 때 고려해 보게 되는 것들은… 제 생각에 이런 것들은 사실인 것 같아요. 미국의 많은 것들은 더 크고 더 빨라요. 이곳의 사람들은 흔히들 서두르지요. 그들은 더 오랜 시간 일을 하고요. 휴가 시간이 훨씬 적죠. 병가를 낸다거나 엄마들이 출산 휴가를 내는 것이 이곳에서는 조금 더 힘든 것 같아요, 제 생각엔. 또한, 미국과 영국은 의료 서비스에도 많은 차이가 있어요. 그 노래가 제기하는 또 다른 미묘한 문화적 차이들에는 사람들이 처신하는 방식과 또 사람들이 좋은 매너를 갖추고 있는지에 관한 것도 있죠. 제 생각에, 아마도, 뉴욕에서의 바쁜 일상이 많은 사람을 영국인들보다는 좀 덜 예의 바르게 만드는 것 같아요… 하지만, 아영 씨, 아영 씨와 제가 살고 있는 이곳, 미국의 남부에서는, 우리가 뉴욕에 사는 사람들보다는 좀 더 예의 바르다고 생각하고 싶어 하는 것 같아요.

Kim: 그렇다면, 앤드라 씨께서는 미국에 사시면서 문화 충격을 겪으신 적이 있으세요?

Andra: 음… 처음에 여기 왔을 때, 그러니까 제가 (지금보다) 훨씬 더 젊은 여성이었을 때는, 네, 그래요, 저를 놀라게 할 정도의 문화 충격이 있었죠. 제 생각에 사람들이 어느 정도 같은 언어를 쓰는 나라에 도착하면서는 말이죠, 실제로 문화 충격을 받아들여야 했던 만큼 보다는 덜 받아들이려고 했던 것 같아요… 하지만 저는 잘 적응했어요. 또한, 재미있는 사실은 제 생각에 아마도 지금은, 그러니까 그 모든 세월이 흐른 후에는, 1970년대나 1980년대에 그랬던 것보다는 두 문화 사이의 차이가 적어진 것 같아요. 첨단 기술과 쉽게 여행할 수 있다는 점으로 인해서 세계가 더 작아진 것 같아요. 제 생각에 지금은 영국과 미국 두 나라 문화 사이의 차이점이 더 적어졌어요.

MP3_027

Kim: Wow, this is a breathtaking view! Thank you for the exquisite picture. It does look like a lovely town. By the way, whenever I hear the British singer, Sting's song, <Englishman in New York>, it reminds me of you, and I was wondering what you think about the cultural differences between the UK and America that the song describes.

Andra: Well, I think what the song describes in particular are the differences between New York City and the UK. There are indeed ❶ **wistful** things to think about for a British person when they're in New York, but that's only one part of the United States of America. ❶ Some of the things that I **think about when I think of** the differences between America and the United Kingdom are... I think these things are true...things in the United States are bigger and faster. People here are often in a hurry. They work much longer hours. There's a lot less ❷ **time off** for vacation. It's harder to take sick leave or for mothers to take maternity leave, I think. Also, there are a lot of differences in health care between the United States and the United Kingdom. There are also some subtle cultural differences that the song does ❸ **bring up**, between ways people sort of conduct themselves and the way that some people use their good manners or not. I think, perhaps, the busy life in New York may make people a little less polite than people are in the United Kingdom...but I think, Ah-young, where you and I live, in the South of the United States, we like to think that we're more polite maybe than people in New York.

Kim: Then, have you gone through any kind of culture shock living in America?

Andra: Well, when I first got here, when I was a much younger woman, I think yes, there were surprising ways that there was cultural shock. I think when you arrive in a country where people ❹ **more or less** speak the same language, I think maybe I allowed myself less space for culture shock than I maybe should have...but I think I adapted well. What is also interesting is that I think maybe now, all these years later, there is less difference between the two cultures than maybe there was in the 1970s and 1980s. The world becomes smaller with technology and the ease of international travel. I think there are fewer differences between the two cultures of the United Kingdom and the United States now.

VOCABULARY & IDIOMS

1 wistful

아쉬워하는/그리워하는/애석해하는

EXAMPLE DIALOGUE

Jake I'm still so sad that grandma passed away.

Marissa You're not the only one who feels that way. All of us can't seem to get over her death.

Jake Even Jimmy?

Marissa Of course! Actually, we were talking about how delicious grandma's food was the other day, and Jimmy was **wistful** for a moment and said, "I miss spending time with grandma."

Jake But didn't Jimmy always complain about her when she was alive?

Marissa Well, I guess that doesn't mean he doesn't love her.

Jake: 난 할머니께서 돌아가셨다는 사실에 대해서 여전히 너무 슬퍼.

Marissa: 그렇게 느끼는 건 너뿐만이 아니야. 우리는 모두 할머니의 죽음을 극복하지 못한 것 같아.

Jake: 지미조차도?

Marissa: 물론이지! 사실, 며칠 전 우리가 할머니의 음식이 얼마나 맛있었는지에 대해서 이야기하고 있었을 때, 지미가 잠시 슬퍼하더니, "할머니와 함께한 시간들이 그리워."라고 하더라.

Jake: 그렇지만, 지미는 할머니께서 살아계실 때, 항상 할머니에 대해 불평을 하지 않았었어?

Marissa: 글쎄, 그렇다고 해서 걔가 할머니를 사랑하지 않는다는 걸 의미하는 건 아닌 것 같아.

MP3_028

❷ time off

휴가

EXAMPLE DIALOGUE

Kyle How's it going with your group project?

Katie No worries! Everything's under control, and we will have completed it by this time next week.

Kyle Awesome! Do you have any special plan after that?

Katie I just need a vacation. I haven't had any **time off** this semester.

Kyle Oh, sure! You deserve a nice long vacation, girl!

Kyle: 그룹 프로젝트는 잘돼 가?
Katie: 걱정하지 마! 모든 게 잘 돼 가고 있으니, 우린 다음 주 이 시간이면 이 일을 끝낼 거야.
Kyle: 잘됐다! 넌 그 후에 특별한 계획이 있어?
Katie: 난 휴가가 필요해. 이번 학기에 휴가를 한 번도 안 냈거든.
Kyle: 오, 당연하지! 넌 근사한 장기 휴가를 보낼 자격이 충분히 있어, 친구!

VOCABULARY & IDIOMS

❸ bring up

(이야기/주제/화제/이슈 등을) 꺼내다

EXAMPLE DIALOGUE

Rebecca It's so tiring to have a conversation with my dad.

Ryan Why is that?

Rebecca He and I hold a completely different political stance from each other's, and he is aware of it, but he always **brings up** a political issue and ruins our family dinner.

Ryan Oh, like what?

Rebecca He wanted to talk about the gun control law, and of course, he supports the Second Amendment.

Ryan …and you've been protesting against the current gun control law ever since the shooting incident at Sandy Hook Elementary School.

Rebecca That's exactly what I'm saying!

Ryan I know what you mean. Gun control is a very thorny issue here in America with many different perspectives, and some people are very opinionated about this kind of issue.

Rebecca Of course, I told him about my opinion in a calm manner, but he started to lose it as always.

Ryan I guess that's why many people say not to bring up political issues in public.

Rebecca Well, even though it was not in public but at our dinner table, he still shouldn't have brought it up knowing that I have a different political view.

Ryan I hear you! Obviously, not everyone takes their parents' political beliefs.

Rebecca I suppose not.

Rebecca: 우리 아빠랑 대화하는 건 정말로 피곤한 일이야.

Ryan: 왜 그런 거야?

Rebecca: 아빠와 난 서로 완전히 다른 정치적 견해가 있는데, 아빠도 그걸 알고 계시거든. 그런데도 항상 정치 이야기를 꺼내서 우리 가족의 저녁 식사를 망쳐.

Ryan: 오, 예를 들면?

Rebecca: 아빠가 총기 규제법에 대해서 이야기하고 싶어 하셨는데, 물론, 아빠는 수정헌법 제2조(미국 시민들의 총기 소유와 휴대를 보장하는 법)를 지지하시지.

Ryan: …그런데 넌 샌디훅 초등학교 총기사고 이후로 줄곧 현행 총기 규제법에 반대하는 시위를 해왔고.

Rebecca: 내 말이 바로 그 말이야!

MP3_029

Ryan: 나도 네 말뜻 알아. 총기 규제는 여기 미국에서 많은 다른 관점들이 얽힌 정말로 민감한 사안인데, 어떤 사람들은 이런 종류의 이슈에 대해서 강한 주장을 가지고 있지.

Rebecca: 물론, 나는 내 의견에 대해서 아빠에게 차분하게 이야기했지만, 언제나처럼 아빠는 성질을 내기 시작하셨어.

Ryan: 아마 그런 이유로 많은 사람이 공공장소에서는 정치 이야기를 꺼내지 말라고 하나 봐.

Rebecca: 글쎄, 공공장소가 아니고 우리 집 저녁 식사자리였긴 하지만, 그런데도 내가 다른 정치적 관점을 가지고 있는 걸 아시는 상태에서 아빠는 그 문제를 끄집어내면 안 되시는 거였어.

Ryan: 네 말 맞아! 명백하게도, 모든 사람이 자신들 부모님의 정치적 관점을 취하는 건 아니지.

Rebecca: 그런 것 같아.

❹ more or less

대략

EXAMPLE DIALOGUE

Mom How's it going with your new book?

Son I've **more or less** finished this book, so it will be published in early December.

Mom Congrats! I guess it's going to be your 6th book?

Son 7th, mom.

Mom Oh, you're right! I'm so proud of you, Peter.

Son Thanks, mom, but I would not have gotten to the point that I am now without your help.

엄마: 네 새 책은 잘 써지니?

아들: 이 책은 거의 다 쓴 것 같아요. 그래서 12월 초순에는 출판될 거예요.

엄마: 축하해! 이게 너의 여섯 번째 책인 것 같네.

아들: 일곱 번째 책이에요, 엄마.

엄마: 오, 맞아! 난 네가 정말 자랑스럽구나, 피터.

아들: 고마워요, 엄마. 하지만 엄마 도움 없이는 제가 지금 있는 자리까지 올 수 없었을 거예요.

3 Interview

Andra Copeland

아래 인터뷰를 우리말로 번역한 것을 읽고 영어로 말하고 싶은 표현을 표시해 보자. 표시한 우리말 문장을 각자 영어로 말해 보고, 다음 페이지의 영어 대화문에서 실제로 어떻게 쓰였는지 확인해 보자.

Kim: 저도 전적으로 동의해요. 앤드라 씨께서 영국에서 오셨으니까, 이 질문도 드려보고 싶어요. 런던 출신의 제 친구가 말하길, "아영, 넌 영어를 하는 게 아니라, '미국어'를 하는 거야!"라고 하더라고요. 글쎄, 그 친구가 제 미국식 액센트를 싫어한 건지 어떤지는 모르겠지만, 명백하게 영국 영어와 미국 영어 사이에는 커다란 차이점이 있죠. 저는 앤드라 씨께서 그 차이점들을 잘 보여 주는 예를 몇 가지 들어주실 수 있으실까 해요. 문법이나 발음적인 측면에서 말이죠.

Andra: 물론이죠! 처음 제게 떠오른 것은 우리 식구들을 여전히 웃게 만드는 발음에 관한 예라는 점이 재밌네요. 저는 초콜릿 케이크(초콜릿에 강세)라고 발음하지만, 제 남편은 미국인이라 다른 음절에 강세를 두기 때문에, 초콜릿 케이크(케이크에 강세)라고 말해요. 그 오랜 세월의 결혼 생활을 하고 난 후에도, 저에게 그건 항상 초콜릿 케이크(초콜릿에 강세)일 거예요. 또 생각나는 건, 제 아이들이 스포츠를 시작했을 때인데, 영국에서는, 그들이 "in a football team" (축구팀에 속한)이었겠지만, 미국에서 그들은 "on a soccer team" (축구팀에 속한)이었죠.[1]

Kim: 맞아요! 전치사 사용에서 다른 점이 좀 있죠.

Andra: 네, 또 다른 전치사 사용의 차이점은, 미국에서는 우리가 샌드허스트 드라이브에 살고 있지만(on Sandhurst Drive), 영국에서 우리는 더비 거리에(in Derby Street) 살았죠, 그리고 그건 정말 흔한 전치사 사용의 차이 중 하나예요. 이해하는 것이 어렵지는 않아요. 아, 흥미로운 지리학 용어의 차이도 생각나는데, 미국에서는 강이 그 이름부터 와서, 이 나라의 중부에 미시시피강(Mississippi River)이 있고, 서부에는 콜로라도강(Colorado River)이 있어요. 하지만, 영국에는, '강'이라는 단어가 먼저 오기 때문에, 스코틀랜드에 강 돈(River Don)이 있고 영국에는 아주 중요한 강 아본(River Avon)이 있어요. 즉, 고유명사가 먼저 오느냐 그다음에 오느냐 하는 것이 또 다른 재미있는 차이점이죠. 다시 말씀드리지만, 이해하는 것을 힘들게 하는 건 없지만, 이런 것들이 영국 영어와 미국 영어의 몇 가지 일반적인 차이점이랍니다.

1 미국에서는 football이 미식축구를 말하고 우리가 알고 있는 축구는 soccer이지만, 영국에서 football이란 단어가 일반적인 축구의 의미로 쓰인다.

Kim: I absolutely agree with you. Since you're from the UK, let me ask you this question as well. My friend from London once said, "Ah-young, you're not speaking English. You're speaking 'American'!" Well, I don't know if he did not like my American accent or something, but apparently, there's a huge difference between British English and American English, and I was wondering if you could give some examples of those differences... You know, in terms of grammar or pronunciation.

Andra: Sure! It was funny that the first thing that came to me was a pronunciation example that we still laugh about in my family. I pronounce **chócolate** cake, but my husband puts the emphasis on a different syllable as an American, and he says chocolate **cáke**. Same thing, but a subtle difference in pronunciation. Even after all our years of marriage, to me, it will always be **chócolate** cake. I was also thinking about when my children started in sports, and ② in the United Kingdom, they would've been "in a football team", but in the United States, they were "on a soccer team".

Kim: Right! There are some prepositional differences.

Andra: Yes, and another prepositional difference is ③ in America we live on Sandhurst Drive, but in the UK I lived in Derby Street, which is just a common prepositional difference. There is no difficulty in understanding... Oh, an interesting little geographical difference that I remember is, in America, rivers have the name first, so there's the Mississippi River right there in the middle of this country, and there's the Colorado River in the west. However, in the UK, the river word comes first, so there's the River Don in Scotland and in England there is the very important River Avon. So whether the proper noun comes first or second is an interesting difference. Again, nothing that would make understanding difficult, but these are some common differences between British English and American English.

4 Interview

Andra Copeland

아래 인터뷰를 우리말로 번역한 것을 읽고 영어로 말하고 싶은 표현을 표시해 보자. 표시한 우리말 문장을 각자 영어로 말해 보고, 다음 페이지의 영어 대화문에서 실제로 어떻게 쓰였는지 확인해 보자.

Kim: 이런 건 정말 흥미로워요! 그런 언어적 차이들과 연관된 재미있는 일화가 있으세요?

Andra: 제가 버지니아주 리치먼드의 한 유아원에서 처음 가르치기 시작했을 때 있었던 웃긴 이야기가 생각나네요. 이건 단어를 정말 잘못 이해한 건데요. 제가 야외 놀이터에서 네 살짜리 아이들 그룹과 함께 있었는데, 모두가 너무나 좋아하는 세발자전거가 하나 있었고, 아이들이 누가 다음으로 그 세발자전거를 타야 하는지에 대해서 다투는 중이었어요. 그래서 저는 그저 아이들이 그 문제를 해결하는 것을 도와줘야 겠다고 생각하고는 아이들에게 줄을 서서 차례대로 타(get a shot)라고 말했어요. 그때 그 아이들은 믿을 수 없다는 듯한 겁먹은 표정으로 나를 보더니, 모두 도망갔어요. 왜냐하면, 아이들은 제가 갑자기 예방 주사를 맞히려고 뭔가 만들고 있다고 생각했거든요.

Kim: 하하... 그러니까 그 아이들은 그 말이 독감 예방 주사 같은 것으로 생각했던 거군요, 그렇죠?

Andra: 네, 하지만 저에게 "wait for a shot"은 "차례를 기다리다"라는 의미였거든요.

Kim: 아, 그러니까 그게 영국식 숙어 표현이군요.

Andra: 네, 그건 "네 차례를 기다려!"라는 의미의 영국식 표현이에요.

Kim: 이거 굉장히 재밌는데요! 저는 몰랐어요.

Andra: 그래서 완전히 잘못 이해됐고, 아이들이 모두 겁에 질렸었죠.

Kim: 진짜 웃기네요! 사실 저도 하나 있어요. 제가 영어 교사 자격증 과정 수업에서 영국 학생을 두세 명 정도 가르친 적이 있는데, 그 중 한 학생이 맨체스터 출신이었어요. 한 번은 저녁 초대를 받았는데, 제가 "Can I take a rain check?" (다음 기회에 가도 될까?)라고 말했어요. 그때, 그 영국 학생이 어리둥절해 보였는데, 제가 한 영어를 그 학생이 못 알아들었음이 분명했어요, 아니 이 경우에 "미국어"라고 해야 맞는 말인가요? 하하...

Andra: 모르죠. 전혀 몰라요! 그 말은 그에게는 아무런 의미가 없는 말이었을 거예요!

MP3_031

Kim: This is awesome! Has there been any amusing anecdote related to those linguistic differences?

Andra: I remember a funny one when I first taught at a preschool in Richmond, Virginia. This was a real misunderstanding with the vocabulary word. I was outside on the playground with a group of 4-year-old children, and we had a very much loved tricycle, and the children were arguing about who was going to be next on the tricycle. So I decided just to help them with that and told them to ❺ **queue up** and they would ❻ **get a shot**. Then they looked at me ❼ **in disbelief** and horror, and all ran away because they thought I was suddenly going to produce something to give them an immunization.

Kim: Haha... because they thought it was a flu shot or something, right?

Andra: Yes, but to me, "wait for a shot" meant "wait for your turn".

Kim: Oh, so that's a British idiom?

Andra: Yes, that's a British expression for "wait for your turn".

Kim: This is super interesting! I didn't know that.

Andra: So it was totally misunderstood, and all the children were horrified.

Kim: That's pretty funny! I actually have one as well. I've taught a couple of British students in my TEFL class, and one of the students was from Manchester. One time I was invited over for dinner, and I said, "Can I ❽ **take a rain check?**" Then, the British student looked puzzled, and obviously he did not understand my English, or should I say "American" here? Ha ha...

Andra: No idea. No idea! That would mean nothing to him!

VOCABULARY & IDIOMS

5 queue up

줄을 서다/줄을 서서 기다리다

EXAMPLE DIALOGUE

Professor Peggy, you're late again!

Peggy Professor Gary, there is a plausible reason as to why I am late today.

Professor Okay, what is the "plausible reason" this time?

Peggy My son hadn't returned a couple of books to his school library, so they were keeping the report card hostage until we brought them to the main office. When we got there, there was a long line of people in front of the office, so we had to **queue up** and wait a long time.

Professor I understand your situation, but please try your best not to be late next time since I make important announcements at the beginning of each class.

Peggy Yes, sir.

Professor: 페기 씨, 또 늦었네요!

Peggy: 개리 교수님, 제가 오늘 왜 늦었는지에 대해서는 그럴 만한 이유가 있어요.

Professor: 그래, 이번에는 그 "그럴 만한 이유"가 뭔가요?

Peggy: 제 아들이 학교 도서관에 두 권의 책을 반납하지 않아서 학교 측에서 우리가 그 책을 학교 사무실로 돌려줄 때까지 성적표를 볼모로 잡고 있었거든요. 저희가 갔을 때, 사무실 앞에 사람들이 길게 줄을 서 있어서 오랫동안 기다려야 했어요.

Professor: 상황은 이해하지만, 매 수업 시작할 때 내가 중요한 고지를 하니 다음부터는 늦지 않도록 최선을 다해 주세요.

Peggy: 알겠습니다, 교수님.

❻ get a shot

주사를 맞다

EXAMPLE DIALOGUE

Claire So what did Lacey say?

Rachel Her daughter is very sick today, so she's planning on using sick leave for a couple of days.

Claire Got it! It's not something serious though, right?

Rachel No. Her daughter just came down with a flu, but Lacey feels horribly guilty because she didn't have her daughter **get a** flu **shot** last month.

Claire She shouldn't feel that way. We're all crazy busy at this time of the year. In any case, please let her know that everything's under control here, and we just want her to take care of her daughter now.

Rachel She already knows that we all feel camaraderie with working moms.

Claire Good!

Claire: 그래, 레이시가 뭐라고 해?
Rachel: 딸이 오늘 너무 아파서, 한 이틀 병가를 낼 계획이라고 하네.
Claire: 알았어! 그래도 심각한 건 아니지, 안 그래?
Rachel: 응. 딸이 그냥 독감에 걸려서 아프다고 하는데, 레이시가 지난달에 딸이 독감 예방 주사를 맞게 하지 않아서 엄청 죄책감을 느낀데.
Claire: 그런 생각은 안 해야지. 매년 이맘때면 우리 모두 얼마나 바빠. 어쨌든, 레이시한테 여기 일은 다 잘 돼 가고 있으니, 우린 레이시가 자기 딸만 잘 돌보기 바란다고 전해.
Rachel: 그녀는 우리가 모두 일하는 엄마들에게 동지애를 느낀다는 사실을 이미 알고 있어.
Claire: 좋았어!

VOCABULARY & IDIOMS

❼ in disbelief

믿지 않는

❽ take a rain check

(초대를 거절하면서) 다음번엔 꼭 갈게!

EXAMPLE DIALOGUE

John Hey, So-young, do you want to come over for dinner tonight? Jason and I are going to watch a movie after dinner as well.

So-young I'd love to join you guys, but can I **take a rain check**?

John Sure! Is everything okay with you?

So-young Actually, there's some sort of drama going on in my family, so I think I should be there for them tonight. You knew Sung-min was preparing for the state's bar exam to be a lawyer, didn't you?

John Yeah, and you've also told me it has been your mom's lifetime dream, right?

So-young Yes…but Sung-min has decided to throw in the towel. He says he doesn't have what it takes to be a lawyer.

John Oh, no. How did your mom take the news?

So-young My mom didn't say anything…she just shook her head **in disbelief**. I think she got shocked and extremely disappointed with him. She has not eaten anything since then.

John I know she has sacrificed a lot to make him a lawyer, but it's Sung-min's life after all.

So-young I can't agree with you more. In any case, I need to go home and try to smooth things over.

John I understand.

John: 이봐, 소영, 오늘 밤에 우리 집에 저녁 먹으러 올래? 제이슨과 내가 저녁 후에는 영화도 볼 거야.
So-young: 나도 너희들과 그러고 싶지만, 다음에 하면 안 될까?
John: 너 무슨 일 있는 거야?
So-young: 사실, 우리 가족들한테 일이 좀 있어서, 오늘 밤에서 가족들 곁에 있어야 할 것 같아. 성민이가 변호사가 되려고 주정부 사법시험을 준비하고 있었던 건 너도 알지, 그렇지?
John: 맞아, 네가 그게 너희 어머니의 평생 소원이라고도 말했었고, 안 그래?
So-young: 그래… 그런데 성민이가 포기하기로 했거든. 그는 변호사가 되는데 필요한 것들을 자신이 갖추지 못했다고 해.
John: 맙소사! 너희 어머니께서는 그 소식을 어떻게 받아들이셨어?
So-young: 어머니께서는 아무 말씀도 안 하셨어. 그냥 믿을 수 없다는 듯이 고개를 흔드시기만 했어. 어머니께서는 충격을 받으셨고 성민이한테 무척 실망하신 것 같아. 그때부터 아무것도 안 드셔.
John: 성민이를 변호사로 만들려고 너희 어머니께서 많은 희생을 하신 건 나도 알지만, 그래도 그건 결국 성민이 인생이잖아.
So-young: 네 말에 전적으로 동감이야. 어쨌든, 난 집으로 가서 이 일이 원만하게 해결되도록 중재해야겠어.
John: 이해해.

5 Interview
Andra Copeland

아래 인터뷰를 우리말로 번역한 것을 읽고 영어로 말하고 싶은 표현을 표시해 보자. 표시한 우리말 문장을 각자 영어로 말해 보고, 다음 페이지의 영어 대화문에서 실제로 어떻게 쓰였는지 확인해 보자.

Kim: 하하... 그래서 저는 "대체 무슨 일이지?"하고 있는데, 한 미국 학생이 그때야 "take a rain check"이 무슨 의미인지를 그 영국인 학생에게 설명해 줬지요. 그러니까, 앤드라 씨께서도 여기 오시기 전에는 그 숙어표현을 모르신 거예요?

Andra: 네, 몰랐어요... 하지만 그건 매우 자주 쓰이는 미국식 표현이라는 걸 지금은 알아요. take a rain check이라는 말.

Kim: 전 이런 게 정말 재밌어요! 역시 미국은 앤드라 씨께서 오신 곳과는 매우 다른 곳임이 틀림없어요. 근데 애초에 왜 이곳으로 오시게 되었나요?

Andra: 저는 버지니아주 리치먼드의 한 대학원에서의 기독교 교육에 관심이 있어서 오게 되었어요. 제가 그곳의 한 학과에서 대학원생 장학금을 받게 되었고, 그 학교는 스코틀랜드에는 없는 프로그램을 제공했지요. 그것은 학생들이 교회에서 기독교 교육을 할 수 있도록 양성하는 교육 프로그램이었어요... 게다가, 미국의 장로교는, 스코틀랜드의 교회보다, 전 생애를 통한 기독교 교육에 훨씬 더 완전하면서도 다방면에 걸친 접근을 합니다... 그래서 제 목적은 2년 동안 내가 배울 수 있는 모든 것을 배우고 다시 스코틀랜드로 돌아가서 그곳의 교회에서 가르치려는 것이었죠... 뭐, 그렇게 되지는 않았지만요, 하하...

Kim: 명백하게도요! 하하... 이제 앤드라 씨께서 괜찮으시다면 개인적인 질문을 드리고 싶어요.

Andra: 괜찮아요!

Kim: 남편분을 어떻게 만나셨는지 말씀해 주실 수 있으세요?

Andra: 네. 저는 스코틀랜드의 세인트 앤드루스 대학의 학부 학생이었어요. 제가 거기서 2학년일 때, 브랜트 코프랜드 씨가 국제 로터리 클럽의 장학금을 받고 세인트 앤드루스 대학에 왔죠. 그는 테네시주 멤피스에 있는 사우스웨스턴 대학에서 학부를 마친 미국인 대학원생이었어요. 세인트 앤드루스 대학에는 1년간 공부하러 왔고요. 저는 학부생이었는데, 이 키 크고 까무잡잡한 나이 많은 미국인 대학원생과 절망적으로 사랑에 빠졌죠.

Kim: So I was like, "What's going on here?", and an American student finally explained what to take a rain check meant to the British student. So you hadn't known that idiom until you came here?

Andra: No, no…but now I know it's a very useful American expression: to take a rain check.

Kim: I love it! So it's apparent that the United States is very different from where you're from. What brought you here in the first place?

Andra: I came because I was interested in Christian education at a graduate school in Richmond, Virginia. I was awarded a graduate fellowship for a program there, and that school offered a program that was not available in Scotland. It was a Christian education program to equip people to teach Christian education in the church…and the Presbyterian Church in America has a much more full and ❾ **well-rounded** approach to Christian education ❿ **from cradle to grave** than the Church of Scotland…so my intention was to learn everything I could in two years and go back to Scotland to teach in the church there...well, that didn't happen. Haha…

Kim: Obviously! Haha… Now I'd like to ask you a personal question if you don't mind.

Andra: Sure!

Kim: Can you please tell me how you met your husband?

Andra: Yes. I was an undergraduate student at St. Andrews University in Scotland. In my second year there, Brant Copeland came to St. Andrews University on a Rotary International fellowship. He was an American graduate student who had completed his studies at Southwestern College in Memphis, Tennessee. He came to St. Andrews University to study for one year. I was an undergraduate student, and I fell hopelessly in love with this tall, dark older American graduate student.

VOCABULARY & IDIOMS

9 well-rounded

균형이 잡힌/폭넓은

EXAMPLE DIALOGUE

Principle Thank you for the update. While we're on the subject of our instructional goals, I'd like to also talk about our curriculum. I think, on the whole, our students' school work is improving and their performance has been excellent. However, it looks like our curriculum focuses soley on academic subjects such as English, math, and science. On the other hand, our music program is not as good as most of the other schools in our county. Plus, a couple of the parents complained about our P.E. classes last week. I strongly believe kids need a **well-rounded** education.

Teacher I agree with you, ma'am. We'll make changes and enhance our curriculum in conjunction with the P.E. teachers and music teachers.

교장: 최근 상황을 알려 줘서 고마워요. 우리가 우리 교육 목표에 대해서 이야기하는 김에, 우리 커리큘럼에 대해서도 의논하고 싶어요. 내 생각에는, 전체적으로는, 우리 학생들의 학업이 향상되고 성과가 뛰어납니다. 하지만, 우리 커리큘럼이 영어, 수학, 과학 같은 학과목들만 중시하는 것으로 보여요. 반면, 우리 음악 프로그램은 카운티 내의 대부분의 다른 학교만큼 좋지 않아요. 게다가, 몇몇 학부모들이 지난주에 우리 체육 수업에 대해서 불만을 토로했고요. 저는 아이들에게 균형 잡힌 교육이 필요하다고 강하게 믿습니다.
교사: 저도 교장 선생님 의견에 동의합니다. 체육 선생님들과 음악 선생님들과 함께 우리 커리큘럼을 바꿔서 강화하도록 하겠습니다.

MP3_035

⑩ from cradle to grave

요람에서 무덤까지/일생 동안

EXAMPLE DIALOGUE

Young-min This is insane! I have three jobs and work hard seven days a week, but I can't seem to kill my student loan…not even half of it! Something is wrong with the system here!

Ji-won I feel your pain, man…and that's why one of my friends left this country and immigrated to Finland.

Young-min Really? Is your friend happy there?

Ji-won Yup! He says that was the best thing he has ever done in his life. Although there is no real utopia, in some countries the government makes a lot of effort to take care of their citizens **from cradle to grave**. He says he feels secure and protected there.

Young-min It sounds like a dream country for me, but if I go there, does that also mean I should study Finnish **from cradle to grave**?

Ji-won Probably! As you know, there are always pros and cons to everything in life.

Young-min: 이건 정말 너무해! 난 세 곳의 직장에서 일주일 내내 일하지만, 여전히 학자금 융자를 갚지 못하겠어… 반도 못 갚고 있다고! 우리 사회 시스템은 뭔가 잘못됐어.
Ji-won: 네 고통을 나도 느껴, 친구… 그래서 내 친구 중 하나는 이 나라를 떠나서 핀란드로 갔어.
Young-min: 정말? 그 친구는 그곳에서 행복해?
Ji-won: 응! 그는 그게 자기 인생에서 가장 잘한 일이라고 해. 비록 진짜 유토피아라는 건 존재하지 않지만, 어떤 나라들은 정부가 시민들을 요람에서 무덤까지 돌보기 위해 많은 노력을 하지. 그는 그곳에서는 안정감이 있고 보호 받는 느낌이라고 해.
Young-min: 나한테는 꿈의 나라인 것처럼 들리지만, 내가 거기 가면 평생 핀란드어를 공부해야 하는 거지?
Ji-won: 아마도! 너도 알다시피, 인생의 모든 일에는 항상 좋은 점과 나쁜 점이 다 있잖아.

6 Interview

Andra Copeland

아래 인터뷰를 우리말로 번역한 것을 읽고 영어로 말하고 싶은 표현을 표시해 보자. 표시한 우리말 문장을 각자 영어로 말해 보고, 다음 페이지의 영어 대화문에서 실제로 어떻게 쓰였는지 확인해 보자.

Kim: 정말 로맨틱하네요! 앤드라 씨와 남편분 사이에 문화 차이로 인한 갈등 같은 것은 있으셨나요? 두 분이 서로 다른 문화권에서 오셨으니까요.

Andra: 그런 건 정말 없었어요. 제 생각에 우리는 우리 연애와 결혼 초기 생활에 접근하는데 아주 조심스러웠고 매우 결의에 차 있었던 것 같아요. 우리는 결정을 해야 했는데, 그러니까 우리가 결혼하게 되면 두 나라 중 한 나라에서 살아야 할 텐데, 그게 잘 되게 하기 위해서는 정말 중요한 결정을 내려야 한다고 생각했던 것 같아요.

Kim: 그렇다면, 저는 앤드라 씨의 아이들이 자신들의 정체성을 영국인이라고 생각하는지 아니면 미국인이라고 생각하는지 궁금하네요.

Andra: 저희의 두 아들은 모두 21살이 되자마자 영국 여권을 가지기를 원했어요. 사실, 지금은 그게 유럽 연합여권이죠... 그래서 저는 저희 두 아이 모두 자신들을 세계시민이라고 생각한다고 이해하고 있어요. 그들은 모두 폭넓게 여행을 했죠. 그중 한 아이는 학부 학생으로, 그가 다니는 대학은 그것을 글로벌 학기라고 부르는데, 암튼 말 그대로 온 세계를 여행했지요.

Kim: 멋지네요!

Andra: 한 아이는 현재 매 학기 상당한 시간을 아프리카에서 보내고 있는데, 그래서 그들은 둘 다 세계 시민이라고 볼 수 있어요... 또한, 그 아이들 모두 스코틀랜드에 있는 그들의 가족들과도 가깝고요.

Kim: 정말 멋있네요! 제 다음 질문은 다소 심각한 사안인데요. 앤드라 씨께서도 아시다시피, 안타깝게도, 영국은 이제 더 이상 유럽 연합 회원국이 아닌데요. 스코틀랜드 출신의 영국인으로서 그 뉴스를 어떻게 받아들이셨나요?

Andra: 무엇보다 먼저, 그 뉴스는 엄청 놀라운 일이었어요. 우리는 그 투표가 아슬아슬할 거라는 걸 알았어요. 브렉시트 투표가 아슬아슬할 것이란 사실은 결과가 나올 때까지 매우 분명했지만, 또한 어떤 쪽도 이길 것 같지 않기도 했거든요. 그래서 투표 다음 날, 영국이 유럽 연합을 떠나는 쪽으로 투표했다는 사실을 알게 된 것은 놀랄 일이었고, 스코틀랜드 입장에서 그건 기쁜 소식이 아니었어요. 스코틀랜드 사람들은 유럽 연합을 떠나지 않는 쪽으로 꽤 많이 투표했거든요.

MP3_036

Kim: That's so romantic! Has there been any sort of intercultural conflicts between you and your husband? You know, since you guys are from two different cultures…

Andra: Umm… There really has not been. I think we were very careful and very ⓫ **purposeful** in how we approached our ⓬ **courtship** and our early years of marriage. We had to decide that, if we were getting married, we were going to live primarily in one country or the other, and we had to make a very important decision to make it work.

Kim: Then, I'm kind of wondering if your kids identify themselves as Brits or Americans.

Andra: Both of our sons, when they turned 21, immediately wanted to hold UK passports. In fact, now they are European Union passports...so I think both of our children consider themselves citizens of the world. They have both traveled extensively. One of them, as an undergraduate, did what his college called a Global Semester, and he traveled literally all around the world.

Kim: That's so cool!

Andra: ...and one of our children at the moment spends significant parts of each semester in Africa, so they're both very much citizens of the world, and they're close to their family in Scotland.

Kim: Super! My next question is going to be rather serious. As you might already know, unfortunately, the UK is no longer a member of the European Union. As a British citizen from Scotland, how did you take the news?

Andra: First of all, the news was a great surprise. We knew that the vote was going to be close. It was very clear up until the results came in that the Brexit vote was going to be close, but it also seemed that the "No" vote was going to win. So the morning after the vote to realize that the United Kingdom had voted to leave the European Union was a surprise, and for Scotland it was not a pleasant surprise. The people of Scotland voted quite strongly not to leave the European Union.

VOCABULARY & IDIOMS

⓫ purposeful

목적의식이 있는/결단력 있는/결의에 찬

EXAMPLE DIALOGUE

Sarah You want to come over for dinner tonight?

Greg I'd love to, but we have a meeting tonight for our group project.

Sarah What group project?

Greg The final project in the psycholinguistics class.

Sarah I thought you guys wanted to write a research paper instead of completing that project.

Greg Since it was such a challenging project, that's what I was going to do, but when I told Andrew so, he said it was too early to throw in the towel. He looked so **purposeful** and determined when saying that, so I really couldn't convince him.

Sarah: 오늘 밤에 저녁 먹으러 우리 집에 올래?
Greg: 그러고는 싶은데, 오늘 밤 그룹 프로젝트 때문에 회의가 하나 있어.
Sarah: 무슨 그룹 프로젝트?
Greg: 심리언어학의 그 마지막 프로젝트 있잖아.
Sarah: 난 너희들이 그 프로젝트를 끝내는 대신에 조사 보고서를 쓰고 싶어 하는 줄 알았어.
Greg: 그게 너무 힘든 프로젝트라서 우리가 그렇게 하려고 했지만, 앤드류에게 그렇게 말했더니, 걔가 포기하기엔 아직 너무 이르다고 하더라고. 그렇게 말할 때 걔가 너무 결의에 차 있고 단단히 결심한 듯이 보여서 걔를 설득할 수가 없었어.

⓬ courtship

연애

EXAMPLE DIALOGUE

Mary Harry, Bryan proposed to me today.

Harry Congrats! I'm so happy for you, girl!

Mary I'm happy, too, but I feel kind of hesitant to accept his proposal.

Harry Why? I thought you loved him as well.

Mary I do love him, but I feel like I need to wait a little more before getting married. As you might already know, we've known each other only for about 6 months.

Harry I know what you mean. Even though some marriages thrive after short **courtships**, you guys want to get to know each other very well before making the decision to get married.

Mary Exactly!

Mary: 해리, 브라이언이 나한테 오늘 프러포즈를 했어.
Harry: 축하해! 정말 잘 됐다, 얘.
Mary: 나도 기쁘긴 하지만, 그의 프러포즈를 받아들이기가 조금 망설여져.
Harry: 왜? 난 너도 그를 사랑하는 줄 알았어.
Mary: 나도 그를 사랑하지만, 결혼은 조금 더 기다렸다가 해야 할 것 같아. 너도 알다시피, 우린 서로 알게 된 지 6개월 정도밖에 안 됐잖아.
Harry: 무슨 말인지 알겠어. 비록 어떤 경우엔 짧은 연애 기간 후의 결혼 생활도 성공적일 수 있긴 하지만, 그래도 결혼을 결심하기 전에 서로에 대해서 충분히 알게 되는 것이 좋지.
Mary: 맞아!

7 Interview

Andra Copeland

아래 인터뷰를 우리말로 번역한 것을 읽고 영어로 말하고 싶은 표현을 표시해 보자. 표시한 우리말 문장을 각자 영어로 말해 보고, 다음 페이지의 영어 대화문에서 실제로 어떻게 쓰였는지 확인해 보자.

Kim: 득표율이 얼마나 됐죠?

Andra: 60% 대 40%였던 것 같아요, (유럽 연합에) 머무르는 쪽으로. 이제 스코틀랜드는 지금부터 무엇을 해야 할지 생각해 보고 있어요. 스코틀랜드 독립당, 항상 존재해왔고 지금은 SNP라고 불리는 그 당이 현재 스코틀랜드를 영국에서 독립하는 쪽으로도 생각하고 있어요... 그래서 스코틀랜드가 유럽뿐만 아니라 영국으로부터도 독립할 기회를 주기 위한 국민 투표가 아마도 있을 거예요. 그게 좋은 생각인지 아닌지는 정말 대답하기 힘든 정치적 질문이죠... 그것에 대해 마지막으로 투표를 했던 것이 2014년이었는데, 그때 통과하지 못했어요. 막상막하의 투표였지만, 통과하지는 못했죠. 이제 다음번에는 이에 대해 투표를 할 때 브렉시트 투표로 인해서 그게 좀 다른 종류의 결정이 될 거예요. 그래서 저는 그것이 세계가 주목하는 투표가 될 거로 생각합니다. 스코틀랜드는 작은 나라임에도 불구하고 중요한 나라이니까요. 그곳은 항상 중요한 작은 나라였고, 그래서 세계는 이 작은 나라가 발전하게 되는지를 지켜보게 될 거예요.

Kim: 친절한 설명 감사합니다, 앤드라 씨. 이제, 앤드라 씨께서 이곳 미국에 있는 한 유아원의 원장님이시니까, 이 질문을 드려보고 싶어요. 제가 아는 지인 중 한국에서 유아원 선생님을 하시는 분이 극성 엄마들 때문에 때때로 힘들다고 하시거든요. 앤드라 씨께는 유아원을 운영하실 때 어떤 점이 가장 힘든 부분입니까?

Andra: 음... 미국에서는 극성 엄마들을 종종 "헬리콥터 맘"이라고 부르는데... 헬리콥터처럼 주변을 부산하게 돌아다니니까요... 그리고 또 다른 표현으로는 "신경 많이 써야 하는 부모들"이라고 우리가 부르는 말이 있죠. 저한테 이메일이나 전화 또는 문자를 지나치게 자주 하시는 분들이요.

Kim: 하하... 저는 그런 부모 중 한 사람이 아니었길 바랍니다.

Andra: 아니었죠, 아영 씨는 안 그랬어요. 저는 아영 씨와 유아원의 학부모로 함께한 것이 정말 좋았어요.

Kim: 감사합니다!

MP3_038

Kim: What was the percentage of the vote?

Andra: I think it was more like 60%/40% to stay. Now Scotland is looking at what they do from here. The Scottish Independence Party, which has always existed, now called the SNP (Scottish Nationalist Party) is now looking towards Scotland separating from the United Kingdom…so there will probably be another ⓭ **referendum** to give Scotland the opportunity to vote to separate itself not just from Europe but from the United Kingdom. ❸ **Whether that is a good idea or not** is a very tricky political question…and the last time that was voted on in 2014, that vote did not pass. It was a close vote, but it did not pass. Now the next time this comes up for a vote, it will be a different kind of decision because of the Brexit vote. So I think it will be a vote that will be watched closely all over the world because Scotland is an important country even though it's a very small country. It's always been an important little nation, so the world will watch to see if this little country evolves.

Kim: Thank you for your kind explanation, Andra. Finally, now that you're a director of a preschool here in America, I'd like to ask you this question. One of my acquaintances who is a preschool teacher in S. Korea says fussy moms sometimes give her a hard time. What's been the most challenging part about running a preschool for you?

Andra: Umm… Fussy moms in America are sometimes called "helicopter moms"…the ones that buzz around like helicopters…and another expression is what we call "high maintenance parents". The ones that e-mail me and phone and text too often.

Kim: Haha… I hope I was not one of those parents.

Andra: No, you were not, Ah-young. I loved having you as a preschool parent.

Kim: Thank you!

VOCABULARY & IDIOMS

⓭ referendum

국민 투표/선거

EXAMPLE DIALOGUE

Gale All righty! Then, I'll see you this Sunday at 5 P.M.!

Julie Yes. Please don't forget to change your clock before going to bed on Saturday night.

Gale Oh, you're right! Daylight saving time begins this Sunday. Gosh, I hate it!

Julie Then, do you want to keep the standard time all year round?

Gale To me, it doesn't matter if we keep the standard time or the daylight saving time all year round. I just don't like the time change itself.

Julie I know what you mean. Whenever daylight saving time begins, we lose an hour of sleep, and our bodies don't adjust for a couple of days, which sometimes affects us physically.

Gale You took the words right out of my mouth! Besides, I'm not even sure if we save enough energy by doing this or if it's worth all the trouble.

Julie We're on the same page. I really think we should hold a **referendum** on whether or not to continue to observe daylight saving time.

Gale: 오케이! 그럼, 일요일 오후 5시에 봐.

Julie: 그래. 토요일 밤 잠들기 전에 시간 바꾸는 것 잊지 마.

Gale: 오, 맞아! 서머 타임(일광 절약 시간)이 이번 주 일요일에 시작되지. 에이, 난 그거 정말 싫어!

Julie: 그렇다면, 넌 원래 시간을 일 년 내내 똑같이 사용하고 싶어?

Gale: 난, 원래 시간이든 서머 타임이든 일 년 내내 쓰는 것 상관없어. 난 시간이 바뀌는 그 자체가 싫어.

Julie: 나도 네 말이 무슨 뜻인지 알아. 서머 타임이 시작될 때마다 우린 잠을 한 시간 덜 자게 되고, 우리 몸이 한 이틀 정도 거기 적응을 못 하는데, 그게 또 신체적으로 우리한테 영향을 끼치니까.

Gale: 내 말이 바로 그 말이라니까! 게다가, 난 이걸 시행해서 우리가 에너지를 절약하는지, 또는 우리가 겪는 이 모든 번거로움이 그 가치가 있는지에 대해서도 의문이야.

Julie: 나도 동의해. 우리가 서머 타임을 계속해서 시행해야 하는지에 대한 국민 투표를 해야 한다고 난 생각해.

MP3_039

Interview 8

Andra Copeland

아래 인터뷰를 우리말로 번역한 것을 읽고 영어로 말하고 싶은 표현을 표시해 보자. 표시한 우리말 문장을 각자 영어로 말해 보고, 다음 페이지의 영어 대화문에서 실제로 어떻게 쓰였는지 확인해 보자.

Andra: 저는 20년 이상 유아원 원장이었는데, 학부모들과 젊은 가족들이 지난 20년 동안 변했다는 사실이 흥미로워요... 하지만 전 제 일을 사랑해요. 물론 힘든 점도 있죠. 그렇지만, 제게는, 유아원 원장으로서 얻는 기쁨이 그런 힘든 점들보다 훨씬 더 크답니다. 아마도, 제가 너무 그 모든 것들에 대해서 지나치게 낙관적인지는 모르겠지만, 힘들게 하는 학부모들에게 제가 미소와 긍정적인 태도로 다가가면, 보통은 그 미소로 그들을 제 편으로 만들 수 있는 것 같아요. 그렇기 때문에 그런 것들을 어려운 점이라고 생각하기보다는 기회라고 생각하자고요.

Kim: 앤드라 씨께서는 참으로 긍정적인 분이세요! 그렇다면, 앤드라 씨의 교육 철학이 무엇인지 말씀해 주실 수 있으세요?

Andra: 유아 교육에 대한 제 교육 철학을 생각해 봅시다. 탈라하시에 위치한 퍼스트 프레즈비테리안 유아원에서, 우리의 교육 철학은 어린아이들이 인정받고 존중받으면서 또 놀 수 있는 기회를 가질 수 있는, 그런 따뜻한 양육 환경 속에서 가장 많이 배운다고 생각합니다. 이 아이들이 우리를 떠나면, 그들 대부분은 아주 아주 오랫동안 정규 교육을 받게 되기 때문에, 유아원에서는 우리가 그 아이들에게 블록과 장난감 차와 기차, 인형을 가지고 놀 수 있는 기회를 주고 싶고요,

또 많은 책과 노래나 춤, 스낵과 쿠키, 그리고 그들이 앉을 수 있는 따뜻한 무릎을 가진 선생님들도 함께요. 우리가 그런 것들을 제공할 수 있다면, 그들도 항상 배우고, 또 배우겠죠. 반면, 우리가 아이들을 딱딱하고 엄격한 체제에 너무 빨리 가두게 되면, 그 아이들을 짓누르게 될까 봐 두려워요... 그리고 그건 우리가 어린아이들에게 하고자 하는 교육이 아닙니다.

MP3_040

Andra: I've been a preschool director for over 20 years, and it's been interesting that parents and young families have changed over 20 years... but I love my job, and of course, there are challenges. However, for me, the joys of being a preschool director far ⓮ **outweigh** the challenges. Maybe I'm just too optimistic about it all, but I think if I approach challenging parents with a smile and a positive attitude, I can very often ⓯ **win them over** with a smile. So let's just think of them as opportunities, not challenges.

Kim: You're such a positive person! Then, can you please tell me about your educational philosophy?

Andra: Let's think of my educational philosophy for early childhood education. At First Presbyterian Preschool in Tallahassee, our educational philosophy is that young children learn best in a warm nurturing environment where they are honored and respected, and where they have an opportunity to play. When these young children leave us, most of them go on to many, many, many years of formal education, so at preschool we want to give them the opportunity to play with blocks and cars and trains and baby dolls,

and lots and lots of books, and singing and dancing and snacks and cookies and teachers who have warm laps for them to sit in. If we provide that, they're also learning, learning, learning all the time. However, if we box them into too much formal, strict regime too soon, we're scared that we will ⓰ **squash** them, and that's not what we want to do with young children.

VOCABULARY & IDIOMS

⓮ outweigh ~

~보다 크다/뛰어나다/중대하다

EXAMPLE DIALOGUE

Felicia Another project on top of all this work? Gosh, this is too much workload. Besides, everyone's pretty much maxed out this time of the year!

Ryan I know what you're saying. Why don't we work in conjunction with the admin people on this project?

Felicia I don't know…they're helpful, but some of them are too bossy, and it's tiring to work with them.

Ryan I know who you're talking about, but the advantages of working with them **outweigh** the disadvantages.

Felicia: 이 모든 일거리에다가 또 프로젝트 하나를 더 맡으라고? 나 참, 이건 업무량이 너무 많잖아. 게다가, 매년 이맘때면 모두가 자기가 할 수 있는 최대한의 일을 맡아서 하고 있다고!
Ryan: 무슨 말인지 나도 알아. 그럼 이 프로젝트는 행정 쪽 사람들과 협력해서 진행하는 건 어떨까?
Felicia: 난 잘 모르겠어… 그 사람들이 도움이 되긴 하지만, 그들 중 몇몇은 우두머리 행세를 해서 함께 일하는 게 좀 피곤하거든.
Ryan: 나도 네가 누구를 말하는지는 알지만, 그 사람들과 함께 일하는 장점이 단점보다는 더 많잖아.

⓯ win ~ over

~를 설득시키다/~를 내 편으로 만들다

EXAMPLE DIALOGUE

Brent Molly, I need your help! The kids are completely out of control!

Molly You know I'm no good at dealing with kids at all.

Brent Oh, no… Where's mom?

Molly She went grocery shopping, and she should be back within an hour. Why don't you try to **win them over** with some candies for now?

Brent Good idea!

MP3_041

Brent: 몰리, 나 좀 도와줘! 이 아이들을 도저히 통제할 수가 없어!

Molly: 나도 아이들을 잘 다루지 못한다는 것 너도 알잖아.

Brent: 어쩌지…. 엄마는 어디 계셔?

Molly: 엄마는 장 보러 가셨는데, 한 시간 이내에는 오실 거야. 우선 지금은 사탕으로 아이들 환심을 사는 게 어때?

Brent: 좋은 생각이야!

16 squash

짓누르다/억압하다

EXAMPLE DIALOGUE

Harry Such a nice poster!

Sally It is… Actually, I want to audition for the role of Juliet in this play.

Harry So if you get selected, is this going to be your first acting job?

Sally Well, I don't know…I feel hesitant to apply for this audition because my father doesn't think it's a good idea. He feels it's extremely difficult to be successful as an actor.

Harry I kind of understand your father's concerns. It's hard to survive as an actor because the market is so competitive, but you can at least try, I think. Don't let anyone **squash** your courage, Sally. After all, it's your life.

Harry: 정말 근사한 포스터다!

Sally: 맞아… 실은, 나 이 연극의 줄리엣 역할로 오디션을 보고 싶어.

Harry: 그래서 만약 되면, 이게 너의 첫 번째 연기 작업이 되는 거야?

Sally: 글쎄, 잘 모르겠어… 우리 아버지께서는 그게 좋은 생각이라고 생각하지 않으셔서 이 오디션에 지원하는 게 망설여져. 아버지는 배우로 성공하는 것이 극도로 힘든 일이라고 믿으시거든.

Harry: 너희 아버지의 걱정도 이해는 가. 그 바닥이 지나치게 경쟁적이라 배우로 살아남는 게 힘들긴 하지. 하지만 적어도 네가 시도해 볼 수는 있잖아. 그 누구도 네가 가진 용기를 억압하게 하지 마, 샐리. 결국엔 네 인생이야.

Interview 9

Andra Copeland

아래 인터뷰를 우리말로 번역한 것을 읽고 영어로 말하고 싶은 표현을 표시해 보자. 표시한 우리말 문장을 각자 영어로 말해 보고, 다음 페이지의 영어 대화문에서 실제로 어떻게 쓰였는지 확인해 보자.

Kim: 정말로 맞는 말씀이세요! 앤드라 씨의 말씀으로 하여금 한국의 독자들이 그들의 교육 철학에 대해서도 다시금 생각하게 됐으면 합니다. 이제 이게 제 마지막 질문이 될 텐데요. 앤드라 씨의 인생관은 무엇입니까?

Andra: 제 인생관은 이 세상을 좀 더 나은 곳으로 남겨 주는 것입니다. 제게는, 어린아이들과 그들의 가족들과 함께 그 인생관에 따라 살 수 있는 영광과 특혜가 주어졌어요. 그래서 저는 제가 그 아이들과 그들 가족의 삶에 매일 변화를 줄 수 있기를 희망합니다. 어떤 날에는, 바쁘고, 걱정스럽고, 어찌할 바를 몰라 하며, 아이들의 건강에 대해서 염려하는, 또 아이들과 함께하지 못하는 것에 대해 안타까워하는 엄마나 아빠를 도와줌으로써, 정말로 제 눈앞에서 그런 일이 일어나는 걸 볼 수 있어요... 저는 우리 작은 학교가 그들의 아이를 위해서 차이를 만들어 낼 수 있기를 바랍니다.

Kim: 사실은, 앤드라 씨... 저 또한 그런 엄마들 중 하나였는데, 앤드라 씨께서 정말로 제 아들의 삶뿐만 아니라 제 삶도 변화시켜 주셨답니다.

Andra: 그 말을 들으니, 저도 기쁘네요, 아영 씨... 그리고, 저희 유아원을 넘어, 너무나 많은 아이들이 혼란 속에서 살아가고 있어요. 저는 우리나라와 세계에서, 내가 살아가는 삶의 방식을 통해서, 내가 선택하는 것들을 통해서, 내가 투표하는 방식을 통해서, 또 내가 돈을 쓰는 방식을 통해서, 뭔가를 할 수 있고, 그래서 변화를 일구는데 일조할 수 있기를 바랍니다.

Kim: 저 감동 받았어요. 시간을 내주셔서 감사합니다, 앤드라 씨. 오늘 이야기하면서 정말 즐거운 시간 보냈어요.

Andra: 아영 씨를 알게 된 것, 그리고 아영 씨 가족의 일부가 된 것은 기쁨이고 영광이에요.

Kim: 앤드라 씨께서는 정말로 다정하세요. 감사합니다, 앤드라 씨.

Kim: ⑰ **You can say that again!** I hope your words will let the Korean readers rethink about their own educational philosophy. Finally, this is going to be my last question for you. What's your philosophy of life?

Andra: My philosophy of life is to leave this world a better place. I have the honor and the privilege of ⑱ **living** that philosophy **out** with young children and their families… and I hope that every day I'm able to make a difference in the life of young children and their families. Some days I really see that happening in front of me by being able to help a mom or a dad who is busy, worried, ⑲ **harried**, concerned about the health of their child… concerned that they aren't able to spend time with their child…and I hope that our little school is able to make the difference for their child.

Kim: Actually, Andra… I was one of those moms, and you definitely made a difference in my life as well as my son's.

Andra: I'm glad to hear that, Ah young…and then, beyond our school, there are too many children whose lives are in chaos. I hope that in our country and in our world, I

can do something by the way I live my life, by my example in the choices I make, in the way I vote and the way I spend my money, that I can help make a difference.

Kim: Oh, I'm so touched. Thank you so much for your time, Andra. It was lovely talking with you today.

Andra: It's a joy and a privilege to know you, Ah-young, and to be part of your family.

Kim: You're so sweet! Thank you, Andra.

VOCABULARY & IDIOMS

⑰ You can say that again!

네 말에 전적으로 동의해!

EXAMPLE DIALOGUE

Paul OMG! I just can't believe this guy became our new president! Shame on America!

Katie I know…and look at how the foreign media reports this news. I don't think the electorate grasped the impact that voting for this guy would make on international relations.

Paul **You can say that again**!

Katie I'm going to leave America as soon as I can. I can't live in this kind of country any more.

Paul Come on! Stop being such a drama queen!

Paul: 세상에! 이 남자가 우리의 새 대통령이 됐다는 사실을 난 믿을 수가 없어! 미국은 부끄러운 줄 알아야 해!
Katie: 맞아… 그리고 이 뉴스를 외국 미디어들이 어떻게 보도하는지 봐. 난 유권자들이 그를 찍었을 때 국제 관계에 미칠 영향에 대해서는 알지 못했다고 생각돼.
Paul: 네 말에 전적으로 동의해!
Katie: 난 내가 할 수 있는 한 빨리 미국을 떠날 거야. 이런 나라에서 더 이상 살 수 없어.
Paul: 제발! 호들갑 좀 그만 떨어!

⑱ live out

(환상이나 꿈 등을) 실행하다/실현하다

EXAMPLE DIALOGUE

Lacey Thanks for the invitation, Claire. What time do you want me to be there?

Claire Sevenish?

Lacey Got it! What can I bring?

Claire Just bring yourself!

Lacey You're so sweet. Is Jen going to join us as always?

Claire She's doing a play tonight.

Lacey A play?

Claire Oh, didn't you know that Jen became a renowned theater actress here in Atlanta?

Lacey Oh, my God! I'm so happy for her!

Claire Yeah, she **lives out** her childhood dream, and I'm so proud of her.

Lacey I knew she would be able to make it.

MP3_043

Lacey: 초대해 줘서 고마워. 내가 몇 시에 갈까?
Claire: 7시쯤?
Lacey: 알았어! 나는 뭘 가지고 갈까?
Claire: 그냥 와.
Lacey: 넌 정말 착해. 언제나처럼 젠도 올 거지?
Claire: 걔는 오늘 밤에 연극 공연이 있어.
Lacey: 연극?
Claire: 너 젠이 여기 애틀랜타에서 유명한 여배우가 됐다는 사실을 몰랐어?
Lacey: 세상에! 아주 잘 됐다!
Claire: 그래, 젠은 어린 시절의 꿈을 이루며 살고 있어서, 난 그녀가 정말 자랑스러워.
Lacey: 난 그 애가 해낼 줄 알았어.

⓳ harried

몹시 곤란을 겪어서 어찌할 바를 모르는

EXAMPLE DIALOGUE

Teacher Can I talk to you now, sir? I'll just take up five minutes of your time, I promise.

Principal Sure, come on in!

Teacher I've been **harried** by some helicopter moms this semester, and I'm so stressed out. Do you have any tips on how to deal with these kinds of parents?

Principal Sure! You want to make sure to communicate well with them, which means make things clear for them...you know, how their children will be assessed and what the class expectations are... Then again, you want to also set boundaries. What I mean is you don't want to give them your cell number or that kind of instant access. Most of all, always act professionally.

Teacher Got it! Thank you so much for the tips.

선생: 교장 선생님, 말씀 좀 나눌 수 있을까요? 제게 한 5분 정도만 시간을 내주세요.
교장: 물론이죠, 들어와요!
선생: 이번 학기에 제가 극성 엄마들 때문에 어찌해야 할지 모르겠고, 너무 스트레스받아서요. 이런 종류의 학부모들을 어떻게 상대해야 하는지 조언 좀 해 주실 수 있으세요?
교장: 물론이죠! 그분들과 커뮤니케이션을 항상 하셔야 하는데, 그건 그분들이 모든 것을 확실하게 이해해야 하게끔 해야 된다는 말입니다, 이를테면 아이들이 어떻게 성적을 받을 것인지, 수업 시간에 아이들에게 기대하는 것이 무엇인지 등 말이죠. 하지만 동시에, 그들과 일정 선을 지켜야 할 겁니다. 내 말은, 선생님의 휴대폰 번호나 혹은 어떤 형태로든 선생님께 즉각적으로 연락할 수 있는 것들을 주시지 않는 편이 나을 거예요. 무엇보다도 항상 프로답게 행동하셔야 할 겁니다.
선생: 잘 알겠습니다. 조언 진심으로 감사합니다.

이 챕터에서 주목할 문법

❶ Some of the things that I **think about** when I **think of** the differences between America and the United Kingdom is...

제가 미국과 영국의 차이점에 대해서 생각할 때 고려해 보게 되는 것들은…

〉〉 Think라는 동사와 함께 쓰일 때의 전치사 about과 of의 작지만 미묘한 차이를 보여 주는 문장이다. Think of의 경우, '~에 대해서 떠올리다'라는 의미로 비교적 가볍게 '~라는 토픽에 대해서 생각하다(또는 생각해 보다)'라는 뜻을 가지고 있다. 즉, 깊은 사려나 숙고 없이 잠깐 스쳐 지나가는 생각을 주로 나타낸다. 이와는 조금 다르게 think about은 '~에 대해 다소 진지하게 고민해 보다'라는 의미를 내포하고 있다. 사실 대부분의 문맥 속에서 전치사 about과 of를 썼을 때 서로 유사한 뜻을 가지고는 있지만, 그 뉘앙스는 이렇게 살짝 달라질 수도 있음에 유의하면서 다음 대화문을 들어 보자.

EXAMPLE DIALOGUE 1

Mark Do you work with Matt Cohen?

Catherine Matt? Don't get me started. Matt is a real pain in the ass. I've never seen such a cocky guy.

Mark What? I was actually going to say he's the nicest guy I've ever met.

Catherine Seriously? He makes obnoxious comments all the time and says "Sorry, but I didn't mean to come off as flippant." after upsetting people. Gosh, **whenever I think of him, it gives me a headache**!

Mark Oh, my God! Are we talking about the same person here?

Mark: 맷 코헨하고 함께 일해?
Catherine: 맷? 그 사람 이야기는 꺼내지도 마. 맷은 정말 골칫거리야. 난 그렇게 자만심에 가득 찬 사람을 본 적이 없다니까.
Mark: 뭐라고? 사실 난 그 사람처럼 괜찮은 사람을 본 적이 없다고 말할 참이었는데.
Catherine: 정말? 그 사람은 항상 불쾌한 말을 해서 사람들을 화나게 해 놓고는, "미안해요, 건방지게 보이려는 의도는 아니었어요."라고 말한다니까. 진짜, 그 사람 생각만 하면, 난 머리가 다 아파!
Mark: 맙소사! 우리 서로 같은 사람에 대한 이야기를 하는 게 맞아?

MP3_044

EXAMPLE DIALOGUE 2

Kenny We need more detailed information, but no one is an expert in this matter. **Can you think of anyone who could add more light on this subject?**

Cathy Unfortunately, **I cannot think of anyone right now**.

Kenny Umm.... Well, that's not a problem! In fact, we don't really have to take care of this matter unless someone brings up the issue, so let's not worry about it for now.

Cathy That's not a bad idea. Let's cross that bridge when we get to it.

Kenny: 우린 좀 더 자세한 정보가 필요한데, 아무도 이 문제에 관한 전문가가 아니야. 혹시 이 주제에 대해서 좀 더 잘 알려 줄 수 있는 생각나는 사람이 있어?
Cathy: 유감스럽게도, 지금은 아무도 생각나는 사람이 없네.
Kenny: 음… 뭐, 그렇다면, 문제없어! 사실, 누군가 이 이슈를 꺼낼 때까지 우리가 이 문제를 해결할 필요는 정말 없거든. 그러니 일단 지금은 이에 대한 걱정은 하지 말자고.
Cathy: 그러는 게 좋을 것 같아. 혹시 일이 터지면, 그때 가서 생각해.

EXAMPLE DIALOGUE 3

Lisa Hey, Ryler! **I've been thinking about whether to vote for this guy or not** but haven't decided yet. What do you think about him?

Ryler Well, I don't know, but I would read his election pledges.

Lisa Actually, I've read all of them, but I'm not really sure if he's going to fulfill them. As you know, when we track politicians' campaign promises, we usually end up getting frustrated. Plus, a couple of his promises are not realistic at all.

Ryler Yeah, you're right. That's exactly why I never vote.

Lisa I know what you mean, but I still think we should vote. Even when all the presidential candidates look atrocious, we can at least choose the lesser of the evils. As Plato stated, one of the penalties for refusing to participate in politics is that you end up being governed by your inferiors.

Lisa: 이봐, 라일러! 내가 이 남자를 찍어 줘야 할지 말아야 할지 계속해서 생각해왔지만, 여전히 결정을 못 하겠어. 넌 이 사람에 대해서 어떻게 생각해?

Ryler: 글쎄, 난 잘 모르겠지만, 나라면 그의 선거 공약을 읽어 보겠어.

Lisa: 사실, 그거야 다 읽어봤지만, 이 사람이 그 공약들을 이행할지 정말 확신이 안 서. 너도 알다시피, 우리가 정치인들의 선거 공약을 나중에 확인해 보면, 보통의 경우, 우린 결국 실망할 뿐이잖아. 게다가, 그의 공약 중 두어 개는 전혀 현실적이지도 않고.

Ryler: 네 말이 맞아. 그래서 난 투표 같은 건 절대로 안 한다니까.

Lisa: 나도 네 말을 이해는 하는데, 그럼에도 우리는 투표를 해야 돼. 대통령 후보들이 다 형편없어 보일 때조차도, 우리가 적어도 그중 덜 나쁜 사람을 선택할 수는 있으니까. 플라톤이 말했듯이, 정치에 참여할 것을 거부한 것에 대한 대가는 우리보다 열등한 사람들의 통치를 받게 되는 것이거든.

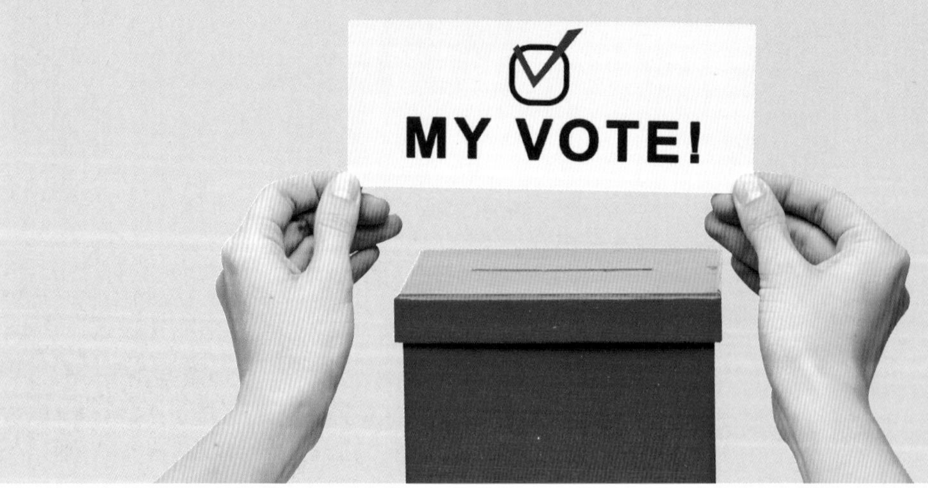

MP3_045

EXAMPLE DIALOGUE 4

Mandy **Have you thought about how to cope with those possible problems?**

Shawn Do I have to come up with that now? Can we please cross that bridge when we come to it?

Mandy I know you've got a lot on your plate, but I think it's always better to be prepared for everything.

Shawn Okay, then **I'll think about it as well**. Please give me a week or so, and I'll prepare a nice PowerPoint presentation about it.

Mandy Thanks, Shawn! You're the best!

Mandy: 발생 가능한 한 그런 문제들에 대해서 어떻게 대처할지 생각해 봤어?
Shawn: 그걸 지금 해결해야 해? 문제가 생기면 그때 가서 생각해 보면 안 될까?
Mandy: 네가 지금 해야 할 일이 많은 건 알지만, 모든 것에 대해서 미리 준비해 놓는 것이 좋다고 난 생각해.
Shawn: 알았어. 그럼 나도 그것에 대해서 생각해 볼게. 한 일주일 정도 시간을 줘. 그럼 내가 그에 대한 근사한 파워포인트 프레젠테이션을 준비할 테니.
Mandy: 고마워, 숀! 네가 최고야!

Interview 3

② ...in the United Kingdom, they would've been "**in** a football team", but in the United States, they were "**on** a soccer team.

영국에서는, 그들이 "in a football team" (축구팀에 속한)이었겠지만, 미국에서 그들은 "on a soccer team"(축구팀에 속한)이었죠.

》 미국 영어와 영국 영어에서의 전치사 사용의 차이점을 보여 주는 대목으로 영국 영어에서는 team 앞에 in을 사용하는 것과는 달리 미국 영어에서는 team 앞에 on이 사용된다. 사실, 한국어에 "우리 팀 내(안)에서"라는 말이 있기에 우리에게는 이때 in이 더 적절해 보이지만, 미국 영어에서는 여러 사람의 이름이 들어있는 list 앞에 on을 쓰는 것(예: Her name is on the list.)과 같은 맥락에서 team 앞에 on이 쓰인다.

...in America we live **on** Sandhurst Drive, but in the UK I lived **in** Derby Street.

미국에서는 우리가 샌드허스트 드라이브에 살고 있지만(on Sandhurst Drive), 영국에서 우리는 더비 거리에(in Derby Street) 살았죠.

》 또 다른 영・미 영어의 전치사 사용 차이점으로, 거리 이름의 경우, 미국 영어에서는 우리가 거리 위에서 활동하거나 살고 있다는 의미에서 on이 사용되는 반면, 영국 영어에서는 거리 전체를 하나의 공간으로 보아 in이 사용된다. (이 책이 〈미국 보통 사람들의 지금 영어〉인 것을 감안하여, 미국식 영어 전치사 사용을 기준으로 대화문을 구성했다.)

EXAMPLE DIALOGUE 1

Dad Raziah, hurry up! If you're late again, your coach won't let you play this time.

Daughter Dad, I'm coming! I was talking with Esther on the phone, and guess what? She wants to join our basketball club as well. Can we please pick her up on our way there?

Dad Sure!

Daughter **Can Esther be on our team?**

Dad You're gonna have to ask the coach about it. By the way, where does she live?

Daughter Oh, **she lives on East Call Street**.

Dad Super! Since **the basketball court is on Tennessee Street**, it's on our way.

Daughter Thanks a million, Dad! You're the best!

MP3_046

아빠: 라지아, 서둘러! 너 또 늦으면, 코치 선생님이 이번에는 게임 못 뛰게 할 거야.
딸: 아빠, 지금 가고 있어요! 에스더하고 전화로 이야기하는 중이었는데, 그거 아세요? 에스더도 우리 농구 클럽에 들어오고 싶데요. 우리가 가는 길에 걔도 데리고 갈 수 있을까요?
아빠: 물론이지!
딸: 에스더가 우리 팀이 될 수 있을까요?
아빠: 그건 코치님께 물어봐야 할 거야. 그건 그렇고, 걔는 어디에 사니?
딸: 걔는 이스트 컬 스트리트에 살아요.
아빠: 잘됐다! 농구장이 테네시 스트리트에 있으니까, 우리가 가는 길이네.
딸: 정말 고마워요, 아빠! 아빠가 최고예요!

EXAMPLE DIALOGUE 2

Sandra Hey, Ian! Have you heard of Trump's Russia scandal?
Ian Yeah, and actually, I just read a newspaper article about it, and that was an idiotic thing to do! As Barack Obama says **Vladimir Putin is not on our team.**
Sandra Oh, is that what Obama said? Can I read the newspaper as well?
Ian I'm sorry, but I think I left it on the bus, but **there's a newspaper stand on Park Avenue**, which is within walking distance from here.
Sandra Thanks! I can't wait to read it!

Sandra: 이봐, 이안! 트럼프의 러시아 스캔들에 대해서 들었어?
Ian: 응, 사실, 그에 대한 기사를 지금 막 읽었는데, 그건 정말 멍청한 짓이었어. 버락 오바마가 말한 것처럼 블라디미르 푸틴은 우리 팀이 아니잖아.
Sandra: 오바마가 그렇게 말했어? 나도 그 신문 기사 읽어 볼 수 있을까?
Ian: 미안, 내가 버스에 두고 내린 것 같아. 하지만 파크 가에 신문 가판대가 있는데 여기서 걸어갈 수 있는 거리에 있어.
Sandra: 고마워! 빨리 읽어 보고 싶다!

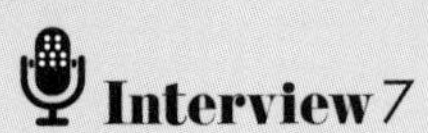

③ **Whether that is a good idea or not** is a very tricky political question.

그게 좋은 생각인지 아닌지는 정말 대답하기 힘든 정치적 질문이에요.

〉〉 Whether 절이 명사절로 쓰여서 주어 역할을 하고 있다. 즉, 볼드 부분 전체가 문장의 주어이다. 이 whether 절은 명사절이기 때문에 보어나 목적어로도 물론 쓰일 수 있다.

EXAMPLE DIALOGUE 1

Jerry So is Josh finally going to become a Harvard student this fall?

Laura I don't know yet because **whether he will pass the TOEFL exam or not is still uncertain**.

Jerry What? He hasn't even passed the TOEFL yet? But his dad has been bragging about it for such a long time, so I thought he already gained admission to that university.

Laura Well, Josh has been saying that he feels like he has to get accepted by Harvard just to save his father's face.

Jerry I don't think his father should put that kind of pressure on him.

Laura I agree.

Jerry: 그래, 조쉬는 이번 가을에 드디어 하버드대 학생이 되는 거야?
Laura: 잘 모르겠어, 걔가 토플시험에 통과할지 못할지가 아직 불확실해서.
Jerry: 뭐라고? 걔 아직 토플시험도 통과 못 했다고? 하지만 걔네 아버지께서 걔 하버드 간다고 오랫동안 얼마나 자랑을 했는지, 난 그 대학에 이미 입학 허가를 받은 줄 알았어.
Laura: 사실, 조쉬도 단지 자기 아버지 체면을 세워 주기 위해서 하버드에 합격해야 할 것 같다고 하더라.
Jerry: 걔네 아버지가 걔한테 그런 압박감을 주면 안 된다고 난 생각해.
Laura: 내 생각도 그래.

MP3_047

EXAMPLE DIALOGUE 2

Vice-principal All right. With that said, why don't we get a little more technical? **We've been thinking about whether we should revamp our curriculum or not**, and we've decided it would be better to do so...especially because of the fact that there is a general consensus among all of our teachers about the need for a well-rounded education including social and physical skills, music, and fine arts.

Principal I agree with you completely. Our current curriculum focuses soley on academics, and kids these days need to get a whole person education.

교감: 그래요. 말이 나온 김에, 좀 더 전문적으로 들어가 보면 어떨까요? 우리는 우리 교과 과정을 개편할지 말지에 대해서 생각해 왔는데, 개편하는 편이 더 낫겠다는 쪽으로 결정을 내렸습니다… 특히 사교성, 신체적 기술, 음악, 미술을 포함하는 전인 교육의 필요성에 대해서 모든 교사들의 의견이 대체로 일치하기 때문이죠.
교장: 교감 선생님 말씀에 전적으로 동의합니다. 현재 우리의 교과 과정은 학업에만 치중하고 있고, 요즘 아이들은 전인 교육을 받아야 합니다.

EXAMPLE DIALOGUE 3

*이 경우, or not이 다음과 같이 whether 바로 뒤에도 올 수 있다.

Brian Exquisite! That was such an immaculate performance!

Jen Thanks, but it was just a dress rehearsal.

Brian No worries, honey! I have no doubt that you guys will do an even better job tomorrow.

Jen Thanks, Brian. As always, **our success will all depend on whether or not our main actor shows up on time**. Since he's such a super star, he's got a crammed schedule all the time.

Brian: 근사해! 정말 완벽한 공연이었어!
Jen: 고마워, 하지만 그냥 리허설이었을 뿐인데, 뭐.
Brian: 걱정 말아요, 아가씨! 난 너희들이 내일은 더 잘할 거라고 믿어 의심치 않아.
Jen: 고마워, 브라이언. 언제나처럼, 우리의 성공은 우리 주인공이 제시간에 올지 안 올지에 달려 있겠지. 그 사람이 너무 인기 스타라서, 스케줄이 항상 꽉 차 있거든.

SPEAKING TRAINING

STEP 1 다음 글을 또박또박 정확하게 읽고 암송해 보자. (읽은 후엔 V 표시)

MP3_048

1 자신의 고향에 대해 말할 때

문단 읽기 □ □ □ □ □

Edinburgh is a wonderful city,/ and somewhere that your friends should think about visiting./ Edinburgh is not the largest city in Scotland,/ but I think it's the most beautiful and wonderful city./ Well,/ I suppose I'm biased./ Ha ha.../ It is the capital,/ and it's on the east coast of Scotland,/ in the south of Scotland/ on the banks of the River Forth./ It's a very old and beautiful city./ Probably/ the most significant landmark in Edinburgh/ is the old castle,/ which sits on a volcanic rock,/ right in the center of town./ It's a very dramatic site to see./ For visitors to Edinburgh,/ you see it/ when you come out of the railway station/ and come up the steps/ from the train;/ there's the castle/ just right in the middle of the city.

2 자신이 겪은 재미난 일화를 말할 때

문단 읽기 □ □ □ □ □

I remember a funny one/ when I first taught at a preschool/ in Richmond, Virginia./ This was a real misunderstanding/ with the vocabulary word./ I was outside/ on the playground/ with a group of 4-year-old children,/ and we had a very much loved tricycle,/ and the children were arguing/ about who was going to be next on the tricycle./ So I decided just to help them with that/ and told them to queue up/ and they would get a shot./ Then/ they looked at me in disbelief and horror,/ and all ran away/ because they thought/ I was suddenly going to produce something/ to give them an immunization.

3 배우자를 어떻게 만났는지에 대해 말할 때

문단 읽기 □ □ □ □ □

I was an undergraduate student/ at St. Andrews University in Scotland./ In my second year there,/ Brant Copeland came to St. Andrews University/ on a Rotary International fellowship./ He was an American graduate student/ who had completed his studies/ at Southwestern College/ in Memphis, Tennessee./ He came to St. Andrews University/ to study for one year./ I was an undergraduate student,/ and I fell hopelessly in love/ with this tall, dark older American graduate student.

4 자신의 인생 철학에 대해 말할 때

문단 읽기 □ □ □ □ □

My philosophy of life/ is to leave this world a better place./ I have the honor and the privilege/ of living that philosophy out/ with young children and their families/...and I hope that every day/ I'm able to make a difference/ in the life of young children and their families./ Some days/ I really see that happening/ in front of me/ by being able to help a mom or a dad/ who is busy, worried, harried,/ concerned about the health of their child/...concerned that they aren't able to spend time with their child/...and I hope that our little school is able to make the difference/ for their child.

STEP 2 주어진 단어를 사용해서 우리말을 영어로 말한 다음 빈칸에 써 보자.

1 제 생각에 우리는 우리의 연애와 결혼 초기 생활에 접근하는데 아주 조심스러웠고 매우 결의에 차 있었던 것 같아요.
(purposeful / courtship / approach)

---

2 그게 좋은 생각인지 아닌지는 정말 대답하기 힘든 정치적 질문입니다.
(whether / tricky)

---

3 제게는, 유아원 원장으로서 얻는 기쁨이 그런 힘든 점들보다 훨씬 더 크답니다.
(far / outweigh / challenges)

---

4 대개는 미소로 그들을 제 편으로 만들 수 있어요.
(win ~ over / with a smile)

---

5 우리가 아이들을 지나치게 형식적이고 엄격한 체제에 너무 빨리 가두게 되면, 그 아이들을 짓누르게 될까 봐 두렵습니다. (box ~ into / strict regime / squash)

---

6 제게는, 어린아이들과 그들의 가족들과 함께 그 인생관에 따라 살 수 있는 영광과 특혜가 주어졌어요. (privilege of ~ / live ~ out)

STEP 3 빈칸에 자기 상황에 맞는 어휘를 넣어 문장을 완성해 보자.

1 My name is ______________________________, but you can certainly call me ________________.

2 __________ is a wonderful city and somewhere that your friends should think about visiting.

3 There's a _____________ just right in the middle of the city.

4 We were very careful and very purposeful in ____________________ _________________________.

5 Whether _____________________________ is a very tricky question.

6 For me, the joys of being a ___________________ far outweigh the challenges.

7 I can very often win them over with ________________.

8 My philosophy of life is to __________________________________.

9 I always consider myself a ______________________________.

10 The world becomes smaller with _____________________________.

STEP 4 다음 질문에 답해 보자. (주어진 공간에 할 말을 적어 보기)

1 Would you like to talk about your hometown?

2 Can you please tell me how you met your husband/wife/girlfriend/boyfriend?

3 Can you please tell me about your educational philosophy?

4 What's your philosophy of life?

My philosophy of life is to leave this world a better place.

Kim: Please introduce yourself to the Korean readers.

Andra: Yes, my name is Alexandra Jean Walker Copeland, but you can certainly call me Andra. My home is in the United Kingdom, but at the moment, I'm a preschool director here in Tallahassee, Florida.

Kim: Thank you, Andra. Although you're from the UK, your accent sounds slightly different from the accent I hear watching British movies.

Andra: Yes, that's because I grew up in Scotland.

Kim: Oh, you're from Scotland?…but the Scottish dialect that I know is not like yours…you know, such as the Glasgow accent, which is almost impossible for Americans to understand, is very very different from your accent.

Andra: That's true. Even though Scotland is small, there are really three languages in Scotland, which are all quite different among

themselves; one is English, one is a very very old language called Scots, and then, there is Gaelic. Gaelic is a language that's spoken by very few Scottish people mostly in the highlands and on some of the Scottish islands…but yes, you're right. In Glasgow, which is only about 50 miles from where I grew up, there is a very sing-song kind of accent, which goes up and down and up and down…but in Edinburgh, the capital city where I grew up, the accent is much more precise. You can probably hear how my voice is very clear. You can hear the beginning consonants and the ending consonants.

Kim: Yes, I certainly can. Would you like to talk to the Korean readers about your hometown as well?

Andra: Yes, Edinburgh is a wonderful city and somewhere that your Korean friends should think about visiting. Edinburgh is not the largest city in Scotland, but I think it's the most beautiful and wonderful city. Well, I suppose I'm biased. Haha... It is the capital, and it's on the east coast of Scotland, in the south of Scotland on the banks of the River Forth. It's a very old and beautiful city. Probably the most significant landmark in Edinburgh is the old castle, which sits on a volcanic rock, right in the center of town. In your book, you'll see a photograph of Edinburgh Castle right there settled on an old volcanic rock. It's a very dramatic site to see. For visitors to Edinburgh, you see it when you come out of the railway station and come up the steps from the train; there's the castle just right in the middle of the city.

Kim: Wow, this is a breathtaking view! Thank you for the exquisite picture. It does look like a lovely town. By the way, whenever I hear the British singer, Sting's song, <Englishman in New York>, it reminds me of you, and I was wondering what you think about the cultural differences between the UK and America that the song describes.

Andra: Well, I think what the song describes in particular are the differences between New York City and the UK. There are indeed wistful things to think about for a British person when they're in New York, but that's only one part of the United States of America. Some of the things that I think about when I think of the differences between America and the United Kingdom are…I think these things are true…things in the United States are bigger and faster. People here are often in a hurry. They work much longer hours. There's a lot less time off for vacation. It's harder to take sick leave or for mothers to take maternity leave, I think. Also, there are a lot of differences in health care between the United States and the United Kingdom. There are also some subtle cultural differences that the song does bring up, between ways people sort of conduct themselves and the way that some people use their good manners or not. I think, perhaps, the busy life in New York may make people a little less polite than people are in the United Kingdom… but I think, Ah-young, where you and I live, in the South of the United States, we like to think that we're more polite maybe than people in New York.

Kim: Then, have you gone through any kind of culture shock living in America?

Andra: Well, when I first got here, when I was a much younger woman, I think yes, there were surprising ways that there was cultural shock. I think when you arrive in a country where people more or less speak the same language, I think maybe I allowed myself less space for culture shock than I maybe should have... but I think I adapted well. What is also interesting is that I think maybe now, all these years later, there is less difference between the two cultures than maybe there was in the 1970s and 1980s. The world becomes smaller with technology and the ease of international travel. I think there are fewer differences between the two cultures of the United Kingdom and the United States now.

Kim: I absolutely agree with you. Since you're from the UK, let me ask you this question as well. My friend from London once said, "Ah-young, you're not speaking English. You're speaking 'American'!" Well, I don't know if he did not like my American accent or something, but apparently, there's a huge difference between British English and American English, and I was wondering if you could give some examples of those differences... You know, in terms of grammar or pronunciation.

Andra: Sure! It was funny that the first thing that came to me was a pronunciation example that we still laugh about in my family.

I pronounce chócolate cake, but my husband puts the emphasis on a different syllable as an American, and he says chocolate cáke. Same thing, but a subtle difference in pronunciation. Even after all our years of marriage, to me, it will always be chócolate cake. I was also thinking about when my children started in sports, and in the United Kingdom, they would've been "in a football team", but in the United States, they were "on a soccer team".

Kim: Right! There are some prepositional differences.

Andra: Yes, and another prepositional difference is in America we live on Sandhurst Drive, but in the UK I lived in Derby Street, which is just a common prepositional difference. There is no difficulty in understanding… Oh, an interesting little geographical difference that I remember is, in America, rivers have the name first, so there's the Mississippi River right there in the middle of this country, and there's the Colorado River in the west. However, in the UK, the river word comes first, so there's the River Don in Scotland and in England there is the very important River Avon. So whether the proper noun comes first or second is an interesting difference. Again, nothing that would make understanding difficult, but these are some common differences between British English and American English.

Kim: This is awesome! Has there been any amusing anecdote related to those linguistic differences?

Andra: I remember a funny one when I first taught at a preschool in

Richmond, Virginia. This was a real misunderstanding with the vocabulary word. I was outside on the playground with a group of 4-year-old children, and we had a very much loved tricycle, and the children were arguing about who was going to be next on the tricycle. So I decided just to help them with that and told them to queue up and they would get a shot. Then they looked at me in disbelief and horror, and all ran away because they thought I was suddenly going to produce something to give them an immunization.

Kim: Haha…because they thought it was a flu shot or something, right?

Andra: Yes, but to me, "wait for a shot" meant "wait for your turn".

Kim: Oh, so that's a British idiom?

Andra: Yes, that's a British expression for "wait for your turn".

Kim: This is super interesting! I didn't know that.

Andra: So it was totally misunderstood, and all the children were horrified.

Kim: That's pretty funny! I actually have one as well. I've taught a couple of British students in my TEFL class, and one of the students was from Manchester. One time I was invited over for dinner, and I said, "Can I take a rain check?" Then, the British student looked puzzled, and obviously he did not understand my English, or should I say "American" here? Haha…

Andra: No idea. No idea! That would mean nothing to him!

Kim: So I was like, "What's going on here?", and an American student finally explained what to take a rain check meant to the British student. So you hadn't known that idiom until you came here?

Andra: No, no…but now I know it's a very useful American expression: to take a rain check.

Kim: I love it! So it's apparent that the United States is very different from where you're from. What brought you here in the first place?

Andra: I came because I was interested in Christian education at a graduate school in Richmond, Virginia. I was awarded a graduate fellowship for a program there, and that school offered a program that was not available in Scotland. It was a Christian education program to equip people to teach Christian education in the church…and the Presbyterian church in America has a much more full and well-rounded approach to Christian education from cradle to grave than the Church of Scotland…so my intention was to learn everything I could in two years and go back to Scotland to teach in the church there...well, that didn't happen. Haha..

Kim: Obviously! Haha... Now I'd like to ask you a personal question if you don't mind.

Andra: Sure!

Kim: Can you please tell me how you met your husband?

Andra: Yes. I was an undergraduate student at St. Andrews University in Scotland. In my second year there, Brant Copeland came to

St. Andrews University on a Rotary International fellowship. He was an American graduate student who had completed his studies at Southwestern College in Memphis, Tennessee. He came to St. Andrews University to study for one year. I was an undergraduate student, and I fell hopelessly in love with this tall, dark older American graduate student.

Kim: That's so romantic! Has there been any sort of intercultural conflicts between you and your husband? You know, since you guys are from two different cultures…

Andra: Umm… There really has not been. I think we were very careful and very purposeful in how we approached our courtship and our early years of marriage. We had to decide that, if we were getting married, we were going to live primarily in one country or the other, and we had to make a very important decision to make it work.

Kim: Then, I'm kind of wondering if your kids identify themselves as Brits or Americans.

Andra: Both of our sons, when they turned 21, immediately wanted to hold UK passports. In fact, now they are European Union passports...so I think both of our children consider themselves citizens of the world. They have both traveled extensively. One of them, as an undergraduate, did what his college called a Global Semester, and he traveled literally all around the world.

Kim: That's so cool!

Andra: ...and one of our children at the moment spends significant parts of each semester in Africa, so they're both very much citizens of the world, and they're close to their family in Scotland.

Kim: Super! My next question is going to be rather serious. As you might already know, unfortunately, the UK is no longer a member of the European Union. As a British citizen from Scotland, how did you take the news?

Andra: First of all, the news was a great surprise. We knew that the vote was going to be close. It was very clear up until the results came in that the Brexit vote was going to be close, but it also seemed that the "No" vote was going to win. So the morning after the vote to realize that the United Kingdom had voted to leave the European Union was a surprise, and for Scotland it was not a pleasant surprise. The people of Scotland voted quite strongly not to leave the European Union.

Kim: What was the percentage of the vote?

Andra: I think it was more like 60%/40% to stay. Now Scotland is looking at what they do from here. The Scottish Independence Party, which has always existed, now called the SNP (Scottish Nationalist Party) is now looking towards Scotland separating from the United Kingdom…so there will probably be another referendum to give Scotland the opportunity to vote to separate itself not just from Europe but from the United Kingdom. Whether that is a good idea or not is a very tricky political question…and the last time that was voted on in 2014, that vote did not pass. It was a close vote, but it did not pass. Now the next time this comes up for a vote, it will be a different kind of decision because of the Brexit vote. So I think it will be a vote that will be watched closely all over the world because Scotland is an important country even though it's a very small country. It's always been an important little nation, so the world will watch to see if this little country evolves.

Kim: Thank you for your kind explanation, Andra. Finally, now that you're a director of a preschool here in America, I'd like to ask you this question. One of my acquaintances who is a preschool teacher in S. Korea says fussy moms sometimes give her a hard time. What's been the most challenging part about running a preschool for you?

Andra: Umm…Fussy moms in America are sometimes called "helicopter moms"…the ones that buzz around like helicopters… and another expression is what we call "high maintenance parents". The ones that e-mail me and phone and text too often.

Kim: Haha…I hope I was not one of those parents.

Andra: No, you were not, Ah-young. I loved having you as a preschool parent.

Kim: Thank you!

Andra: I've been a preschool director for over 20 years, and it's been interesting that parents and young families have changed over

20 years…but I love my job, and of course, there are challenges. However, for me, the joys of being a preschool director far outweigh the challenges. Maybe I'm just too optimistic about it all, but I think if I approach challenging parents with a smile and a positive attitude, I can very often win them over with a smile. So let's just think of them as opportunities, not challenges.

Kim: You're such a positive person! Then, can you please tell me about your educational philosophy?

Andra: Let's think of my educational philosophy for early childhood education. At First Presbyterian Preschool in Tallahassee, our educational philosophy is that young children learn best in a warm nurturing environment where they are honored and respected, and where they have an opportunity to play. When these young children leave us, most of them go on to many, many, many years of formal education, so at preschool we want to give them the opportunity to play with blocks and cars and trains and baby dolls, and lots and lots of books, and singing and dancing and snacks and cookies and teachers who have warm laps for them to sit in. If we provide that, they're also learning, learning, learning all the time. However, if we box them into too much formal, strict regime too soon, we're scared that we will squash them, and that's not what we want to do with young children.

Kim: You can say that again! I hope your words will let the Korean readers rethink about their own educational philosophy. Finally, this is going to be my last question for you. What's your philosophy of life?

Andra: My philosophy of life is to leave this world a better place. I have the honor and the privilege of living that philosophy out with young children and their families...and I hope that every day I'm able to make a difference in the life of young children and their families. Some days I really see that happening in front of me by being able to help a mom or a dad who is busy, worried, harried, concerned about the health of their child...concerned that they aren't able to spend time with their child...and I hope that our little school is able to make the difference for their child.

Kim: Actually, Andra...I was one of those moms, and you definitely made a difference in my life as well as my son's.

Andra: I'm glad to hear that, Ah-young...and then, beyond our school, there are too many children whose lives are in chaos. I hope that in our country and in our world, I can do something by the way I live my life, by my example in the choices I make, in the way I vote and the way I spend my money, that I can help make a difference.

Kim: Oh, I'm so touched. Thank you so much for your time, Andra. It was lovely talking with you today.

Andra: It's a joy and a privilege to know you, Ah-young, and to be part of your family.

Kim: You're so sweet! Thank you, Andra.

아선생의 미국말 미국문화

미국의 지역감정

"나는 마, 다른 건 다 괜찮은데, 전라도는 절~대로 안 된다."

경상도 처녀와 전라도 총각의 사랑을 그린 로맨틱 코미디 영화 〈위험한 상견례〉에서 주인공 경상도 처녀의 아버지(백윤식 분)가 한 말이다. 타지역 사람들은 이 장면을 보면서 영화의 극적 재미를 위해 과장된 대사라고 생각하겠지만, 부산 출신인 필자는 이 장면이 소름 끼치도록 현실적이라고 생각했다. 이 대사는, 실제로 필자의 작은 아버지께서 당신의 두 아들에게 귀에 못이 박히도록 하셨던 말씀이기 때문이다.

부산 출신이면서 서울에서 대학교를 다니고 직장 생활을 하게 된 필자에게는 유독 전라도 출신 친구들이 많았다. 기숙사에서 가장 친했던 룸메이트도 전라도 출신이었고, 그 후 함께 방을 얻어 자취하게 된 언니도 전라도 출신이었다. 내게 자주 밥을 사주던 다른 과 조교 언니도 전라도 출신이었고, 사 먹는 밥에 질렸다는 나를 참치 김치찌개를 끓여서 자신의 자취방으로 초대했던 친구도 전라도 출신이었다. 게다가 태어나서 처음으로 해본 데이트 상대 또한 전라도 남자였다. 그래서 작은 아버지께서 전라도 사람들에 대한 편견에 가득 찬 발언을 하실 때마다 서울에서 외롭게 생활하던 나의 손을 따뜻하게 잡아 주었던 내 전라도 친구들이 생각나서 속이 많이 쓰라렸다.

문화 평론가 진중권 교수의 말대로, 나를 포함한 요즘의 젊은 세대들은 KTX를 타면 두 시간 반이면 어디든 갈 수 있는 이 코딱지만한 나라에서 이런 류의 지역감정이 존재한다는 자체를 코미디라고 생각한다. 아마도 〈위험한 상견례〉의 감독도 그래서 이 영화를 코미디 장르로 만들지 않았을까 싶다. 그리고 2016년에 치러진 총선에서 정치적으로 전통적인 전라도-경상도 지역 구도가 깨졌다는 사실은 우리 세대의 그런 긍정적인 변화를 극적으로 보여준다.

그렇다면 미국에는 지역감정이라는 것이 존재할까? 결론부터 말하자면 존재한다. 미국의 남부와 북부가 서로 총칼을 들이대며 전쟁까지 했던 것이 불과 150년 전의 일이 아닌가! 그래서 그런 지역감정을 그대로 드러내는 영어 표현도 다수 있는데, 대표적인 예가 "Yankee"(남부인들이 북부인들을 비하해서 부르는 말)와 "Red-neck"(북부인들이 남부인들을 비하해서 부르는 말)이다. 많은 한국 사람들이 미국인들을 통틀어 "Yankee"라고 부르지만, 사실 이 표현은 미국 내에서는 뉴욕을 포함한 북부 출신만을 지칭하는 말이다. "Red-neck"의 경우, 전통적으로 농사일을 많이 했던 남부인들의 햇볕에 그을은 목 색깔을 빗대어 만든 말로 물론 어감이 좋지 않다. 그리고 "Yankee"는 "Red-neck"이 무식하고, 인종 차별적이며, 가식적(fake)이라는 편견을 가지고 있으며, "Red-neck"은 "Yankee"가 너무 직설적이라 무례하며 지나치게 자유분방하다는 편견을 가지고 있다.

정치적으로는 어떨까? 다행히 2016년 총선에서 무너지긴 했지만 우리나라의 정치 지형도 지겹도록 오랫동안 지역 구도를 벗어나지 못했던 것처럼, 미국도 여전히 정치적 성향이 지역에 따라 나뉘는 경향이 강하다. 뉴욕, 보스턴, 시카고를 포함하는 북부는 언제나 진보적인 민주당을 "Deep South" 또는 "Bible Belt"라는 별명을 가지고 있는 남부의 주들은 보수적인 공화당을 지지한다. 그래서 늘 공화당을 지지하는 남부주들은 공화당을 상징하는 붉은 색을 써서 "Red States"라고, 또 마찬가지로 민주당을 지지하는 북부주들은 "Blue States"라고 불린다. 지역적인 특성상, 북부출신과 남부출신이 공존하는 플로리다주는 항상 "Swing State"(왔다 갔다 하는 주)인데, 이것이 바로 각종 선거 때마다 미국 미디어가 플로리다주에 유독 주목하는 이유다.

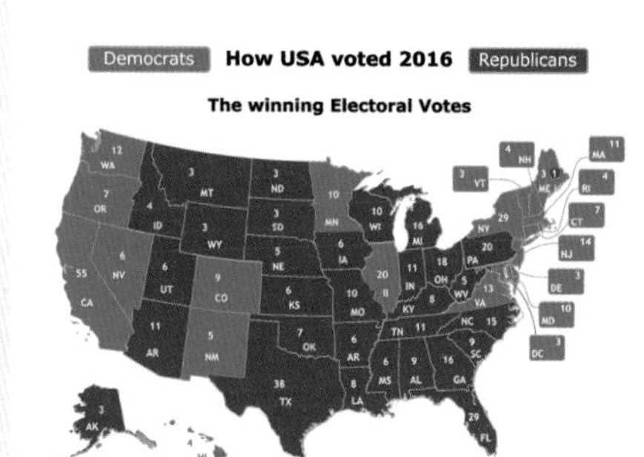

필자가 살고 있는 북부 플로리다에 위치한 탈라하시라는 도시가 재미있는 이유는 플로리다 주립대학으로 인해 이곳에 다수의 "Yankee"들과 많은 "Red-neck"이 함께 살고 있기 때문이다. 사변스럽게 필자에게는

"Yankee" 친구들도 있고 "Red-neck" 친구들도 있어서 이들이 그 어느 쪽에도 속하지 않는 나에게 서로에 대한 흉을 보는 일도 종종 경험한다. 예를 들어, 〈미국 보통 사람들의 지금 영어 1권〉에서 인터뷰했던 시카고 근교 출신인 Viki 씨의 경우, 처음 남부로 이사 와서 어떤 모임에 갔을 때, 그 동네의 남부인이 Viki 씨의 북부 액센트를 듣고는 "These days, there are too many Yankees in town. Oh, no offense!" (요즘 우리 동네에 양키들이 왜 이렇게 많아. 뭐, 기분 나쁘게 하려는 의도는 아니었어요!)라는 말을 한 적이 있었다고 한다. 반면, 내 수업을 들었던 앨라배마 출신의 한 학생은, 알래스카주에서 잠시 살았을 때 자신의 남부 액센트를 들으면 사람들이 편견의 눈빛으로 쳐다봐서, 그곳에서 남부 액센트를 숨기려고 얼마나 노력했는지 내게 말해 준 적도 있다.

현재 미국인 학생들을 가르치는 것을 업으로 삼고 있는 필자는 놀랍게도 수업 중에도 미국인들의 이런 지역감정을 목격한 적이 여러 번 있다. 어느 날 문화 교육론(Teaching Culture)을 강의하던 중 학생들에게 우선 미국 내 남북부의 문화 차이를 토론하게 했는데, 뜬금없이 한 남부의 깡시골 출신 남학생이 "My uncle always told me not to get married to a Yankee girl." (우리 삼촌이 항상 북부 여자와는 결혼하지 말라고 했어요.)라고 말하는 것이다. 생각해 보라. 한국 대학의 한 강의실에서 "우리 삼촌이 경상도 여자와는 절대로 결혼하지 말라고 했어요."라고 누군가 말했다면, 그게 말이 되는 말인지… 그것도 초딩, 중딩, 고딩도 아닌 명색이 한 대학의 강의실에서! 어쨌든, 그의 말에 대해 함께 수업을 듣고 있던 북부 출신 여학생들의 반응은 즉각적이었다. "Yankee girls don't like you either!" (북부 여자들도 너 싫어해!)

미국 지역감정의 경우, 사실 일상에서 겪는 이런 사소

한 것들 말고도 이들의 갈등이 표면적으로 드러나는 사회적인 사건들도 가끔 있는데, 필자가 〈미국 보통 사람들의 지금 영어 1권〉에서 이야기했던 폴라딘 아줌마 사건이 그중 하나다. 실제로 남부출신 백인들이 모두 다 폴라딘 아줌마처럼 인종 차별주의자가 아님에도 불구하고 북부에 본사가 있는 신문들이 당시 칼럼 등을 통해 미국 남부 백인들의 인종 차별적 성향을 과감하게 비판했다. 그리고 실제로 폴라딘과는 전혀 다른 삶을 살고 있던 남부의 백인들은 자신들에게 향하는 이런 편견들이 대체 북부인들이 말하는 "인종 차별"과 무엇이 다르냐며 울분을 터뜨렸다. 말하자면, 이들의 주장은 그것이 타인종들과 북부 백인들이 남부 백인들에게 가지고 있는 또 다른 인종적인 편견, 또는 그로 인한 차별이 아니냐는 것이다. 필자는 개인적으로는 북부 출신의 친구들과 훨씬 더 잘 맞는 성향을 가지고 있긴 하지만, 남부 백인들의 이런 항변이 일리가 있다고 생각한다.

한 지역의 사람들을 하나의 카테고리로 묶어서 선입견을 가지려 하는 이 비합리적인 "지역감정"을 많은 사람이 가지게 된 것에 대해서는 역사적으로 여러가지 이유가 있을 것이다. 그럼에도 불구하고, 필자는 이를 사람들이 자신과 다른 이들에 대해서 가지는 '편견'의 또 다른 이름일 뿐이라고 생각한다. 어떻게 한 지역 출신의 모든 사람이 다 똑같은 성향을 가질 수가 있겠는가? 다소 극단적인 예가 되겠지만, 같은 경상도 출신인 박근혜 전 대통령과 노무현 전 대통령을 보면 출신 지역을 통해서 한 사람의 성향을 파악한다는 것이 얼마나 무의미한 일인지 잘 알 수 있을 것이다. 같은 전라도 출신인 김대중 전 대통령과 새누리당 전 대표인 이정현 씨는 또 어떤가? 사실, 굳이 이런 예를 들지 않더라도, 조금만 생각해 보면 그것이 얼마나 비합리적이고 비상식적인 사고인지 쉽게 알 수가 있다. 물론 특정 지역 사람들이 어떤 공통적인 경향을 보일 수는 있을 테다. 하지만 지성인이라면, 그것이 개개인의 사람 됨됨이와는 전혀 무관함을 볼 수 있는 안목 또한 동시에 가지고 있어야 한다. 이는 21세기를 살아가면서도 여전히 지역감정을 품고 있는 한국 사람들도, 또 미국 사람들도 모두 한 번 성찰해 볼 문제다.

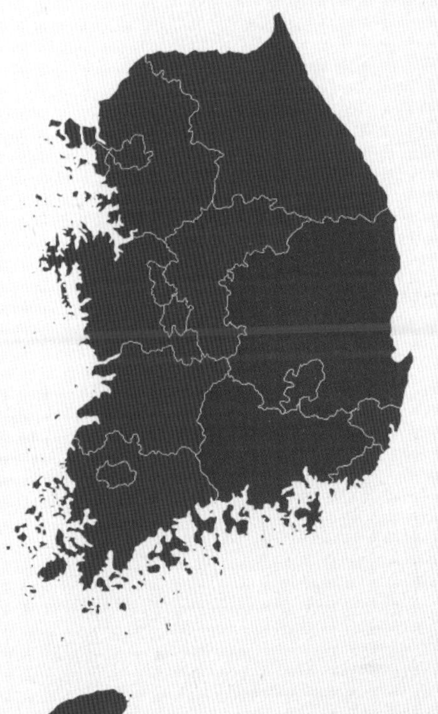

Chapter

3

다진 양념 없이는 설렁탕을 안 먹는 과학자

Steve Cocke

Like with food, I think everyone probably has their own recipe for happiness.

WHO

아선생이 살고 있는 플로리다의 주도(State Capital) 탈라하시에는 시 전체를 통틀어 한국인이 운영하는 식품가게가 하나밖에 없어서 언제든 그곳에 가면 이곳에 사는 한인들이나 한국인 유학생들을 만나게 된다. 사족이지만, 집에서 편하게 입고 있던 차림에 잠바 하나만 걸쳐 입고 두부나 라면을 사러 집 앞 슈퍼에 갈 수 있다는 것이 지금의 내게 이토록 간절한 '로망'이 될 줄은 한국에 살 때는 미처 몰랐었다! 각설하고, 어느 날 그곳에서 Steve 씨의 한국인 부인이 그날 저녁 남편이 꼭, 반드시(!) 순두부찌개를 먹어야만 하겠다고 해서 그 집 냉장고의 그 많은 좋은 식재료를 다 놔두고, 차를 타고 25분 거리에 있는 한국 가게로 순두부를 사러 왔다고 했다.

이렇게 Steve 씨가 순두부찌개를 먹고 싶어 하는 날에는 〈냉장고를 부탁해!〉의 셰프들이 총출동해서 그의 집에 있는 식재료로 아무리 훌륭한 일류 음식을 만들어 준다 한들, Steve 씨의 마음을 바꿀 수가 없을 정도로 그는 얼큰한 순두부찌개의 맛에 푹 빠져있다. 그리고 이는 Steve 씨의 한국 음식 사랑에 대한 수많은 일화 중에서 빙산의 일각, 아니, 돌산의 모래알일 뿐이다. 그러다 보니, 한국 음식에 대한 미각도 웬만한 한국 사람들보다 더 발달해서, 그의 부인 말로는 한국 음식을 먹을 때면 꽤 까다롭기까지 하다고 한다. 하루는 이 부

IS

부가 미국 동남부 최대의 코리아타운이 있는 조지아주 애틀랜타의 한 식당에서 설렁탕을 주문했는데, Steve 씨의 한국인 부인은 꽤 오래간만에 간 한국 식당이

라 설렁탕이 나오자마자 바로 폭풍 흡입을 하기 시작했다고 한다. 그런데 Steve 씨는 몇 번을 미심쩍은 표정으로 두리번거리더니, 이 식당은 다진 양념을 왜 안 주냐면서 서빙하는 아주머니를 불렀다고 한다. 다진 양념을 듬뿍 넣어서 시뻘게진 얼큰하고 시원한 설렁탕 국물, 즉 우리들만 알 것 같은 바로 그 맛(!)을 Steve 씨도 알고 있다는 말이다. 이쯤 되다 보니, Steve 씨의 한국인 부인은 한국 음식을 매

HE

일 먹으려고 Steve 씨가 자기와 결혼한 것 같다는 우스갯소리를 하기도 한다. (물론, 이건 그녀가 농담으로 하는 말이다. 그들은 서로 닭살 돋게 사랑한다!)

도대체 미국 플로리다에 사는 과학자가 어쩌다 한국 음식에 이렇게 빠져들게 되었고, 또 한국인 부인을 만나서 결혼까지 하게 되었을까? 게다가 Steve 씨의 파티에 초대돼서 가면, 그의 부모님과 형제들을 제외하고는, 부인을 포함한 거의 모두가 한국 사람, 그것도 이곳에서 자란 재미 교포는 없고, 한국에서 온 토종 한국인 친구들이 대부분이니, 더더욱 궁금해진다. 이 챕터에서는 이곳 플로리다에서는 다소 독특한 취향을 가진 플로리다 주립대의 기상학자, Steve Cocke 씨의 이야기를 그에게 직접 들어 보자.

Interview 1

Steve Cocke

아래 인터뷰를 우리말로 번역한 것을 읽고 영어로 말하고 싶은 표현을 표시해 보자. 표시한 우리말 문장을 각자 영어로 말해 보고, 다음 페이지의 영어 대화문에서 실제로 어떻게 쓰였는지 확인해 보자.

Kim: 한국의 독자들에게 자신의 소개를 좀 해 주세요.

Steve: 안녕하세요, 제 이름은 스티브입니다. 저는 플로리다 주립대의 연구 교수입니다. 저는 텍사스 주립대에서 물리학 박사 학위를 받았습니다. 학교 다닐 때는 카오스 이론과 양자역학을 공부했지만, 지금은 허리케인과 태풍을 포함하는 날씨와 기후에 대해 연구를 합니다.

Kim: 스티브 씨, 오늘 저희를 위해서 이렇게 와 주셔서 감사합니다. 기상학자로 일하시면서, 흥미로운 경험을 해 보신 적은 있으세요? 그러니까, 저희와 나누시고 싶은 재미난 일화 같은 것이 있으신지요?

Steve: 제가 했던 독특한 경험은 허리케인을 통과하면서 비행한 것입니다. 1998년, 저는 NASA의 연구 비행기를 타고 허리케인 조지즈를 통과했어요. 우리는 폭풍을 측정하기 위한 다양한 기구들을 싣고 있었습니다. 우리의 임무를 시작하기 전에 케네디 우주센터 위를 땅 쪽으로 아주 낮게 날고 있었어요, 그 기구들을 조정하기 위해서 말이죠. 도미니카 공화국 상공에 다다랐을 때, 우리는 폭풍의 눈을 통과해서 날고 있었습니다. 그것은 긴 여행이었는데, 혹독한 폭풍우를 피해야 했던 힘든 순간들이 있었지만, 인상 깊은 여정이었습니다.

Kim: 환상적이네요! 스티브 씨께서 기상학자이시니 이 질문도 드리고 싶습니다. 많은 사람이 요즘 지구 온난화에 대해서 걱정을 합니다. 하지만 트럼프 대통령이 "지구 온난화라는 개념은 중국인들에 의해서 만들어졌는데, 그들이 미국의 제조업을 경쟁력 없게 만들기 위해서 그런 것이다."라고 했습니다. 스티브 씨께서는 트럼프 대통령의 주장처럼 많은 사람이 하는 이런 걱정이 부풀려진 것이라고 생각하세요?

Steve: 이런 걱정들은 과장된 것이 아닙니다. 많은 전문가가 지구가 온난화되고 있다는 사실에 동의합니다. 온실가스가 지구 온난화를 야기한다는 강력한 증거가 있으며, 지구 시스템 속에서 기후가 거기에 반응하는 과정으로 인해 유도된 온난화가 더 가속화된 온난화로 이어질 수 있습니다. 우리에게는 이 과정을 되돌릴 방법이 없기 때문에, 신중을 기하고 자연이 지나치게 균형을 잃지 않도록 하는 것이 더 낫습니다.

Kim: Please introduce yourself to the Korean audience.

Steve: Hi, my name is Steve. I am a research faculty member of Florida State University. I got my Ph.D. in physics from the University of Texas. In school I studied chaos theory and quantum mechanics, but nowadays I study weather and climate, including hurricanes and typhoons.

Kim: Steve, thank you for joining us today. Working as a meteorologist, have you had any interesting experiences? I mean is there any kind of amusing anecdote you'd like to share with us?

Steve: One of the most unique experiences I have had is flying through a hurricane. I flew aboard a NASA research plane through Hurricane Georges in 1998. We had on board a variety of instruments to measure the storm. Before we started our mission, we flew over the Kennedy space center very low to the ground, in order to ❶ **calibrate** the instruments. We flew through the eye of the storm when it was over the Dominican Republic. It was a long trip, and we had some challenging moments trying to avoid some severe thunderstorms, but it was quite a ride.

Kim: That's fascinating! Since you're a meteorologist, let me ask you this question as well. A great number of people are concerned about global warming these days. However, President Trump said, "The concept of global warming was created by and for the Chinese in order to make U.S. manufacturing non-competitive." Do you think these concerns that many people have are ❷ **overblown** as Trump says?

Steve: These concerns are not overblown. Most experts agree that the Earth is warming. There is strong evidence that greenhouse gases can cause global warming, and because of climate feedback processes in the Earth system, any induced warming can lead to more accelerated warming. We do not have a way to ❸ **reverse** this process, so it is better to be on the safe side and not let nature get too out of balance.

VOCABULARY & IDIOMS

❶ calibrate

(측정 기기 등이 정확하게 작동할 수 있도록) 조정하다

EXAMPLE DIALOGUE

Derek All right then, are we ready to test it?

Jillian We're ready except that we should **calibrate** the measuring equipment.

Derek Do we really have to do that? Can't we just use it?

Jillian I'm also aware that we should finish this as soon as possible, but in order to measure things accurately, we should **calibrate** this equipment first.

Derek Okay, I got it.

Derek: 좋았어! 그렇다면, 우리 테스트할 준비가 됐어?
Jillian: 측정 장비를 조정해야 하는 것 빼고는 다 준비가 됐어.
Derek: 꼭 그걸 해야만 하는 거야? 그냥 사용하면 안 될까?
Jillian: 나도 우리가 이걸 가능한 한 빨리 끝내야 한다는 건 알지만, 정확하게 측정하기 위해서는 이 장비부터 조정해야 한다고.
Derek: 오케이, 알았어.

❷ overblown

과장된/부풀려진

EXAMPLE DIALOGUE

Bryan Jason says he's in a terrible predicament…you know, everyone thinks his company is now facing financial peril because of his mistake. It seems like he really shouldn't have signed that contract with Sam-sang.

Elaina I'm also aware that he dropped the ball this time, but I don't think it's entirely Jason's fault that his company is in financial peril now. Didn't they have other issues as well?

Bryan I know what you mean. I think what people say about Jason is somewhat **overblown**.

Elaina I think so too.

MP3_051

Bryan: 제이슨이 그가 대단한 곤경에 빠져있다고 해… 너도 알다시피, 모두 그의 회사가 그의 실수 때문에 재정적으로 위기를 맞았다고 생각하잖아. 그가 삼생과의 그 계약서에 사인하지 말았어야 했던 것 같아.
Elaina: 나도 그가 이번 일을 망친 건 알고 있지만, 내 생각에는 그의 회사가 현재 재정적인 위기에 있는 게 전부 제이슨의 잘못만은 아닌 것 같아. 그 회사에 다른 문제들도 있지 않았어?
Bryan: 나도 네가 무슨 말 하는지 알아. 난 사람들이 제이슨에 대해 하는 말이 다소 부풀려졌다고 생각해.
Elaina: 나도 그렇게 생각해.

❸ reverse

뒤집다/뒤바꾸다/반전시키다/역전시키다/되돌리다

EXAMPLE DIALOGUE

Sarah So why did Ryan call you? Can you please tell me what it's regarding?

Colin Well, it's about the mistake that he made last weekend. It seems like he really wants to make amends for what he did.

Sarah What? How can you guys call it a "mistake"? And he wants to "make amends"? He will never be able to **reverse** the severe damage that is already done to Becky's reputation.

Colin Actually, that's exactly what I said to him. Damage done to someone's reputation is usually irreversible.

Sarah: 그래, 라이언이 너한테 왜 전화했어? 그게 뭐에 관한 건지 나한테 말해 줄래?
Colin: 그게, 걔가 지난 주말에 한 실수에 관한 거였어. 라이언은 자기가 한 일에 대해서 정말 만회하고 싶어 하는 것 같이.
Sarah: 뭐라고? 너희들은 그걸 어떻게 "실수"라고 부를 수가 있어? 그리고 걔가 만회하고 싶어 한다고? 걔가 이미 심각하게 훼손한 베키의 명예는 결코 되돌릴 수가 없을 거야.
Colin: 사실, 나도 걔한테 그렇게 말했어. 누군가의 명예를 훼손한 건 대개는 되돌리기가 힘들다고.

Interview 2

Steve Cocke

아래 인터뷰를 우리말로 번역한 것을 읽고 영어로 말하고 싶은 표현을 표시해 보자. 표시한 우리말 문장을 각자 영어로 말해 보고, 다음 페이지의 영어 대화문에서 실제로 어떻게 쓰였는지 확인해 보자.

Kim: 자세한 설명 감사합니다, 스티브 씨. 그건 그렇고, 저는 스티브 씨의 아내분께서 한국 출신이라는 걸 알고 있습니다. 아내분을 어떻게 만나셨는지 여쭤봐도 될까요?

Steve: 한 10년 전에, 한국 출신의 제 친구이자 동료가 제게 연락을 해서 자기 여동생이 탈라하시에서 우리 집에 머물러도 되냐고 물어봤죠, 그래서 그녀가 영어 실력을 향상시키기 위해서 플로리다 주립대의 한 프로그램에서 공부할 수 있도록 말이죠. 그 친구가 그 전에 우리 집에 머물렀고 탈라하시 생활을 즐겼었기 때문에 그녀에게 플로리다 주립대를 추천했지요. 그녀가 이곳으로 오는 것을 결정하기 전에 저는 그녀를 단 한 번도 만나 본 적이 없었고 그녀에 대해서 아는 것도 별로 없었습니다. 저는 한 친구와 함께 그녀를 데리러 공항으로 갔는데, 그녀가 어떻게 생겼는지 전혀 몰랐지만, 공항에는 한국 여성이 한 사람밖에 없었어요... 정말 매력적인 여성이었습니다. 저녁이나 주말에는, 제가 그녀를 도시 곳곳과 행사들에 데리고 다니면서 돌봤는데, 대개 저녁에는 제가 그녀를 위해서 요리를 해 줬습니다 – 하지만 한국 음식은 아니었어요. 시간이 지날수록, 우리는 점점 더 친해지는 것 같았지만, 그녀가 제 친한 친구의 여동생이었고, 또 제가 그녀를 돌볼 의무가 있었기 때문에, 저는 그 어떤 가능성에 대해서도 생각하지 않으려고 했습니다. 그러다 결국, 우리는 계속해서 커지는 서로에 대한 호감을 숨길 수가 없었죠. 하루는 우리가 밖에서 미술 축제에 가 있었는데, 비가 내리기 시작했습니다. 저는 그녀와 우산을 함께 쓰고 있었는데, 제가 그녀의 눈을 바라봤을 때, 저는 뭔가를 볼 수 있었어요. 며칠 후, 저는 모험을 했고, (그녀에게) 키스를 했어요. 그 후로 우린 계속해서 커플입니다.

Kim: 정말 로맨틱한 이야기 같아요! 부인에 대해서도 말씀해 주실 수 있으세요?

Steve: 제가 말씀드린 것처럼, 그녀는 정말 매력적이며, 예술가적인 기질이 있고, 예리한 패션 감각을 가지고 있어요. 그녀는 매우 상냥하며 관대한 사람입니다. 또한, 똑똑하고, 여행하는 것과 외국어 배우는 것을 좋아하죠. 최근에 플로리다 주립대에서 외국어 교육학 석사 학위를 받았는데, 지금은 박사 과정에 들어갔어요.

Kim: Thank you for your detailed explanation, Steve. By the way, I'm aware that your wife is from S. Korea. May I please ask you how you met your wife?

Steve: About 10 years ago a friend and colleague of mine from Korea contacted me and asked if his sister could stay with me in Tallahassee so she could attend a program at FSU to improve her English. He had stayed with me before and enjoyed being in Tallahassee, so he recommended FSU to her. I had never met her before she decided to come here and did not really know much about her. I went with a friend of mine to the airport to pick her up, and I had no idea what she looked like, but there was only one Korean woman at the airport...and a very attractive one. In the evening and on weekends I took care of her, taking her to see places and events around town, and I cooked for her most nights – but not Korean food. ❹ **As time went on**, we seemed to ❺ **get along better and better**, but since she was the sister of a good friend and I was responsible for her, I tried not to think about any possibilities. Eventually, we could not hide our growing interest. One day we were

outside at an art festival, and it started to rain. I shared an umbrella with her, and when I looked into her eyes, I could see something. A few days later, I ❻ **took a risk** and tried a kiss. We have been a couple ever since.

Kim: It sounds like a very romantic story! Can you tell us about your wife as well?

Steve: As I said, she is very attractive, artistic and has a keen sense of fashion. She is a very kind and generous person. She is also smart, loves to travel and learn foreign languages. Recently she got her Master's degree from FSU in Second/Foreign Language Education and has now entered the Ph.D. program.

VOCABULARY & IDIOMS

❹ As time went on (As time goes on)

시간이 지남에 따라

EXAMPLE DIALOGUE

Valerie Hi, Patrick! What's up?

Patrick Not much. What about you?

Valerie Pretty good! I moved into a new apartment with Nancy, and we just love it there!

Patrick Hey, hold on. I thought you were cohabiting with Michael.

Valerie Yes, we were…but **as time went on**, we realized we were not compatible with each other and decided to break up.

Patrick That's surprising to me because I thought you guys were a compatible couple.

Valerie That's what we thought at the very beginning.

Patrick Well, in any case, I'm happy to hear that you like your new place.

Valerie: 안녕, 패트릭! 별일 없지?
Patrick: 별일 없어. 넌 어때?
Valerie: 잘 지내! 나 낸시와 새 아파트로 이사했는데, 우린 그 집이 너무 좋아!
Patrick: 어, 잠깐만. 난 네가 마이클하고 동거하는 줄 알았어.
Valerie: 그랬지… 근데, 시간이 가면서, 우린 서로와 함께 잘 지내기가 힘들다는 걸 깨달아서 그냥 헤어지기로 했어.
Patrick: 그건 내게는 놀랄 일인데… 왜냐면 난 너희들이 잘 어울리는 커플이라고 생각했거든.
Valerie: 처음에는 우리도 그렇게 생각했어.
Patrick: 뭐, 어쨌든, 네가 새로 이사한 집이 마음에 든다니 잘됐다.

❺ get along better and better (get along well)

사이좋게 지내다/가까워지다

EXAMPLE DIALOGUE

Kaitlin Brad, when Kyle was talking about Bode's law during our group discussion, I didn't quite get it. Could you shed more light on this subject?

Brad I'd love to help you, but I didn't really understand it either. Why don't you just ask Kyle directly?

MP3_053

Kaitlin Well, although I **get along well** with Kyle, we're not that close, and I don't even have his contact information.

Brad Kaitlin, Kyle's one of the kindest people I've ever met. He would be willing to help you with anything, and here's his phone number.

Kaitlin Okay, then, I'll just call him. Thanks!

Kaitlin: 브래드, 우리 그룹 토의 시간에 카일이 보데의 법칙에 대해서 말할 때, 난 잘 이해를 못 했거든. 이 주제에 대해서 네가 좀 더 알려 줄 수 있어?
Brad: 나도 널 도와주고는 싶은데, 나 또한 잘 이해를 못 했거든. 카일한테 직접 물어보지 그러니?
Kaitlin: 글쎄, 내가 카일하고 잘 지내기는 하지만, 우리가 그렇게 친하지는 않아서… 나 그 애 연락처도 없어.
Brad: 케이틀린, 카일은 내가 만나 본 가장 친절한 사람 중 한 명이야. 걔는 무슨 일이든 너를 기꺼이 도와줄 거야. 자, 여기 걔 전화번호.
Kaitlin: 오케이, 그렇다면, 내가 걔한테 전화해 볼게. 고마워!

❻ took a risk

모험을 하다/위험을 감수하다

EXAMPLE DIALOGUE

Cathy Mike, I really think it will come out perfectly if we revise this part of the plan.

Mike I absolutely agree with you, but it's going to take a lot more time, and we can't guarantee that we will be able to finish everything before the deadline if we change anything at this point. Remember our boss set a time limit for this project?

Cathy We may complete things past the deadline, and she will be very satisfied with the outcome of our work.

Mike Cathy, you know that she's pretty strict about things like deadlines. I wouldn't **take a risk** like that.

Cathy: 마이크, 난 정말로 우리가 그 계획 중 이 부분을 수정하면 결과물이 완벽할 거라고 생각해.
Mike: 나도 네 말에 전적으로 동의하지만, 그 계획은 시간이 훨씬 많이 걸릴 거고, 지금 시점에서 뭐든 바꾸면 우리가 마감 시간 전에 모든 것을 끝낼 수 있을 거라고 보장할 수가 없어. 우리 사장님께서 이 프로젝트에 시간 제한을 두신 것 생각나?
Cathy: 우리가 마감일이 지나서 모든 걸 끝낼 수는 있겠지만, 사장님도 우리 일의 결과물을 보시면 아주 만족하실 거야.
Mike: 캐시, 너도 사장님께서 마감 시간 같은 것에 얼마나 엄격하신지 잘 알잖아. 나라면 그런 위험 감수는 안 하겠어.

3 Interview

Steve Cocke

아래 인터뷰를 우리말로 번역한 것을 읽고 영어로 말하고 싶은 표현을 표시해 보자. 표시한 우리말 문장을 각자 영어로 말해 보고, 다음 페이지의 영어 대화문에서 실제로 어떻게 쓰였는지 확인해 보자.

Kim: 스티브 씨께서 한국 문화에 매우 익숙하시기는 하지만, 그래도 저는 스티브 씨와 부인 사이에 어떤 형태로든 문화적 차이로 인한 갈등 같은 것들이 있었는지 궁금합니다. 제가 스티브 씨께 곤란한 질문을 드리는 것이 아니기를 바라지만, 아내분께서 매우 너그럽고 이해심 많은 분이시라는 건 저도 알고 있어요.

Steve: 우리가 접하는 갈등 중 하나는, 가끔 제가 그녀에게 질문을 하면, 아내는 내게 어떤 숨겨진 의도 같은 것이 있다고 생각합니다. 아내는 내가 어떤 특정한 것을 원하거나 혹은 내가 그녀가 뭔가를 하도록 하려는 것으로 생각하겠지만… 저한테는 보통 그런 숨은 의도 같은 건 없거든요.

Kim: 저는 스티브 씨께서 하시는 말씀의 뜻을 잘 모르겠어요. 그에 대해 좀 더 자세히 설명해 주실 수 있으세요?

Steve: 예를 들어, 한 번은 우리가 한국에 있었는데, 그녀가 식사를 하고 구경할 수 있는 서울의 한 장소로 우리를 차에 태우고 운전해 가고 있었습니다. 가는 길에, 저는 흥미롭게 보이는 식당을 하나 봤어요. 저는 아내에게 그녀가 그 전에 그곳에서 식사를 해본 적이 있는지 물어봤어요. 그러자 아내는 제가 그곳에서 식사를 하고 싶어 한다고 추측하고는 차를 세우고 돌려서 그 식당으로 갔어요. 난 아내에게 단지 호기심에서 물어봤을 뿐이라고 했어요. 거기서 먹고 싶은 마음은 없었거든요.

Kim: 아, 이제 무슨 말씀인지 알겠어요. 그렇다면, 스티브 씨께서 보시기에, 두 문화 사이의 가장 큰 차이점은 무엇입니까?

Steve: 미국인들은 보통 자립적이고 개인주의적인 반면, 한국인들은 좀 더 사회적으로 서로 의지하고 서로 연결된 경향이 있는데, 특히 가족과 친구들과요. 제가 처음 한국으로 방문하기 시작했을 때, 한 가지 눈에 띈 점은, 한국인들이 절대로 식당이나 바에 혼자서 가지 않는다는 거예요. 처음에는 제가 친구들이 많이 없어서 저녁에 저 혼자서 나가곤 했는데, 혼자 바깥에 나가는 것이 조금은 어색했습니다.

Kim: Although you're pretty familiar with Korean culture, I'm still wondering if there has been any kind of conflicts between you and your wife due to cultural differences. I hope I'm not asking you a loaded question, but I know your wife is a very generous and understanding lady.

Steve: One kind of conflict that we have is that sometimes when I ask her a question, she thinks I have some hidden intention. She may think that I want something in particular or I am trying to push her to do something...but I usually have no such intention.

Kim: I don't quite get your meaning. Can you please elaborate on that?

Steve: For instance, one time we were in Korea, and she was driving us to some location in Seoul where we were going to eat and look around. On the way, I saw an interesting looking restaurant. I asked her if she had eaten there before. She assumed I wanted to eat there, and stopped the car to turn around, and go to that restaurant. I told her I was only asking out of curiosity. I had no desire to eat there.

Kim: Oh, now I see. Then, in your opinion, what is the biggest cultural difference between the two cultures?

Steve: Americans are generally independent and individualistic, whereas Koreans tend to be more socially dependent and ❼ **interconnected**, particularly with families and friends. When I first started to visit Korea, one thing I noticed was that Koreans never go to a restaurant or bar alone. In the beginning, I did not have too many friends, so I often went out in the evening by myself, and it was a bit awkward to go out alone.

4 Interview

Steve Cocke

아래 인터뷰를 우리말로 번역한 것을 읽고 영어로 말하고 싶은 표현을 표시해 보자. 표시한 우리말 문장을 각자 영어로 말해 보고, 다음 페이지의 영어 대화문에서 실제로 어떻게 쓰였는지 확인해 보자.

Kim: 정말 흥미로운데요! 아내분께서 한 번은 스티브 씨께서는 한국 음식이 없이는 사실 수가 없다고 말씀하셨는데, 스티브 씨를 알고 있는 입장에서, 저는 아내분이 과장된 말씀을 하신다고 생각하지 않아요. 한국인 입장에서, 저는 스티브 씨께서 좋아하시는 대부분의 한국 음식들이 맛을 들여야 좋아하게 되는 것들이라는 것을 알고 있는데요. 예를 들어, 스티브 씨께서 좋아하시는 한국 음식들은 잡채나 불고기, 그러니까 누구든 좋아하지 않기가 힘든 그런 음식들이 아니잖아요. 그런 전형적으로 인기 있는 음식들보다는 스티브 씨께서는 삼겹살이나 아주 뜨겁고 매운 찌개나 탕, 또는 대개 정말 강한 냄새가 나는 각종 김치류를 더 좋아하시죠. 언제부터 한국 음식을 좋아하시게 됐나요? 또한, 스티브 씨께서 가장 좋아하시는 한국 음식은 무엇입니까?

Steve: 저는 거의 처음부터 한국 음식을 좋아하기 시작했어요. 물론, 처음에 한국을 방문하기 시작했을 때, 제 한국인 친구들과 동료들은 저를 서구인들이 좋아할 만한 음식 쪽으로 안내했죠, 이를테면, 삼계탕 같은 것들이요. 저는 그런 음식들도 매우 좋아했지만, 모험적이고 싶었고 또 다른 한국 음식들을 먹어 보고 싶었어요, 매운 음식들을 포함해서 말이죠. 음, 좋아하는 음식을 한 가지만 고르라는 것은 제게는 좀 힘드네요. 저는 너무나 많은 종류의 한국 음식들을 좋아하는데, 아영 씨께서 언급하셨던 음식들도 다 포함해서요. 많은 한국인은 제가 추어탕을 좋아한다는 것에 대해서 놀라는 듯 해요.

Kim: 스티브 씨의 답변은 스티브 씨께서 저한테 해 주셨던 이야기를 하나 생각나게 합니다. 기억하세요? 한 번은 서울에 가셨을 때, 사람들이 스티브 씨를 TGI Friday's로 데리고 갔잖아요, 단지 스티브 씨께서 미국인이라는 이유만으로요. 물론, 그건 스티브 씨를 기쁘게 하지 않았죠, 특히나 스티브 씨께서 추어탕이나 삼겹살, 소주 같은 것을 드시기 기대하고 계셨으니 더 그랬겠죠.

Steve: (그때) 저는 한 학회에 초대된 발표자였습니다. 그 세션이 끝나고 (학회) 후원자는 그들이 저와 다른 참석자들을 TGI Friday's로 초대하는 것으로 아주 커다란 호의를 베푼다고 생각했습니다. 저는 정말로 한국 음식이 먹고 싶었지만, 그냥 조용히 따라갔습니다. 그곳의 서비스는 형편없었어요. 우리 중 상당수는 음식이 나오지도 않았어요 – 우리는 그냥 나온 음식들을 나눠 먹었습니다. 그 음식이 제가 한국에서 먹었던 최악의 음식이었습니다.

MP3_055

Kim: Very interesting! Your wife once told me that you can't live without Korean food, and knowing you, I don't think she's exaggerating. As a Korean, I know that most of the Korean foods that you like require an acquired taste. For example, your favorite Korean dishes are not something like japchae or bulgogi which is hard not to like for anyone. Rather than such typical popular foods, you prefer sangyupsal, or extra hot and spicy jjigae or tang, or a variety of kimchies which usually have a very strong smell. When did you begin to like Korean food? Also, what's your most favorite Korean cuisine?

Steve: I began liking Korean food almost from the beginning. Of course, when I first started visiting Korea, my friends and colleagues ❽ **steered** me more **towards** foods that they think Westerners would like, such as samgyetang. I did like those foods very much, but I wanted to be adventurous and try other Korean dishes, including spicy dishes. Well, it is hard for me to pick a favorite. I like so many kinds of Korean dishes, including the ones you mentioned. Many Koreans seem shocked that I like chuatang.

Kim: Your answer reminds me of the story you told me. Remember? When you went to Seoul one time, people took you to TGI Friday's just because you're American, which of course did not really make you happy especially when you had expected to eat something like chuatang or samgyupsal and soju.

Steve: I was an invited speaker at a conference. After the session, the sponsor thought they were doing me and other ❾ **attendees** a big favor by inviting us to TGI Friday's. I really wanted to have Korean food, but I quietly joined along. The service was horrible. Many of us did not even get our food – we just shared what we got. The food was the worst I ever had in Korea.

VOCABULARY & IDIOMS

7 interconnected

서로 연결된/서로 관련된

EXAMPLE DIALOGUE

Laurel So how did you like the lecture?

Shawn It was amazing! I've always been drawn to his theories and hypotheses, but this one was particularly good.

Laurel Basically, he asserts that humans are **interconnected** beings, right?

Shawn Yes, and I'm so convinced by what he has said. We are all **interconnected**, and that's a truly beautiful thing.

Laurel: 그래, 강의는 어땠어?
Shawn: 정말 좋았어! 난 항상 그분의 이론과 가설에 끌렸었는데, 이번 건 특히 더 좋았어.
Laurel: 그러니까, 그분은 인간들이 모두 서로 연결된 존재라고 주장하시는 거지, 안 그래?
Shawn: 맞아, 그리고 난 그분 말씀에 실로 설득이 됐어. 우리는 모두 서로 연결돼 있고, 그건 참으로 아름다운 일이지.

8 steered A towards B

A를 B의 방향으로 안내하다

EXAMPLE DIALOGUE

Andrew Claire, welcome to Tallahassee! So where do you wanna go?

Claire Hi, Andrew! Somehow, I'm craving sweets today. Can you please **steer** me **towards** the best ice cream store in town?

Andrew Sure! I have a craving for sweets every now and then as well, so I don't blame you.

Andrew: 클레어, 탈라하시에 온 걸 환영해! 그래, 어디 가고 싶어?
Claire: 안녕, 앤드류! 어쩐지, 나 오늘 단것이 무척 땡기는데, 나를 이 도시에서 가장 맛있는 아이스크림 집으로 안내해 줄 수 있어?
Andrew: 물론! 나도 때때로 단것이 그렇게 먹고 싶으니까, 널 이해해.

MP3_056

❾ attendees

참석자

EXAMPLE DIALOGUE

Simon Would you care for some more chicken salad?

Michelle No, but thanks. I've already had enough.

Simon Then, what about some buttered biscuits?

Michelle I love biscuits, but I'm stuffed now. Thanks!

Simon We thought there were going to be at least 100 **attendees** at this conference, but only 50 people showed up today, and I don't know what to do with all these leftovers.

Michelle Maybe we could all take some of those leftovers home?

Simon Good idea!

Simon: 치킨 샐러드 더 드실래요?
Michelle: 고맙지만, 사양할게요. 이미 많이 먹었거든요.
Simon: 그렇다면, 버터 바른 비스킷 좀 드실래요?
Michelle: 저 사실 비스킷 정말 좋아하지만, 지금은 너무 배가 불러서요. 감사합니다.
Simon: 우리는 최소한 100명의 참석자가 이 회의에 참석할 줄 알았는데, 오늘 50명밖에 안 와서, 이 남은 음식들을 어떻게 해야 할지 모르겠어요.
Michelle: 그 남은 음식들은 우리 모두가 조금씩 집으로 가지고 가면 어떨까요?
Simon: 좋은 생각이네요.

5 Interview
Steve Cocke

아래 인터뷰를 우리말로 번역한 것을 읽고 영어로 말하고 싶은 표현을 표시해 보자. 표시한 우리말 문장을 각자 영어로 말해 보고, 다음 페이지의 영어 대화문에서 실제로 어떻게 쓰였는지 확인해 보자.

Kim: 하하... TGI Friday's에서 일하시는 분이 이 책을 읽지 않기를 진심으로 바랍니다. 그래서 서울에는 얼마나 자주 가셔야 하나요?

Steve: 보통 일 년에 2, 3번 정도 갑니다.

Kim: 스티브 씨께서 서울대학교 과학자들과 함께 연구를 자주 하시기 때문에, 저는 스티브 씨께서 두 나라가 유대 관계를 굳건히 하기를 바라신다는 걸 잘 알고 있습니다. 하지만 이곳의 새 대통령은 그에 협조할 것 같지 않아요. 스티브 씨께서는 왜 그렇게 많은 미국인이 작년에 도널드 트럼프를 찍었다고 생각하세요?

Steve: 저는 학계에서 살고 있으며 TV를 거의 안 보기 때문에, 선거 전에는 트럼프에 대해서 많이 알지 못했습니다. 그래서 저는 사람들이 왜 그를 뽑았는지 사실 잘 모르겠어요. 많은 사람이 정치인들에 대해서 지긋지긋해 하는데, 저는 그건 이해할 수 있습니다. 트럼프는 유일하게 정치인이 아닌 후보자였죠. 거기에 그가 TV에 나왔던 경험과 유명 인사로서의 지위가 합해져서, 아마도 그에게는 큰 도움이 되었을 것 같아요. 그는 공화당 지지자들에게 먹히는 말을 어떻게 하는지를 잘 알고 있어요. 그 자신이 정말로 그렇게 믿고 있지 않더라도 말이죠.

Kim: 저도 동의하긴 하지만, 저는 또한 트럼프가 미국의 잘못된 선거 제도 때문에 대통령이 되었다고 생각해요. 좀 더 정확히 말하자면, 저는 그게 이곳의 선거인단 제도 때문이라고 믿거든요. 아시다시피, 힐러리 클린턴이 도널드 트럼프보다 3백만 표 정도 더 받았잖아요. 3백만 표나 말이에요! 만일 이 나라가 대한민국이었다면, 분명히 클린턴이 우리 대통령일 거예요. 스티브 씨께서는 이곳의 선거 제도에 대해서 어떻게 생각하세요?

MP3_057

Kim: Haha... I sincerely hope anyone who works for TGI Friday's doesn't read this book. So how often do you have to fly to Seoul?

Steve: I usually go 2 to 3 times per year.

Kim: Since you frequently conduct research in conjunction with the scientists at Seoul National University there, I know you want the two nations to ⑩ **deepen their bond**. However, our new president here doesn't seem to cooperate. Why do you think so many Americans voted for Donald Trump last year?

Steve: I live in the academic world and rarely watch TV, so I didn't know much about Trump before the election, and I am not sure why people voted for him. Many people are sick of politicians, and I can understand that. Trump was the only candidate that was not a politician. So that, combined with his TV experience and celebrity status, probably helped him a lot. He knows how to say the right thing to the Republican base, even if he doesn't believe it himself.

Kim: I agree with you, but I also think Trump became president because of the ⑪ **faulty** voting system in America. To be more precise, I believe it's due to the electoral college system here. As you know, Hillary Clinton won almost 3 million more votes than he did. I mean 3 million more votes! If this country were S. Korea, Clinton would be our president for sure. What do you think about the voting system here?

VOCABULARY & IDIOMS

⑩ deepen their bond

(그들의) 유대 관계를 굳건히 하다

EXAMPLE DIALOGUE

Lisa Andy says he and Megan cannot make it to the party.

Neil Is everything okay with them?

Lisa Yeah, they're just planning on traveling to Latin America this summer. Andy thinks traveling with his wife is a good way of **deepening** their relationship **bond**.

Neil They're such a romantic couple!

Lisa: 앤디가 그와 메간은 파티에 못 온다고 하네.
Neil: 걔네들 무슨 일 있는 건 아니지?
Lisa: 그건 아니고, 그들이 이번 여름에 남미 여행을 계획하고 있거든. 앤디는 그의 아내와 여행하는 것이 그들 관계를 돈독하게 하는 좋은 방법이라고 생각해.
Neil: 그들은 정말 낭만적인 부부야!

⓫ faulty

결함이 있는/불완전한

EXAMPLE DIALOGUE

(The phone rings.)

Anne Hello!

Steve Anne, this is Steve. I just had a fender bender at the intersection of Call St. and Ocala Rd., and I might not be able to make it on time.

Anne Are you okay?

Steve I'm all right. I just got a dent on my front bumper.

Anne Did you have that accident right in front of the general hospital there?

Steve Yes. How do you know that?

Anne It's a death trap because of the **faulty** roadway design there. Gosh, I should've told you to take another road.

(전화벨이 울린다.)

Anne: 여보세요.

Steve: 앤, 나 스티브야. 내가 컬 스트리트와 오칼라 로드의 교차로에서 접촉 사고가 나서, 제시간에 도착 못 할 것 같아.

Anne: 너 괜찮아?

Steve: 난 괜찮아. 내 차의 앞범퍼가 찌그러졌을 뿐이야.

Anne: 너 거기 있는 종합 병원 바로 앞에서 사고 난 거지?

Steve: 응. 넌 그걸 어떻게 알아?

Anne: 거기가 잘못된 도로 설계 때문에 사고 다발 지역이거든. 아휴, 내가 너한테 다른 길로 오라고 말해 줬어야 했는데.

Interview 6

Steve Cocke

아래 인터뷰를 우리말로 번역한 것을 읽고 영어로 말하고 싶은 표현을 표시해 보자. 표시한 우리말 문장을 각자 영어로 말해 보고, 다음 페이지의 영어 대화문에서 실제로 어떻게 쓰였는지 확인해 보자.

Steve: 선거인단 제도는 낡은 제도예요. 우리나라 초기에는 이 시스템이 설득력이 있었을지는 모르겠지만, 이제 이 제도는 없어져야 합니다. 왕이나 왕비처럼 말이죠. 저는 랭킹선거 제도를 사용할 것을 강력하게 추천합니다. 사람들이 자신의 선호도에 따라 후보자들의 순위를 매기는 거죠. 그건 우리가 현재 사용하고 있는 그 어떤 선거 제도 보다 훨씬 더 공정하며 시행하기도 쉽습니다. 그것은 많은 문제를 해결하겠지만, 두 주요 정당이 그걸 결코 허락하지 않을 거예요. 그게 제3당 후보들에게도 경쟁할 기회를 줄 거거든요. 아마도, 한국은 한번 해 볼 수 있지 않을까요?

Kim: 맞아요, 아마도... 그렇다면, 새 대통령 하에서 현재 미국의 가장 큰 정치적 이슈는 무엇이라고 생각하세요?

Steve: 지금, 너무나 많은 커다란 정치적 이슈들이 있는데, 그게 매일 바뀌는 것 같아요. 물론, 의료 보험 제도가 현재 아마도 가장 큰 이슈 같아요. 이 책이 출간되는 시점에서는, 또 큰 이슈가 뭐가 될지 누가 알겠습니까?

Kim: 솔직한 답변 감사합니다. 저 또한 미국의 가장 큰 문제가 의료 보험 제도라고 생각합니다. 이곳은 세계에서 가장 부유한 나라 중 하나인데, 거의 18%의 이곳 시민들이 보험이 없어요. 의료보험에 관한 한, 저는 대한민국이 미국보다 훨씬 더 좋은 제도를 가지고 있다고 굳게 믿어요. 스티브 씨께서는 미국의 의료 보험 제도에 대해서 어떻게 생각하세요?

Steve: 우리는 세계에서 가장 좋은 의료진과 의료 기술 중 일부를 보유하고 있습니다. 하지만, 우리는 오랫동안 최악의 의료 보험 제도를 가지고 있어요. 오바마 대통령이 그것을 좋은 방향으로 움직이려 했지만, 이 문제가 지나치게 정치적 논쟁거리로 되어 버렸고, 이제는 뭐가 어떻게 될지 불투명해졌어요.

Steve: The electoral college system is ⓬ **archaic**. In the early days of our country, ① this system may have made some sense, but it now needs to be eliminated, just like kings and queens. I strongly recommend that we use a ranking voting system. You rank the candidates in order of your preference. It is much more fair than any voting system we currently use, and it is easy to ⓭ **implement**. It would solve a lot of problems, but the two main parties will never allow it. It would enable third party candidates a chance to compete. Maybe Korea can try it?

Kim: Yeah, maybe...Then, what do you think the great political issue is in America under our new president?

Steve: There are so many big political issues right now, and it seems to change daily. Of course, the health care system is probably the biggest issue at the moment. When this book is published, who knows what the big issue will be?

Kim: Thank you for your candid answer. I also think one of the biggest problems in the United States is the health care system. This is one of the wealthiest countries in the world, but almost 18% of the citizens here are uninsured. In terms of health care, I strongly believe S. Korea has a much better system than America. What do you think about the health care system in the U.S.?

Steve: We have some of the best doctors and medical technology in the world. However, we have had the worst health insurance system for a long time. ② Obama tried to move it in a better direction, but it has become too ⓮ **politicized**, and now it is not clear what is going to happen.

VOCABULARY & IDIOMS

⑫ archaic

구식의/낡은/폐물이 된

EXAMPLE DIALOGUE

Olivia Gosh, the current hiring process at our company is so **archaic**.

Thomas We're on the same page, Olivia.

Olivia We should really have a talk with Mr. Ramsey about this. I can tell him exactly what needs to be changed.

Thomas Well, I don't know. Do you think he will be willing to change anything? He's a hard shell conservative.

Olivia You're right. I feel so helpless.

Olivia: 현재 우리 회사의 사원 채용 작업 방식은 너무나 구식이야.

Thomas: 나도 너와 같은 생각이야, 올리비아.

Olivia: 우리가 램지 씨와 이에 대해 정말로 의논해야겠어. 난 정확히 무엇이 바뀌어야 하는지 그분께 말해 줄 수 있거든.

Thomas: 글쎄, 난 잘 모르겠어. 넌 그분이 어떤 것이든 기꺼이 바꾸려고 하실 거라고 생각해? 그분은 엄청나게 보수적인 사람이야.

Olivia: 네 말이 맞아. 너무 무기력하게 느껴지네.

⑬ implement

(정책 등을) 시행하다

EXAMPLE DIALOGUE

Robert Suzanne, have you seen the news about the heartbreaking incident in London?

Suzanne I have. I am actually devastated by that incident and spent the first 24 hours just feeling paralyzed.

Robert I feel exactly the same.

Suzanne I strongly believe we need to **implement** the new counter-terrorism policy right away.

Robert You're absolutely right!

MP3_060

Robert: 수잔, 런던에서 일어난 그 가슴 아픈 사건에 대한 뉴스 봤어?
Suzanne: 봤어. 난 사실 그 사건 때문에 엄청난 충격을 받았는데, 마비된 느낌으로 24시간을 보냈다니까.
Robert: 나도 그렇게 느껴.
Suzanne: 난 우리가 새로운 대테러 정책을 하루빨리 시행해야 한다고 굳게 믿어.
Robert: 네 말이 정말 맞아!

⓮ politicized

정치적 논쟁거리가 된

EXAMPLE DIALOGUE

George Christine, I'm planning to teach debate skills in my class tomorrow but haven't decided on the topic yet. Do you have any suggestions?
Christine Do you have anything in mind?
George What about top social issues like same sex marriage or abortion?
Christine Well, I wouldn't select those kinds of **politicized** issues for my class.
George I don't know any topics that are not **politicized**.
Christine What about things like..."Should laptops be allowed in classrooms?" "Is cloning animals ethical?" or "Are single sex schools more effective than co-ed schools?"
George Yeah, those topics sound more appropriate for my class.
Christine You can find more topics here on this website.
George Sweet! Thanks!

George: 크리스틴, 내가 내일 수업 시간에 토론의 기술을 가르칠 계획이지만, 주제를 아직 결정 못 했거든. 제안해 줄 것이 있어?
Christine: 생각해 둔 건 있어?
George: 요즘 제일 큰 사회적 이슈인 동성 결혼이나 낙태 문제는 어때?
Christine: 글쎄, 나라면 그런 종류의 정치적 논쟁거리가 된 이슈는 내 수업 시간에 채택하지 않겠어.
George: 난 정치적 논쟁거리가 되지 않은 주제는 모르겠는데.
Christine: "교실에서 노트북 컴퓨터를 사용할 수 있게 해야 하는가?" "동물 복제는 윤리적인가?" 혹은 "성별을 분리한 학교가 남녀공학보다 더 효과적인가?" 뭐, 이런 주제들은 어때?
George: 그러게, 그런 주제들이 내 수업에 더 적절한 것 같네.
Christine: 여기 이 웹사이트에서 더 많은 주제들을 찾을 수 있을 거야.
George: 이거 괜찮네. 고마워!

아래 인터뷰를 우리말로 번역한 것을 읽고 영어로 말하고 싶은 표현을 표시해 보자. 표시한 우리말 문장을 각자 영어로 말해 보고, 다음 페이지의 영어 대화문에서 실제로 어떻게 쓰였는지 확인해 보자.

Kim: 말이 나온 김에, 한국 정치에 대해서도 조금 이야기해 봐요. 스티브 씨께서도 이미 아시겠지만, 한국의 박대통령이 결국 탄핵당했습니다. 탄핵되는 과정을 미디어에서 보셨습니까?

Steve: 네. 제 최근의 한국 방문 중에, 저는 시위하는 것과 그 여파를 TV에서 봤습니다. 제 친구 중 한 명에게 박대통령이 3백만 명밖에 시위 안 해서 별일이 아니라고 주장했다는 말을 들었을 때, 전 재밌다고 생각했어요.

Kim: 저도 알아요. 정말 웃기는 애기죠! 그래서 스티브 씨께서는 그 탄핵에 대해서 어떻게 생각하세요?

Steve: 대부분의 제 한국인 친구들은 박대통령이 한 일에 대해서 창피해하고 수치스러워하지만, 저는, 한국이 대통령에게 그녀가 한 일에 대해서 책임을 물었다는 점에서 한국인들이 자랑스러워해야 한다고 그들에게 말해 줬습니다. 우리나라의 대통령들은 더 나쁜 범죄를 저질렀지만, 아무 일도 일어나지 않았거든요.

Kim: 네, 저도 그것은 우리가 자랑스러워해야 할 일이라고 생각해요. 이제, 스티브 씨가 자신의 분야에서 뛰어나신 분이니, 이 질문을 드리고 싶습니다. 성공하는 방법이 무엇이라고 생각하세요?

Steve: 과학계에서 성공하기 위해서는, 상당한 자기 동기 부여와 투지가 있어야 합니다. 또한, 당신의 생각과 경험을 나눌 수 있는 동료들과의 네트워크를 구축하는 것도 도움이 됩니다. 저는 과학 연구 프로젝트를 동료들과 함께하기 위해서 한국이나 브라질 같은 곳으로 자주 가는데, 그들은 종종 저의 좋은 친구들이 됩니다.

Kim: 멋지시네요! 이제 이것이 제 마지막 질문이 될 텐데요. 그렇다면, 스티브 씨는 행복해지는 방법은 무엇이라고 생각하세요?

Steve: 마치 음식마다 요리법이 다 다른 것처럼, 모두가 행복해지기 위한 저마다의 방법이 있을 거라고 생각합니다. 저에게는, 그것이 삶을 최대한 만끽하며 사는 것, 우주의 신비에 대해 배워가는 것, 그리고 사랑하고, 또 친구들과 가족들에게 사랑받는 것입니다, 특히 제 부인에게요.

Kim: 스티브 씨, 오늘 시간 내서 저희들에게 이야기를 들려주셔서 대단히 감사합니다.

Steve: 저도 감사합니다. 아영 씨와 이야기하는 것은 언제나 기쁩니다.

MP3_061

Kim: ⓯ **Speaking of which**, let's talk about Korean politics a little bit as well. As you might already know, President Park in S. Korea finally got ⓰ **impeach**ed. Have you seen her impeachment process in the media?

Steve: Yes. On my recent visits to Korea, I saw the protests and the ⓱ **aftermath** on TV. I found it amusing when one of my friends said that Park claimed that "only" 3 million people were protesting – not a big deal.

Kim: I know. That's hilarious! So what do you think about the impeachment?

Steve: Most of my Korean friends say they are embarrassed and ashamed of what the president did, but I told them that they should be proud that Korea ⓲ **held** their president **accountable for** what she did. Presidents in our country have committed worse crimes, and nothing happened.

Kim: Yeah, I think that's something that we should be proud of as well. Finally, since you're a prominent figure in your field, I'd like to ask you this question. What do you think the recipe for success is?

Steve: To be successful in science, you have to have a lot of self-motivation and determination. It is also helpful to build up a network of colleagues with whom you can share ideas and experience. I often travel to places like Korea and Brazil to work on science projects with colleagues, who often become very good friends.

Kim: Awesome! Now this is going to be my last question for you. Then, what do you think the recipe for happiness is?

Steve: Like with food, I think everyone probably has their own recipe for happiness. For me, it is living life to its fullest, learning the mysteries of the universe, and loving and being loved by friends and family, especially my wife.

Kim: Steve, thank you very much for taking the time to talk to us today.

Steve: Thank you too. It is always great talking with you.

VOCABULARY & IDIOMS

⓯ Speaking of which

말이 나온 김에

EXAMPLE DIALOGUE

Linda So that's how to make japchae. Simple as that!

Bill Thanks, Linda. **Speaking of which**, can you please teach me how to cook Korean BBQ as well? It's called "Bul-go-gi", isn't it?

Linda It is. Bul-go-gi is even more simple to make. You prepare the marinating sauce and pour over beef. Let it sit for about an hour. After that, you can just grill the beef. Oh, here's the recipe for the sauce. Just mix everything there together.

Bill Thanks! It's unbelievably easy to make!

Linda I told you! It's not hard at all if you're not going for Korean grandmother levels of authenticity.

Linda: 이게 바로 잡채를 만드는 법이야. 그렇게 간단하다니깨!

Bill: 고마워, 린다. 말이 나온 김에, 한국식 바비큐도 어떻게 만드는지 가르쳐 줄 수 있어? 그게 "불고기"라고 불리지, 안 그래?

Linda: 맞아. 불고기는 만들기가 훨씬 더 간단해. 양념장을 준비해서 쇠고기 위에 부어. 한 시간 정도 그냥 그렇게 둬. 그런 후에, 그 고기를 그릴에 구우면 돼. 어, 여기 그 양념장 레시피가 있어. 그냥 거기 있는 것 전부 다 섞어.

Bill: 고마워! 이거 믿기 힘들 정도로 만들기 쉬운걸!

Linda: 내가 그랬잖아! 네가 한국 할머니 레벨의 정통 요리 수준을 추구하는 것이 아니라면, 그건 전혀 어렵지 않아.

⑯ impeach

탄핵하다

EXAMPLE DIALOGUE

Bruce Jung-un, why did the South Korean president get **impeached**?
Jung-un To put it simply, over a corruption scandal!
Bruce Is that why so many Koreans participated in the candle light vigil last year?
Jung-un Yup! You must have seen that on the news, right?
Bruce Yes.
Jung-un Has there been any president that was impeached in American history?
Bruce I understand President Nixon was impeached for the Watergate Scandal.
Jung-un Oh, yeah. I've heard of that.

Bruce: 정은, 대한민국 대통령이 왜 탄핵된 거야?
Jung-un: 간단히 말해서, 비리 사건 때문이지.
Bruce: 그래서 작년에 그렇게 많은 한국 사람들이 촛불 집회에 참가한 거야?
Jung-un: 맞아! 넌 뉴스에서 그걸 봤겠구나, 그렇지?
Bruce: 응.
Jung-un: 미국 역사 속에서도 탄핵된 대통령이 있었어?
Bruce: 닉슨 대통령이 워터게이트 사건으로 탄핵된 것으로 알고 있어.
Jung-un: 오, 맞아. 나도 들어본 적이 있어.

VOCABULARY & IDIOMS

⑰ aftermath

후유증/여파

EXAMPLE DIALOGUE

Scott So why did Howard call you? Can you tell me what it's regarding?

Stephanie Well, as you might already know, his parents are getting divorced, and now he's trying to understand how to cope with **the aftermath** of their decision.

Scott I always knew Howard was mature for his age, but it's still pretty impressive.

Stephanie Tell me about it!

Scott: 그래, 하워드가 너한테 왜 전화했어? 뭐에 관한 건지 나한테 이야기해 줄 수 있어?
Stephanie: 그게… 너도 알다시피, 걔네 부모님께서 이혼하시는데, 이제 걔가 부모님의 그 결정에 따른 여파에 어떻게 대처할지에 대해서 이해하려고 해.
Scott: 난 항상 하워드가 그의 나이에 비해 성숙하다는 걸 알고는 있었지만, 여전히 그건 정말 인상적이네.
Stephanie: 나도 무슨 말인지 잘 알아.

MP3_063

⑱ hold A accountable for B

A에게 B에 대한 책임을 묻다

EXAMPLE DIALOGUE

Julia Courtney still seems upset about what you said last night.

Leo I know she was stung by my criticism, but I did not pull this story out of thin air!

Julia I know what you mean, but she did that a long long time ago.

Leo So?

Julia Seriously, do you think it's fair to **hold her accountable for what she did** 10 years ago?

Leo Yes, I do, and she hasn't apologized for that yet.

Julia: 코트니가 네가 어젯밤에 한 말에 대해서 여전히 화난 상태인 것 같아.
Leo: 나도 그녀가 내 비판에 기분이 상한 건 알지만, 난 전혀 사실무근의 이야기를 지어내지 않았어.
Julia: 나도 네가 무슨 말하는지는 알겠는데, 그건 그녀가 아주 아주 오래전에 한 일이잖아.
Leo: 그래서?
Julia: 정말로, 넌 그녀가 10년 전에 한 것에 대해서 책임을 묻는 게 공정한 일이라고 생각해?
Leo: 응, 난 그렇게 생각해. 게다가 그녀는 그것에 대해서 아직 사과도 안 했다고.

이 챕터에서 주목할 문법

1 In the early days of our country, this system **may have made** some sense.

우리나라 초기에는 이 시스템이 설득력이 있었을지 모르겠어요.

>> 〈May + have p.p.(완료부정사)〉의 결합으로 과거에 일어난 일을 추측할 때 쓰이는 형태다. 다시 말해, 〈may + 원형부정사〉는 '~일 것이다'라고 현재의 일을 추측(예문: He may be Debbie's husband. 그는 데비의 남편인 것 같아.)하는 반면, may have p.p.는 과거에 일어난 일을 추측(예문: He may have been Debbie's husband before she got married to George. 그는 데비가 조지하고 결혼하기 전에 데비의 남편이었던 것 같아.)할 때 쓰인다.

EXAMPLE DIALOGUE 1

Husband I didn't know if you wanted tenderloin steak or sirloin steak, so I bought them both.

Wife Why didn't you give me a call?

Husband Honey, I called you several times at the grocery store, but I couldn't get a hold of you.

Wife Oh, really? **You may have called me** when I was taking a shower.

Husband Well, in any case, why don't you freeze the meat that we don't need tonight in the freezer?

Wife Good idea!

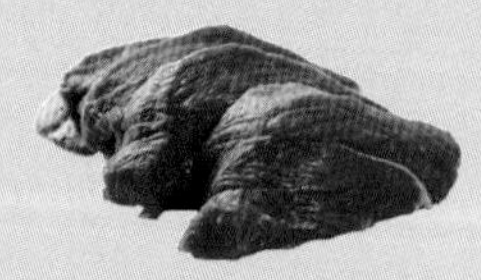

남편: 당신이 안심 스테이크를 원하는지 등심 스테이크를 원하는지 몰라서, 그냥 둘 다 샀어요.
아내: 왜 나한테 전화하지 않았어요?
남편: 여보, 내가 슈퍼마켓에서 몇 번이나 전화했는데, 당신한테 연락이 안 됐어요.
아내: 어, 정말요? 당신이 아마도 내가 샤워하고 있을 때 전화했었나 봐요.
남편: 글쎄, 어쨌든, 우리가 오늘 밤에 안 먹는 고기는 냉동실에 얼리는 게 어때요?
아내: 좋은 생각이에요!

MP3_064

* 여기서 잠깐!

이 문법 구조는 다른 조동사를 써도 마찬가지로 적용되기 때문에, 예를 들어, 〈should + 원형부정사〉는 '현재에 ~해야 한다'라고 해석된다면 〈should have p.p.〉는 '과거에 ~했어야 했다'라고 해석된다.

EXAMPLE DIALOGUE 2

Leslie Tommy, did you leave some food in the lounge yesterday?

Tommy I might have done so. Why?

Leslie When I got here this morning, there were ants everywhere in the lounge, so I put in a maintenance request for problem areas to be sprayed.

Tommy Now that you mention it, I remember leaving some cookies there. Gosh, I **should've cleaned** it before leaving here yesterday. I'm so sorry about that.

Leslie: 토미 씨, 어제 휴게실에 음식을 두고 갔어요?
Tommy: 제가 그렇게 한 것 같아요. 왜요?
Leslie: 제가 오늘 아침에 여기 왔을 때, 휴게실 모든 곳에 개미가 있어서 관리 부서에 문제되는 곳들에 약을 쳐 달라고 요청했어요.
Tommy: 그렇게 말씀하시니, 제가 거기 쿠키를 둔 것이 생각나네요. 아휴, 어제 퇴근하기 전에 제가 다 치워야 했는데. 정말 죄송하게 됐습니다.

* 여기서 잠깐!

이는 물론, 조동사 must를 썼을 때도 마찬가지로, 〈must + 원형부정사〉는 '현재 ~임에 틀림없다'라고 해석되며 〈must have p.p.〉는 '과거에 ~였음에 틀림없다'라고 해석된다.

EXAMPLE DIALOGUE 3

Jack What put Hunter in such a bad mood?

Marilyn Are you serious?

Jack He was trying to nitpick at everything I did this morning, and Tony got yelled at for nothing.

Marilyn Gosh, I can't believe that! Hunter just got back to work from a long vacation.

Jack He **must have had** a terrible vacation.

Marilyn It certainly looks like it.

Jack: 헌터는 무슨 일로 기분이 저렇게 안 좋아?
Marilyn: 정말?
Jack: 오늘 아침에 내가 하는 일마다 꼬투리를 잡더니, 토니한테는 아무것도 아닌 일에 소리를 지르더라니까.
Marilyn: 세상에, 믿을 수가 없어! 헌터는 긴 휴가에서 이제 막 일터로 돌아왔잖아.
Jack: 그 사람 형편없는 휴가를 보냈던 게 틀림없어.
Marilyn: 확실히 그래 보여.

③ Obama tried to move it **in a better direction.**

오바마가 그것을 좋은 방향으로 움직이려 했습니다.

>> 이 문장에서는 '~방향으로/~쪽으로'라는 의미를 가지는 전치사구에 주목하자. 이러한 문맥 속에서 방향(direction)을 나타내는 표현과 함께 쓰이는 전치사는 in!

EXAMPLE DIALOGUE 1

Lucy Ji-won, I heard millions of Korean people are holding a candlelight rally this evening at Gwang-hwa-mun Square, and I was wondering if I could join them tonight.

Ji-won Sure! Since I'm planning on participating in the candlelight vigil anyways, I can take you there. Oh, actually, I've got some extra candles, and here's yours.

Lucy Oh, thanks! Wait a minute, this is a flameless candle.

Ji-won Yes, basically, it's a battery-powered candle. Koreans use these types of candles **when the wind blows** **in all directions** like today.

Lucy Such a brilliant idea! Thanks!

Lucy: 지원아, 오늘 저녁 광화문 광장에서 수백만의 한국 사람들이 촛불 집회를 한다고 들었는데, 나도 오늘 밤 그들과 함께할 수 있을까 해서.
Ji-won: 물론이지! 어차피 나도 촛불 집회에 참가할 계획이니까, 내가 너를 그곳으로 데리고 갈게. 참, 여분의 초도 있어. 여기 이건 네 거야.
Lucy: 고마워! 잠깐만, 이건 불꽃이 없는 초잖아.
Ji-won: 맞아. 그러니까, 그건 배터리로 작동하는 초야. 오늘처럼 바람이 모든 방향으로 불 때, 한국 사람들은 이런 종류의 초를 사용해.
Lucy: 진짜 기발한 아이디어네. 고마워!

EXAMPLE DIALOGUE 2

Wife Honey, can you please give me a ride to Walmart? I need to get a refund on this 4-slice toaster that I purchased the other day.

Husband What's wrong with it?

Wife It seems like it never pops the bagels all the way out, and I have to lift the handle to get them out. I think it's just a cheap and flimsy toaster.

Husband Sure! In order to get to Walmart, we need to drive **in a northward direction**, right?

Wife Correct!

아내: 여보, 저 월마트로 차 좀 태워 줄래요? 며칠 전에 샀던 빵 4조각용 토스터를 환불받아야 해서요.
남편: 그 토스터에 무슨 문제가 있어요?
아내: 베이글을 끝까지 위로 나오게 하지 못하는 것 같아서요. 내가 핸들을 올려서 빼내야 하거든요. 내 생각에 이건 그냥 값싸고 조잡하게 만든 토스터예요.
남편: 알았어요. 월마트에 가려면, 우리가 북쪽으로 운전해야 하죠, 안 그래요?
아내: 맞아요!

EXAMPLE DIALOGUE 3

Whoopi I finished my semester with all A's!

Jerry Good for you! I know you spent a lot of time at the library this semester, and I'm so happy to hear that all your efforts were fruitful.

Whoopi Thanks, but my academic advisor also steered me **in the right direction**, which was tremendously helpful as well. In any case, I think I'll treat myself to a bottle of wine tonight.

Jerry Treat yourself! You definitely deserve it!

Whoopi: 난 이번 학기를 모두 A로 끝냈어!
Jerry: 장하다! 이번 학기에 네가 도서관에서 많은 시간을 보냈다는 걸 나도 아는데, 너의 그 모든 노력들이 결실이 있었다니 기뻐.
Whoopi: 고마워, 하지만, 내 지도 교수님께서 나를 올바른 방향으로 이끌어 주시기도 했는데, 그게 엄청나게 도움이 된 것도 사실이야. 어쨌든, 난 오늘 밤 나 자신에게 한 병의 와인을 선물할까 해.
Jerry: 즐기도록 해! 넌 충분히 그럴 자격이 있어!

SPEAKING TRAINING

STEP 1 다음 글을 또박또박 정확하게 읽고 암송해 보자. (읽은 후엔 V 표시)

MP3_066

1 자신이 겪은 독특한 경험에 대해 말할 때

문단 읽기 □ □ □ □ □

One of the most unique experiences/ I have had/ is flying through a hurricane./ I flew aboard a NASA research plane/ through Hurricane Georges/ in 1998./ We had on board/ a variety of instruments/ to measure the storm./ Before we started our mission,/ we flew over the Kennedy space center/ very low to the ground,/ in order to calibrate the instruments./ We flew through the eye of the storm/ when it was over the Dominican Republic./ It was a long trip,/ and we had some challenging moments/ trying to avoid some severe thunderstorms,/ but it was quite a ride.

2 다른 사람과 겪는 갈등에 대해 말할 때

문단 읽기 □ □ □ □ □

One kind of conflict/ that we have/ is that sometimes when I ask her a question,/ she thinks/ I have some hidden intention./ She may think I want something in particular/ or I am trying to push her to do something/...but I usually have no such intention./ For instance,/ one time we were in Korea,/ and she was driving us to some location in Seoul/ where we were going to eat/ and look around./ On the way,/ I saw an interesting looking restaurant./ I asked her/ if she had ever eaten there./ She assumed/ I wanted to eat there,/ and stopped the car to turn around,/ and go to that restaurant./ I told her/ I was only asking out of curiosity./ I had no desire to eat there.

3 성공하는 방법에 대해 말할 때

문단 읽기 □ □ □ □ □

To be successful in science,/ you have to have a lot of self-motivation/ and determination./ It is also helpful/ to build up a network of colleagues/ with whom you can share ideas and experience./ I often travel to places/ like Korea and Brazil/ to work on science projects with colleagues,/ who often become very good friends.

4 행복해지는 방법에 대해 말할 때

문단 읽기 □ □ □ □ □

Like with food,/ I think/ everyone probably has their own recipe/ for happiness./ For me,/ it is living life to its fullest,/ learning the mysteries of the universe,/ and loving and being loved by friends and family,/ especially my wife.

STEP 2 주어진 단어를 사용해서 우리말을 영어로 말한 다음 빈칸에 써 보자.

1 제가 했던 가장 독특한 경험 중 하나는 허리케인을 통과하면서 비행하는 것이었습니다.
(through a hurricane / unique)

---

2 우리는 폭풍을 측정하기 위한 다양한 기구들을 싣고 있었습니다.
(on board / measure the storm / instruments)

---

3 그녀는 내가 어떤 특정한 것을 원하거나 혹은 내가 그녀가 뭔가를 하도록 하려는 것으로 생각하겠지만, 저한테는 보통 그런 숨은 의도 같은 건 없거든요.
(in particular / push ~ to ~ / intention)

---

4 과학계에서 성공하기 위해서는, 상당한 자기 동기 부여와 투지가 있어야 합니다.
(self-motivation / determination)

---

5 당신의 생각과 경험을 나눌 수 있는 동료들과의 네트워크를 형성하는 것 또한 도움이 됩니다.
(build up / network)

---

6 마치 음식마다 요리법이 다 다른 것처럼, 모두가 행복해지기 위한 자기만의 방법이 있을 거라고 생각합니다.
(recipe for ~ / own)

STEP 3 빈칸에 자기 상황에 맞는 어휘를 넣어 문장을 완성해 보자.

1 One of the most unique experiences I have had is

_______________________________________.

2 We had on board _____________________________________.

3 It was a long trip, and we had some challenging moments

_________________________________.

4 One kind of conflict that we have is that _________________________.

5 To be successful in ________________, you have to have

_________________________________.

6 It is also helpful to build up a network of ________________________.

7 I think everyone probably has their own recipe for

_____________________.

8 My recipe for happiness is ________________________________.

9 I had no desire to _____________________.

10 I often travel to places like _________________________ to

_______________________________________.

STEP 4 다음 질문에 답해 보자. (주어진 공간에 할 말을 적어 보기)

1 Is there any kind of amusing anecdote you'd like to share with us?

2 In your opinion, what is the great political issue now?

3 As you might already know, President Park in S. Korea got impeached. What do you think about the impeachment?

4 What do you think the recipe for success is?

Like with food, I think everyone probably has their own recipe for happiness.

Kim: Please introduce yourself to the Korean audience.

Steve: Hi, my name is Steve. I am a research faculty member of Florida State University. I got my Ph.D. in physics from the University of Texas. In school I studied chaos theory and quantum mechanics, but nowadays I study weather and climate, including hurricanes and typhoons.

Kim: Steve, thank you for joining us today. Working as a meteorologist, have you had any interesting experiences? I mean is there any kind of amusing anecdote you'd like to share with us?

Steve: One of the most unique experiences I have had is flying through a hurricane. I flew aboard a NASA research plane through Hurricane Georges in 1998. We had on board a variety of instruments to measure the storm. Before we started our mission, we flew over the Kennedy space center very low to the ground, in order to calibrate the instruments. We flew through the eye of the

storm when it was over the Dominican Republic. It was a long trip, and we had some challenging moments trying to avoid some severe thunderstorms, but it was quite a ride.

Kim: That's fascinating! Since you're a meteorologist, let me ask you this question as well. A great number of people are concerned about global warming these days. However, President Trump said, "The concept of global warming was created by and for the Chinese in order to make U.S. manufacturing non-competitive." Do you think these concerns that many people have are overblown as Trump says?

Steve: These concerns are not overblown. Most experts agree that the Earth is warming. There is strong evidence that greenhouse gases can cause global warming, and because of climate feedback processes in the Earth system, any induced warming can lead to more accelerated warming. We do not have a way to reverse this process, so it is better to be on the safe side and not let nature get too out of balance.

Kim: Thank you for your detailed explanation, Steve. By the way, I'm aware that your wife is from S. Korea. May I please ask you how you met your wife?

Steve: About 10 years ago a friend and colleague of mine from Korea contacted me and asked if his sister could stay with me in Tallahassee so she could attend a program at FSU to improve her English. He had stayed with me before and enjoyed being in

Tallahassee, so he recommended FSU to her. I had never met her before she decided to come here and did not really know much about her. I went with a friend of mine to the airport to pick her up, and I had no idea what she looked like, but there was only one Korean woman at the airport...and a very attractive one. In the evening and on weekends I took care of her, taking her to see places and events around town, and I cooked for her most nights – but not Korean food. As time went on, we seemed to get along better and better, but since she was the sister of a good friend and I was responsible for her, I tried not to think about any possibilities. Eventually, we could not hide our growing interest. One day we were outside at an art festival, and it started to rain. I shared an umbrella with her, and when I looked into her eyes, I could see something. A few days later, I took a risk and tried a kiss. We have been a couple ever since.

Kim: It sounds like a very romantic story! Can you tell us about your wife as well?

Steve: As I said, she is very attractive, artistic and has a keen sense of fashion. She is a very kind and generous person. She is also smart, loves to travel and learn foreign languages. Recently she got her Master's degree from FSU in Second/Foreign Language Education and has now entered the Ph.D. program.

Kim: Although you're pretty familiar with Korean culture, I'm still wondering if there has been any kind of conflicts between you and your wife due to cultural differences. I hope I'm not asking you a loaded question, but I know your wife is a very generous and understanding lady.

Steve: One kind of conflict that we have is that sometimes when I ask her a question, she thinks I have some hidden intention. She may think that I want something in particular or I am trying to push her to do something...but I usually have no such intention.

Kim: I don't quite get your meaning. Can you please elaborate on that?

Steve: For instance, one time we were in Korea, and she was driving us to some location in Seoul where we were going to eat and look around. On the way, I saw an interesting looking restaurant. I asked her if she had eaten there before. She assumed I wanted to eat there, and stopped the car to turn around, and go to that restaurant. I told her I was only asking out of curiosity. I had no desire to eat there.

Kim: Oh, now I see. Then, in your opinion, what is the biggest cultural difference between the two cultures?

Steve: Americans are generally independent and individualistic, whereas Koreans tend to be more socially dependent and interconnected, particularly with families and friends. When I first started to visit Korea, one thing I noticed was that Koreans never go to a restaurant or bar alone. In the beginning, I did not have too many friends, so I often went out in the evening by myself, and it was a bit awkward to go out alone.

Kim: Very interesting! Your wife once told me that you can't live without Korean food, and knowing you, I don't think she's exaggerating. As a Korean, I know that most of the Korean foods that you like require an acquired taste. For example, your favorite Korean dishes are not something like japchae or bulgogi which is hard not to like for anyone. Rather than such typical popular foods, you prefer sangyupsal, or extra hot and spicy jjigac or tang, or a variety of kimchies which usually have a very strong smell. When did you begin to like Korean food? Also, what's your most favorite Korean cuisine?

Steve: I began liking Korean food almost from the beginning. Of course, when I first started visiting Korea, my friends and colleagues steered me more towards foods that they think Westerners would like, such as samgyetang. I did like those foods very much, but I wanted to be adventurous and try other Korean dishes, including spicy dishes. Well, it is hard for me to pick a favorite. I like so many kinds of Korean dishes, including the ones you mentioned. Many Koreans seem shocked that I like chuatang.

Kim: Your answer reminds me of the story you told me. Remember? When you went to Seoul one time, people took you to TGI Friday's just because you're American, which of course did not really make you happy especially when you had expected to eat something like chuatang or samgyupsal and soju.

Steve: I was an invited speaker at a conference. After the session, the sponsor thought they were doing me and other attendees a big favor by inviting us to TGI Friday's. I really wanted to have Korean food, but I quietly joined along. The service was horrible. Many of us did not even get our food – we just shared what we got. The food was the worst I ever had in Korea.

Kim: Haha...I sincerely hope anyone who works for TGI Friday's doesn't read this book. So how often do you have to fly to Seoul?

Steve: I usually go 2 to 3 times per year.

Kim: Since you frequently conduct research in conjunction with the scientists at Seoul National University there, I know you want the two nations to deepen their bond. However, our new president here doesn't seem to cooperate. Why do you think so many Americans voted for Donald Trump last year?

Steve: I live in the academic world and rarely watch TV, so I didn't know much about Trump before the election, and I am not sure why people voted for him. Many people are sick of politicians, and I can understand that. Trump was the only candidate that was not a politician. So that, combined with his TV experience and celebrity status, probably helped him a lot. He knows how to say the right thing to the Republican base, even if he doesn't believe it himself.

Kim: I agree with you, but I also think Trump became president because of the faulty voting system in America. To be more precise, I believe it's due to the electoral college system here. As you know,

Hillary Clinton won almost 3 million more votes than he did. I mean 3 million more votes! If this country were S. Korea, Clinton would be our president for sure. What do you think about the voting system here?

Steve: The electoral college system is archaic. In the early days of our country, this system may have made some sense, but it now needs to be eliminated, just like kings and queens. I strongly recommend that we use a ranking voting system. You rank the candidates in order of your preference. It is much more fair than any voting system we currently use, and it is easy to implement. It would solve a lot of problems, but the two main parties will never allow it. It would enable third party candidates a chance to compete. Maybe Korea can try it?

Kim: Yeah, maybe...Then, what do you think the great political issue is in America under our new president?

Steve: There are so many big political issues right now, and it seems to change daily. Of course, the health care system is probably the biggest issue at the moment. When this book is published, who knows what the big issue will be?

Kim: Thank you for your candid answer. I also think one of the biggest problems in the United States is the health care system. This is one of the wealthiest countries in the world, but almost 18% of the citizens here are uninsured. In terms of health care, I strongly believe S. Korea has a much better system than America. What do you think about the health care system in the U.S.?

Steve: We have some of the best doctors and medical technology in the world. However, we have had the worst health insurance system for a long time. Obama tried to move it in a better direction, but it has become too politicized, and now it is not clear what is going to happen.

Kim: Speaking of which, let's talk about Korean politics a little bit as well. As you might already know, President Park in S. Korea finally got impeached. Have you seen her impeachment process in the media?

Steve: Yes. On my recent visits to Korea, I saw the protests and the aftermath on TV. I found it amusing when one of my friends said that Park claimed that "only" 3 million people were protesting – not a big deal.

Kim: I know. That's hilarious! So what do you think about the impeachment?

Steve: Most of my Korean friends say they are embarrassed and ashamed of what the president did, but I told them that they should be proud that Korea held their president accountable for what she did. Presidents in our country have committed worse crimes, and nothing happened.

Kim: Yeah, I think that's something that we should be proud of as well. Finally, since you're a prominent figure in your field, I'd like to ask you this question. What do you think the recipe for success is?

Steve: To be successful in science, you have to have a lot of self-motivation and determination. It is also helpful to build up a network of colleagues with whom you can share ideas and experience. I often travel to places like Korea and Brazil to work on science projects with colleagues, who often become very good friends.

Kim: Awesome! Now this is going to be my last question for you. Then, what do you think the recipe for happiness is?

Steve: Like with food, I think everyone probably has their own recipe for happiness. For me, it is living life to its fullest, learning the mysteries of the universe, and loving and being loved by friends and family, especially my wife.

Kim: Steve, thank you very much for taking the time to talk to us today.

Steve: Thank you too. It is always great talking with you.

아선생의 미국말 미국문화

단어 공부는 반드시 문맥과 함께!

한국어를 공부하는 미국인 친구와 함께 우리 집에서 한국 드라마를 보던 중 일어난 일이다. 드라마 속의 대학생이 늦게까지 잠을 자고 나오자, 그의 엄마가 "넌 지금까지 학교 안 가고 뭐 해?"라고 했고, 그는 "엄마, 나 방학했잖아요."라고 대답했다. 그러자 그 엄마는 "아 참, 그렇지."라고 말한다. 그때 내 미국인 친구는 "Wait a minute! He's not going to school because he farted?" (잠깐만! 방구를 뀌었다고 학교에 안 간다고?) 라고 하는 것이다. 친구는 "방학했잖아!"라는 대사를 "방구! 했잖아."라고 들은 것이었다. 나는 터져 나오는 웃음을 겨우 참아가면서 그 부분을 다시 틀어 주고 한 번 더 들어 보라고 했다. 사실 배우가 하품하면서 대사를 쳤기 때문에 "학" 부분이 나도 잘 들리지는 않았다. 그런데 왜 그 부분의 발음이 정확하게 들리지 않았음에도 불구하고 미국인 친구와 달리 나는 그의 대사를 100% 이해한 것일까? 그것은 바로 내가 그의 대사를 이해하는 데 주변 정황과 문맥을 이용했기 때문이다. 늦잠을 자면서 학교에 안 가는 것이 당연시되는 상황 속에서 "방__"이라는 단어가 사용됐다면, 99%의 한국인들은 "방학"을 자연스럽게 떠올릴 것이다. 이는 설사 이 단어를 이루는 한 글자를 듣지 못한다 해도 어렵지 않게 유추할 수 있다.[1] 즉, 내가 배우가 내는 말의 소리에만 의존해서 드라마를 본다면 한국어라도 못 듣는 단어가 한둘이 아닐 테지만, 무의식적으로 전체적인 문맥을 이용해서 단어의 뜻을 유추해 가면서 드라마를 보기 때문에 심지어 내가 모르는 조선 시대 의학용어까지 대거 등장하는 "대장금"도 국어사전 없이 재미있게 볼 수 있는 것이다. 그리고 이런 현상은 영어와 한국어를 뒤집어 봐도 똑같이 나타난다. 예를 들어, 우리 대학 어학원 학생들이 미국인 학생들과 함께 할리우드 액션 영화를 봤을 때 여기저기 터지는 폭탄이며 총소리, 게다가 음향 효과(Sound Effect) 때문에 대사가 부분 부분 안 들려서 영화를 이해하는 데 상당한 어려움이 있었다고 했던 반면, 같은 영화를 함께 본 미국 학생들은 그런 어려움 없이 영화를 재미있게 봤다.

이는 외국어를 공부하는 우리에게 중요한 단서를 제공한다. 바로 모국어로 의사소통을 할 때는 자연스럽게 이루어지는 이 과정이 외국어를 사용할 때에는 저절로 작동되지 않기 때문에 이를 우리가 꾸준히 연습해야 한다는 사실이다. 그래서 플로리다 주립대 어학원에서는 듣기나 읽기 시간에 학생들이 모르는 단어를 물어보면, 강사들은 단어의 뜻을 절대로 그냥 가르쳐 주지 않고 학생들이 문맥 속에서 그 뜻을 유추해 보게 하는 연습을 시킨다. 그리고 이러한 교수법은 학계에서 말하는 "Top-down processing"[2] 이론에 근거한다.

이렇게 문맥과 함께 단어를 공부해야 하는 분야는 비단 듣기와 읽기뿐만 아니라 말하기와 쓰기에도 해당된다. 사실 아선생은 이 기술을 말하기와 쓰기 교육을 할 때 훨씬 더 집중해서 가르쳐야 한다고 믿는다. 왜냐하면, 문맥에 맞게 단어를 쓰지 않을 경우, 아무리 고급 단어

1 이런 현상을 학계에서는 "Ambiguity tolerance"라고 부른다

2 외국어 교육에서 독해나 듣기 교육에 중점적으로 적용되는 이론으로, Bottom-up processing과 함께 Information processing(두뇌가 정보를 처리하는 과정)의 방법 중 하나다. 학습자가 큰 그림에서 이해하고 있는 일반적인 배경 지식을 바탕으로 구체적이고 상세한 것들을 인지하려는 과정을 말한다.

를 써도 뜻이 통하지 않으며 심지어 우스꽝스러운 문장이 되기 때문이다. 영어뿐만 아니라, 언어를 배우는 궁극적인 목표는 결국 의사소통을 하고자 함이 아니겠는가? 이를 잘 보여 주는 일화를 하나 소개할까 한다.

아선생이 가르치는 영어 교사 자격증 과정을 통과한

후에 학생이 원하면 우리 대학 어학원에서 인턴을 할 수가 있다. 이 수업을 듣는 절대다수가 미국인 학생들인데, 그들 대부분은 여러 문화가 공존하는 어학원의 영어 수업 시간에 벌어지는 갖가지 추억까지 쌓아가면서 재미있게 인턴 과정을 마친다. 그런데 한번은 한국인 학생이 내 수업을 들었다. 그녀는 어린 시절에는 캐나다에서 고등학교를 다녔고, 서울 소재 명문 S대학교에서 영어 교육 석사를 공부했으며, 플로리다 주립대 외국어 교육학과에서 대학원 과정을 시작하기 전에 학점도 딸 겸[3] 해서 내 수업을 먼저 듣는다고 했다. 그녀는 영어를 아주 유창하게 잘 했으며, 발음은 물론이고 내가 가르쳤던 그 어떤 한국인 학생들보다 Grammatical Accuracy(말이나 글에서의 문법의 정확도)가 높았던, 아주 우수한 학생이었다. 그 학생이 내 수업을 마치고 어학원의 고급 작문반(Advanced Writing)에서 인턴을 시작했을 때, 그녀를 힘들게 했던 것은 다름 아닌 같은 한국 사람인 경영학과 박사 과정의 한 남학생이었다. 그는 "박사 과정"에 있는 자신을 감히 한국 사람인 네가 가르치느냐는 식의 태도를 보였는데, 이를테면 수업 시간에는 어떠한 경우에도 영어로 의사소통을 해야 함에도 불구하고 인턴인 그녀에게 한국말로 "야, 이거 이렇게 하면 돼?"라고 반말로 물어보는 식이었다. 한번은 문법에 관해서 그녀가 수업하는 내용이 틀렸다면서 그가 다른 학생들 앞에서 그녀를 망신주려고 했는데, 참관하고 있던 미국인 강사가 그녀의 설명이 맞고 그가 하는 말이 틀렸다고 알

3 FSU에서 아선생이 가르치는 TEFL 과정은 7주 만에 외국어 교육학 석사 과정의 2학점을 딸 수 있는 강도 높은 수업이다.

려 주자 그는 한국말로 "저 아줌마는 또 뭐야?"라고 했다고 한다. 그녀의 첫 수업이 끝난 후에는 "내가 박사 과정 학생이야. 그런 내가 너한테 이런 수업을 들어야겠어?"라고 했다니, 그 말을 영어로 전해 들은 미국인 강사들조차 어이없어했다. ―참으로 불행히도 어학원에는 "나는 돈을 내고 이 수업을 듣기 때문에 너희들은 서비스를 제공하라."는 마인드를 가지고 어학원 강사들에게 이런 식의 갑질을 하는 학생들이 종종 있다. 영어를 그토록 좋아함에도 불구하고 아선생이 한치의 미련도 없이 어학원 수업을 그만두고 영어 교사 자격증 과정을 가르치게 된 이유다.―

사실 그녀가 그 수업을 매일 하는 것도 아니었고, 그녀의 멘토인 미국인 강사의 꼼꼼한 지도하에 2주에 한 번 정도 하는 수업에서 그가 그런 식의 태도를 보인다는 것을 그 수업 담당 미국인 강사와 아선생은 도저히 이해할 수가 없었다. 게다가 그녀의 멘토인 미국인 강사도, 또 아선생도 그녀가 그 사람과는 비교도 안 될 정도로 영어를 잘하는 것을 알고 있는데, 그만 그 사실을 모르는 듯했다. 그리고 그녀는 사실 유학 와서 다시 학생이 되긴 했지만, 영어를 다년간 가르친 경력이 있으며, 한국에서 이미 이 분야 석사 과정을 공부하고 온 터라, 나이가 서른이 넘은 성인이었다. 그녀의 앳된 얼굴 때문에 나도 처음에는 대학생으로 생각할 만큼 어려 보이는 외모를 가지고 있어서 그가 더 만만하게 본 것은 아닌가 하는 생각도 들었지만, 설사 그녀가 대학을 갓 졸업한 20대였다고 해도 그가 그래서는 안 되는 것이었다.

각설하고, 어쨌든 그가 어학원 인턴인 그녀에게 그토록 함부로 대한 것, 자신을 가르치는 미국인 강사들과도 매 수업 시간마다 영어에 대한 말도 안 되는 언쟁을 했던 건, 결국 자신의 영어 실력을 과신한 이유가 컸을 테다. 다른 미국인 강사들에게도 그에 대한 몇 가지 놀라운(?) 일화를 들었던 나는 그에 대해 궁금해져서, 그를 가르치는 작문 선생에게 그가 쓴 영어 에세이를 모아둔 포트폴리오를 좀 보여 달라고 했다. 대체 영어를 얼마나 잘하길래 어학원 수업을 듣는 학생이 인턴과 강사들을 그렇게까지 힘들게 하는지 궁금해져서였다. 그리고 그가 써낸 페이퍼를 보면서 나는 그의 그런 오만함이 어디서 나오는지 쉽게 알 수 있었다. 그의 글 속에는 현학적이고 아카데믹한 영어 단어들, 한 마디로 GRE(미국 대학원 입학시험)에나 나올 법한 단어들 투성이었다. 문제는, 그의 틀린 문법 사용은 차치하고라도 그가 쓴 단어의 상당수가 자신이 쓴 글의 문맥에 전혀! 어울리지 않는다는 사실이었다. 그리고 그를 가르친 미국인 강사들이 이구동성으로 지적하는 것은 그가 단어를 뜻만 알고 사용법은 모르면서 어려운 단어만 쓰려고 고집하는 게 가장 큰 문제라고 했다. 한 강사는 그에 대해 대체 소통(communication)을 하려고 글을 쓰는지 잘난 체(show off)를 하려고 글을 쓰는지 알 수가 없다는 말까지 했다. 그렇게 그는, 그런 말도 안 되는 에세이를 적어 내면서, 자신의 단어 실력(?)을 과신하고 자신이 영어를 잘한다고 착각하면서 한국인 인턴과 미국인 영어 강사들까지 힘들게 했던 것이다. 아, 실수는 그가 했는데, 부끄러움은 왜 나의 몫인가![4]

그럼 이쯤 해서 독자들의 이해를 돕기 위해 문맥에 맞지 않는 단어 사용의 예를 한국어로 하나 들어볼까 한다. 한국어로 좀 있어 보이는(?) 단어, '천고마비(天高馬肥)'는 "하늘은 높고 말은 살찌다"라는 의미가 있다. 그런데 한 외국인이 이 단어를 뜻만 공부하고 단어가 쓰이는 문맥은 무시한 채, 다음 문장을 글로 쓰거나 말로 했다고 가정해 보자.

(눈 내리는 한 겨울에 비쩍 마른 말을 쳐다 보면서)

"아, 천고마비라는데 왜 이 말은 살이 안 찌는 것일까?"

4 이 부분에서 독자님께서는 절대로 아선생이 하려는 말을 오해하셔서는 안 된다. 아선생은 이 글에서 부족한 그의 영어 실력을 탓하려는 것이 아니라, 부족한 그의 인격과 태도를 탓하려는 것이다. 즉, 자신의 실력이 부족함에도 불구하고 배우려 하지 않고 자만심으로 가득 차서, 자신을 도와주려는 사람들에게 무례한 언사를 일삼는 그의 태도가 바로 문제라는 거다. 그가 틀린 것을 지적해 주는 미국인 강사들에게 배우려는 겸손한 자세가 있었다면 그의 단어 실력은 일취월장했을 것이다. 하지만 자신의 실력을 과대평가하면서 그들을 존중하지 않고 심지어 우습게까지 여겼기 때문에, 그 후에도 그의 영어 실력이 늘었을 리 만무하다. 배우고자 하는 겸손한 자세만 있다면 오늘의 미천한 실력은 결코 부끄러운 것이 아니다!

문법 사용이 정확하지만, 이 문장이 해당 문맥 속에서 전혀 어울리지 않고 어색한 이유를 중고등학교 정도를 졸업한 한국인이라면 누구나 쉽게 알 수 있다. 그것은 천고마비가 가을을 묘사하는 문맥 속에서만 쓰이는 단어이기 때문이다. 바로 이것이 아무리 귀찮아도 문맥과 함께 단어를 공부해야 하는 이유다. 어려운 영어 단어를 뜻만 달달 외워서 문맥과는 상관없이 문법만 끼워 맞춰서 아무 문장이나 막 만들어서 써버리면, 눈 내리는 한겨울에 말을 보면서 '천고마비'라는 단어를 쓰는 것만큼이나 어색한 상황을 수도 없이 만들어 내게 된다. 이거 생각만 해도 손발이 오글거리지 않는가? 아윽~

그렇다면 문맥과 함께 단어를 공부한다는 것은 무엇을 의미할까? 아선생의 경우, 단어집을 놓고 무작정 단어의 뜻만 외웠던 적은 내 인생에 GRE(미국 대학원 입학시험)를 준비할 때뿐이었다. 정말로 무식한 방법이지만 열심히 외워댄 덕에 GRE는 한 큐에 통과했지만, 지금까지 기억하는 GRE 시험용 단어는 서른 개가 채 되지 않는 것 같다. 게다가 그런 식으로 공부를 했으니, 설사 그 단어들을 모두 기억한다고 한들 사용법을 알 리가 없다. 하지만 좋아하는 영화나 책을 보면서 공부하고 싶은 단어를 뽑아서 정리한 것들은 그 후 뼈가 되고 살이 되어 지금 아선생 영어 실력의 토대가 되었다. 일단 해당 영화나 책에서 제시되는 문맥 속에서 한 번 만난 그 단어를 사전에서 찾아보면서 갖가지 예문 속에서 여러 번 다시 만나는 것이다. ―아선생은 단어를 사전에서 찾아볼 때 뜻보다 예문을 먼저 읽어 보는 것이 습관화돼 있다. ― 그렇게 인터넷의 이런저런 사전으로 여기저기서 예문을 찾아 읽다 보면, 그 단어가 쓰이는 문맥에 대한 감이 잡힌다. 이때 '감'이라고 하는 것이 바로 외국어 교육학계에서 말하는 'Intuition'인데, 이거 정말 중요한 개념이다. 결국, 문법과 더불어[5] 단어 사용 또한 뜻만 공

부하기보다는 이렇게 '감'을 키워야지만 적시, 적소에 제대로 된 문맥 속에서 바르게 사용할 수 있게 되는 것이다. 외국어를 공부하다 보면 붕어빵에 붕어가 안 들어있는 경우가 허다하기 때문이다.

---

5 아선생이 저술한 〈미국에서 가르치는 영문법〉 시리즈에 수차례 언급되는 내용이 바로 문법을 외우려 하지 말고, 문법 사용에 대한 감을 키우라는 말(Develop your intuition!)인데, 이는 단어를 공부할 때도 마찬가지다.

Chapter 4

열정적인 연극배우 *Jennifer Acker*

Happiness is knowing your most authentic self, knowing your true voice, and being able to communicate it.

WHO IS SHE

Jennifer Acker 씨는 사실 나와 친구라고 불릴 만한 관계는 아니다. 〈미국에서 가르치는 영문법 2권〉의 대화문 녹음 작업을 할 당시, 우리 학교 연극학과 교수가 추천해 준 학생으로 나와 오디오 작업을 단 한 번 같이 했던 인연이 있을 뿐이다. 그럼에도 불구하고 "배우"라는 단어를 들을 때 가장 먼저 떠오르는 사람이 내게는 바로 그녀다.

그때 나는 그녀와 책 한 권에 해당하는 수많은 대화문을 함께 녹음했는데, 그중 딱 하나의 대화문에 영국인과 미국인이 서로의 문화 차이에 대해 이야기하는 내용이 있었다. 비록 설정은 그랬지만, 나는 해당 대화문에서 영국인 역할을 맡은 Jennifer 씨가 영국식 액센트를 해 줄 것이라는 기대 같은 건 하지 않았다. 솔직히 보수가 충분히 지급되는 것도 아닌 어학 교재용 녹음 작업을 하면서 단 하나의 대화문 때문에 그런 것까지 요구하기가 미안해서였다. 그런데 녹음이 시작되고 해당 대화문을 한 문장 정도 읽던 Jennifer 씨가 갑자기, "잠깐만요, 좀 나갔다 와도 될까요?"라고 말하는 것이다. 나는 장시간 진행되던 녹음 작업에 힘든가 보다라고 생각하면서, "네, 그러세요."라고 했는데, 그녀는 그 대화문에서 자신이 맡은 역할이 영국 사람이기 때문에 영국식 액센트를 좀 연습하고 오겠다고 하는 것이었다. 한 10분 정도 혼자 영국식 영어를 열심히 연습하고 다시 돌아온 그녀는 내게 한 번 들어 보라며 그 대화문 속 자신의 대사 부분을 "리허설"까지 했다. 그리고 그녀는, 미국 코네티컷주 출신임에도 불구하고, 해당 대화문 속의 영국식 액센트를 완벽에 가깝게 소화해냈다. 바로 그 순간 나는 결심했다. 내가 혹시 여배우가

필요한 어떠한 프로젝트를 하게 되더라도 반드시 그녀를 제일 먼저 섭외하겠다고! 그리고 연기에 대한 그런 그녀의 열정과 프로정신은 그 책의 오디오 작업을 마친 후에도 오랫동안 내 뇌리에 잔상으로 남아, 나는 그녀를 진정 배우다운 배우로 기억하게 되었다.

그 후 몇 년이 지나서 〈미국 보통 사람들의 지금 영어〉 시리즈를 기획하면서, Owen Provencher 씨에 이어 여배우도 한 사람쯤 인터뷰하고 싶어 그녀에게 다시 연락했을 때, 그녀는 더 이상 아마추어 배우가 아닌, 애틀랜타에서 가장 큰 극단의 프로 연극배우가 되어있었다. 내가 연락했을 때는 마침 〈로미오와 줄리엣〉의 오디션을 통과해서 주인공인 줄리엣 역할로 연극 무대에 서고 있다는 말을 했다. 배우의 꿈을 이룬 그녀가 무척 자랑스러우면서도, 학창 시절부터 남달랐던 그녀의 성실성과 프로정신을 기억하고 있던 나로서는 사실 그렇게 놀랄 일도 아니었다.

오랜만에 만난 내게, 연기를 너무나 사랑하지만, 연극배우 생활만으로는 생계가 유지되지 않아서, 연극 공연이 없는 시간에는 애틀랜타의 한 옷가게에서 일을 한다고 말하는 그녀의 표정은 아주 밝았다. 자신이 "가난한 배우의 삶"을 살고 있다고 반 농담삼아 말하면서도 해맑게 웃는 그녀의 얼굴을 보니, 그녀가 그것을 전혀 "고생"이라고 받아들이고 있는 것 같지가 않았다. 한 번 사는 인생, 진짜 이 정도는 해봐야 꿈을 이루려고 노력했다고 말할 수 있지 않을까?

현재 플로리다 주립대의 다양한 학과 학생들을 가르치고 있는 나는, 우리 대학 연극영화과 학생들이 내 수업을 들을 때마다 그녀의 이야기를 들려준다. 한국도 마찬가지겠지만, 미국에서도 연기를 전공하는 학생들마저도 실제로 프로 배우가 된다는 것이 얼마나 힘든 일인지 너무나 잘 알고 있으며, 그래서 연기를 전공하는 학생들은 졸업 후 진로에 대한 고민을 특히 더 많이 하는 것 같다. 이렇게 꿈을 따라가는 삶은 세상 누구에게나 말처럼 쉽지가 않은가 보다. 이 챕터에서는 그런 어려운 여건 속에서도 자신의 꿈을 좇는 삶을 살아가고 있는 아름다운 그녀의 이야기를 들어보자.

Interview 1

Jennifer Acker

아래 인터뷰를 우리말로 번역한 것을 읽고 영어로 말하고 싶은 표현을 표시해 보자. 표시한 우리말 문장을 각자 영어로 말해 보고, 다음 페이지의 영어 대화문에서 실제로 어떻게 쓰였는지 확인해 보자.

Kim: 한국의 독자들에게 자기소개를 해 주세요.

Jennifer: 안녕하세요, 저는 제니퍼 애커이고, 조지아주 애틀랜타에 살고 있는 전문 배우입니다.

Kim: 제니퍼 씨, 저는 제니퍼 씨께서 코네티컷 출신이라고 알고 있습니다. 제니퍼 씨께서 자라신 곳에 대해서 이야기해 주실 수 있으세요? 그곳의 문화라던가 사람들, 혹은 가볼 만한 장소라든가… 고향에 대해서 이야기하시고 싶으신 건 무엇이든지요.

Jennifer: 네, 저는 코네티컷의 정말 작은 마을 출신인데, 미국의 북동쪽에 있는 아주 오래된 마을이죠. 그러니까 제 말은, 미국 기준으로요. 제 작은 고향에는 식민지 시대와 빅토리아 여왕 시대로부터 남겨진 역사 유적인 많은 건물들이 있습니다. 겨울마다 눈이 왔고, 가을에는 눈부시고 선명한 색상의 나뭇잎들로 인해 아름다웠습니다. 여름도 좋았어요. 저는 한 여름 캠프에서 안전요원으로 일하곤 했죠.

Kim: 감사합니다. 저는 제니퍼 씨가 연극 공연으로 인해 최근 두세 달간 무척 바빴다고 알고 있는데요. 로미오와 줄리엣에서 줄리엣 역할을 했었죠, 그렇죠?

Jennifer: 네, 제 꿈의 배역이죠… 꿈의 배역이 드디어 제게 주어졌어요.

Kim: 로미오와 줄리엣은 너무도 잘 알려진 고전이기 때문에, 이 질문을 드려보고 싶은데요. 제니퍼 씨는 줄리엣의 캐릭터를 어떻게 분석하셨나요?

Jennifer: 와, 정말 좋은 질문이네요. 줄리엣은 우리 모두에게 정말 잘 알려져 있죠. 그래서 제가 줄리엣을 이해하고 싶었던 방법은… 저는 원서로 돌아가서 그녀가 거기서 어떻게 그려지는지를 알아내고 싶었어요, 그러니까 400년 이상의 공연 역사 속에서 어떻게 그려졌는지를 보기보다는 말이죠. 로미오와 줄리엣은 1590년대에 쓰여졌기 때문에 몇백 년의 공연 관례가 있어요… 그래서 저는 원문으로 가서 거기에 무엇이 있는지, 또는 없는지를 찾아내고, 그녀를 연기함에 있어서 어떤 전통이 지켜져야 하는지 등을 알아내려고 했죠. 어떤 장면들은… 음… 사람들이 항상 해왔던 방식으로 해야 돼요. 왜냐하면 그렇지 않을 경우, 관객들이 실망할 테니까요.

MP3_068

Kim: Please introduce yourself to the Korean audience.

Jennifer: Hi, I'm Jennifer Acker, and ① I'm a professional actor living in Atlanta, Georgia.

Kim: Jennifer, I know you're from Connecticut. Can you please tell us about where you grew up? You know, something about the culture there, the people or some places to visit...whatever you would like to talk about your hometown.

Jennifer: Yeah, I'm from a really small town in Connecticut, which is in the northeast of America, and it's a very old town…I mean old for American standards. We have a lot of buildings ❶ **leftover** from the colonial era and the Victorian era that are historic landmarks in my little hometown. It snowed every winter, and it was beautiful in the fall with bright ❷ **vibrant** leaves. Summer was wonderful. I used to work as a lifeguard in a summer camp.

Kim: Thank you. I understand your life has been pretty hectic for the last couple of months due to your theater performances. You've played Juliet in 'Romeo and Juliet', right?

Jennifer: Yes, the dream role…the dream role finally came.

Kim: Since 'Romeo and Juliet' is such a well-known classic, I'd like to ask you this question. How did you analyze the character of Juliet?

Jennifer: Wow, that is a wonderful question. She is very well-known in the collective conscious, so the way I wanted to approach Juliet was…I wanted to go back to the text and find out what was actually there for her, not what had been done previously in 400 plus years of performance history. 'Romeo and Juliet' was written in the 1590s, so there are hundreds of hundreds of years of performance ❸ **conventions**…and I really wanted to go to the text so that I could find out what was there, what wasn't there, and what traditions needed to be honored in performing her. Certain moments, ah…you have to do the way they've always been done because the audience will be disappointed if it's not there.

VOCABULARY & IDIOMS

❶ leftover

(과거의) 잔재/유물

EXAMPLE DIALOGUE

Young-min Geez, I think I drank too much last night. Do you know any hangover cures?

Jen Again? Young-min, you really need to cut down on drinking before you become an alcoholic!

Young-min Do you think I don't want to cut down on drinking? When my boss offers me a drink, it's almost mandatory that I should drink it all.

Jen I don't get it. Why do you have to do that?

Young-min He's so authoritative, and he thinks all the employees should listen to whatever he says. Well, he's in his seventies, and I guess he's a **leftover** from the long period of military dictatorship in this country.

Young-min: 아휴, 나 어젯밤에 너무 많이 마신 것 같아. 숙취 해소하는 법 알아?
Jen: 또? 영민아, 너 알콜중독자 되기 전에 정말로 술 좀 줄여야 해.
Young-min: 넌 내가 술을 줄이기 싫어하는 줄 알아? 내 직장 상사가 나한테 술을 권하면, 난 그걸 거의 강제로 다 마셔야 한단 말이야.
Jen: 이해가 안 돼. 네가 왜 그래야 하니?
Young-min: 그 사람은 너무 권위적이라서, 모든 직원들이 무슨 말을 하든지 자기 말을 들어야 한다고 생각하거든. 뭐, 그분이 70대이시니까, 내 생각에 그는 이 나라의 오랜 군사 독재 시절의 유물인 것 같아.

❷ vibrant

강렬한/선명한/활기찬/생기 넘치는

EXAMPLE DIALOGUE

Jen I love your new house! Look at these **vibrant** colors over here! I think these colors harmonize with the neutral colors around them.

Avis Thank you. Actually, I spent a lot of time on decorating that part of the house.

Jen I can tell. In any case, thanks for inviting us to the housewarming party. We had so much fun, and the food was amazing.

Avis My pleasure! Thanks for coming. You're always welcome to visit.

MP3_069

Jen: 새로 이사 온 너희 집 정말 좋다! 여기 선명한 색상들 좀 봐! 난 이 색들이 그 주변의 무채색들과 잘 어울린다고 생각해.

Avis: 고마워. 사실, 내가 이 집에서 그 부분을 꾸미는데 많은 시간을 썼거든.

Jen: 알 것 같아. 암튼 집들이에 초대해 줘서 고마워. 정말 재밌었고, 음식도 기가 막히게 맛있었어.

Avis: 그랬다니 나도 기쁘네. 와줘서 고마워. 네가 오는 건 언제든 환영이야.

❸ convention

관습/관례

EXAMPLE DIALOGUE

John So what did he say?

Avis Well, he doesn't want us to change anything. He said they've always done it this way by **convention**.

John What? This is preposterous! I really think it's time for a change.

Avis You know, he's a hard-shell* conservative.

John Yeah, and I also know he's our boss, and we don't have any other option.

John: 그래, 그분이 뭐라고 해?

Avis: 글쎄, 그분은 우리가 아무것도 바꾸기를 원하지 않아. 그분 말로는 관례상 이 일은 항상 그렇게 해왔다고 하네.

John: 뭐라고? 말도 안 돼! 이젠 정말 바뀌어야 할 시기라고 난 생각해.

Avis: 그게, 그분이 원리 원칙만 따지는 보수주의자잖아.

John: 맞아, 그리고 그분이 우리의 상사이니, 우린 그 말을 따르는 것 외에 방법이 없지.

*hard-shell은 "껍질이 딱딱한"이라는 의미를 가진 형용사이지만, 사람을 수식할 때에는 결코 자기 주장을 굽히지 않는 원리주의자라는 의미를 가진다.

Interview 2

Jennifer Acker

아래 인터뷰를 우리말로 번역한 것을 읽고 영어로 말하고 싶은 표현을 표시해 보자. 표시한 우리말 문장을 각자 영어로 말해 보고, 다음 페이지의 영어 대화문에서 실제로 어떻게 쓰였는지 확인해 보자.

Jennifer: (계속) 제 생각에 그 완벽한 예가 바로 "아, 로미오, 로미오, 당신은 어디에 계신가요, 로미오?"라고 말하는 발코니 장면이에요. 그 장면은 어떤 일정한 방식으로 연기해야 하는데, 그렇지 않으면 관객들이 무척 아쉬워하죠. 하지만 저는 사람들이 결코 해 보지 않았던 방법이나 현대의 관객들에게 먹힐 만한 방식으로 대사를 말할 기회 또한 찾아보고 싶어요, 그러니까 그냥 단순히 다른 사람들이 해왔던 방식으로만 하는 것과는 대조적으로 말이죠.

Kim: 정말 통찰력 있는 해석이네요. 그렇다면, 줄리엣 역할 말고 또 다른 캐릭터로는 지금까지 어떤 것들을 연기해 보셨나요?

Jennifer: 직업적으로, 저는 정말 멋진 셰익스피어 작품 속의 역할들을 많이 했어요. 저는 오셀로의 데스데모나 역할을 해봤고요. 타이투스 안드로니카스의 라비니아 역할을 해봤습니다. 햄릿의 오필리아 역할을 해봤는데, 그건 제가 좋아하는 역할 중 하나였죠... 그리고 최근에는 현대극도 많이 해봤어요. 애틀랜타 연극시상식에서 90년대 뉴욕을 배경으로 한 뮤지컬 "렌트" 속의 모린 역할로 조연상 후보에 올랐었습니다. 저는 또한 쥬느비에 여왕과 카멜롯 그리고... 아마도 덜 알려진 작품 속의 여러 다른 역할들도 연기했었습니다... 뭐, 이런 것들이 제가 프로 배우로서 좋아했던 역할 중 몇 가지예요.

Kim: 와, 정말 대단하세요! 그래서 제니퍼 씨께서는 연기가 천직이라고 생각하세요?

Jennifer: 네! 저는 애틀랜타에서 직업적으로 연기를 하고 있습니다. 불행히도, 연기만 해서 버는 돈으로는 제 생활비를 모두 감당하지는 못해요. 아마 생활비의 50에서 80% 정도를 연기해서 번 돈으로 커버한다고 할 수 있겠네요. 하지만 저는 다른 곳에서 보충을 하는데, 예전에는 빈티지 옷가게에서 매니저로 일했었는데, 정말 재미있는 일이었죠. 하지만 올해 들어서 애틀랜타에 있는 아주 명성 있는 극단의 교육 담당 총 책임자로 일하게 되었어요. 저는 그곳에서 연기를 가르치는 여름 캠프와 상급반 교실을 운영하는데, 학생들을 데리고 극단에서 하는 연극을 보게 하기도 하죠. 그러니 이제는 제가 공식적으로 정규직 예술가가 된 거죠.

Kim: 정말 근사하네요! 축하드립니다! 저 또한 기뻐요, 제니퍼 씨.

MP3_070

Jennifer: (Continuing) I think the perfect example is the balcony scene, "Oh, Romeo, Romeo, wherefore art thou Romeo?" That needs to be done in a certain way, or the audience will miss it, but then I want to find the new opportunities to say lines in ways they've never been said before, or moments in ways that work for the modern audience ❹ **as opposed to** simply what had been done before.

Kim: That sounds like an insightful interpretation. Then, other than Juliet, what other characters have you played so far?

Jennifer: Professionally, ❷ **I've gotten to do** a lot of really wonderful Shakespearean roles.

I've done Desdemona in Othello. I've done Lavinia in Titus Andronicus. I've done Ophelia in Hamlet, which was one of my favorite roles…and I've also gotten to do lots of modern plays recently. I actually just got nominated by the Atlanta Theater Award Ceremony for the best supporting performance in a musical for my portrayal of Maureen in the musical "Rent", which is about the 90s in New York City. I also played Queen Guinevere, Camelot, and some other roles…maybe in ❺ **lesser-**

known plays, but those are some of my favorite roles as a professional actor.

Kim: Wow, that's pretty amazing! So do you consider acting as your vocation?

Jennifer: Yes! So I am paid to act professionally in Atlanta. Unfortunately, I can't pay all of the bills with what I make as an actor. I'd say they pay about 50-80% of my bills on acting pay checks, but I do have a supplement elsewhere, so previously I managed a vintage clothing shop which was a really fun job, but just this year, I was offered a position as the director of education at a really prestigious theater company in Atlanta. I run summer camps and master classes for acting there, and I bring student groups in to see plays in the theater company, which means I'm now officially a full-time artist.

Kim: That's just fabulous! Congratulations! I am so happy for you, Jennifer.

VOCABULARY & IDIOMS

❹ as opposed to

~와는 반대로/대조적으로

EXAMPLE DIALOGUE

John To be very honest with you, Tim did not give me a good first impression, but as I get to know him better, I realize he's such a wonderful person.

Jen I know what you mean. I actually like people like Tim **as opposed to** the kind of people who give a great first impression but you get disappointed later.

John I hear you!

John: 정말로 솔직히 말하자면, 팀은 내게 썩 좋은 첫인상을 남기지는 않았지만, 그를 더 잘 알게 될수록, 정말 멋진 사람이라는 걸 깨닫게 돼.
Jen: 나도 네 말 무슨 뜻인지 말아. 난 사실 처음에는 아주 좋은 인상을 주고 나중에 실망시키는 부류의 사람들과는 대조적인 팀 같은 사람들이 좋아.
John: 동감!

❺ lesser-known

덜 알려진/별로 유명하지 않은

EXAMPLE DIALOGUE

Jen Happy early birthday, Avis!

Avis Thanks!

Jen I prepared two tickets to the Museum of Fine Arts for your birthday. If you go there this weekend, you will be able to see some of the **lesser-known** works by the Impressionist artists. How does that sound?

Avis Sounds like music to my ears, girl! Thanks! You're the best!

Jen: 생일 미리 축하해, 에이비스!

Avis: 고마워!

Jen: 내가 네 생일을 맞아 미술관 티켓을 두 장 준비했어. 네가 이번 주에 가면, 인상파 화가들의 좀 덜 알려진 작품들을 볼 수 있을 거야. 어때?

Avis: 정말 좋지! 고마워. 네가 최고야!

3 Interview

Jennifer Acker

아래 인터뷰를 우리말로 번역한 것을 읽고 영어로 말하고 싶은 표현을 표시해 보자. 표시한 우리말 문장을 각자 영어로 말해 보고, 다음 페이지의 영어 대화문에서 실제로 어떻게 쓰였는지 확인해 보자.

Jennifer: 감사합니다, 아영 씨.

Kim: 영화에도 출연하신 적이 있으세요?

Jennifer: 네... 전문적으로는 아니고요. 대부분 작은 독립 영화나, 단편 영화, 뭐 그런 것들이요. 애틀랜타가 현재 남부의 할리우드라고 불리고 있고, 영화 산업이나 TV에 관한 한 확대되고 있어서 제가 주의 깊게 살펴보고 올해는 에이전트를 구하기 위해 알아봐야 할 것 같아요.

Kim: 그렇다면, 제니퍼 씨는 애초에 왜 영화배우가 아닌 연극배우가 되셨는지 말씀해 주실 수 있으세요? 제니퍼 씨에게 연극 무대에서 연기하는 것의 매력은 무엇인가요? ...그러니까, 영화 연기와 비교해 봤을 때요.

Jennifer: 또 하나의 통찰력 있는 질문이네요! 음... 저는 두 종류의 연기 모두 다 좋아해요. 영화 연기의 경우, 눈으로 많은 것을 해야 해요. 아주 섬세한 형태의 연기죠. 배우가 해야 할 전부는 그 생각(느낌)을 가지는 거예요. 배우는 그것을 가진 상태에서 카메라는 4인치 정도 떨어져 있고 그걸 담아내죠. 영화 연기에 대해 말하자면, 그 미묘한 뉘앙스를 가지고 배우가 할 수 있는 것들이 정말 재밌어요. 하지만 연극 연기는 중독성이 강해요. 연극 연기의 경우, 배우가 캐릭터를 매일 밤 처음부터 끝까지 연기해야 하죠. 그래서 매일 밤 연극이 시작해서 끝날 때까지 캐릭터가 어떻게 성장하는지 알게 돼요. 영화 연기의 경우, 씬마다 따로 찍어요. 그것은 종종 순서가 뒤바뀌어져 있고, 캐릭터가 어떤 내면을 가질 것인가는 자주 편집자의 결정에 달려 있어요. (연극 연기의 경우) 배우로서 매일 밤 어떤 캐릭터를 가질 것인가에 대해 완전히 컨트롤 할 수 있다는 것은 정말 보람된 일이죠. 둘째로, 아마도 더 중요한 사실은, 라이브 무대에서는 배우가 관객들과 함께해요. 배우는 뭔가를 공유하는데, 극장 안의 에너지는 언제나 다르죠. 음... 다른 사람들과 한 공간에서 함께하면서 연기하고 그들이 그것을 느끼는 것을 느끼며, 그들이 웃는 것을 들을 수 있다는 건 영광스러운 일이에요. 그것이 바로 라이브 무대가 가지는 중독성이죠... 그리고 저는, 연극과 영화를 둘 다 하는 많은 유명인들이 바로 그런 이유로 연극을 더 좋아한다고 말하는 사실을 알고 있어요.

Jennifer: Thank you, Ah-young.

Kim: Have you worked in cinema as well?

Jennifer: I have. Not professionally. Mostly, in small independent films, short movies, things like that. Although Atlanta is being called the Hollywood of the South right now, it's absolutely ❻ **blowing up** ❼ **in regards to** film industry and TV, so something that I need to ❽ **get on the ball** and look into is finally getting an agent this year.

Kim: Then, would you like to tell us why you became a theater actress instead of a film actress in the first place? What is the charm of acting on stage for you...I mean compared to film acting?

Jennifer: Another really thoughtful question! Uhm…I love both forms of acting. Film acting, you get to do so much with your eyes. It's a very subtle form of acting. All you have to do is have the thought. You have the thought, and the camera's 4 inches away and picks it up. It's really fun what you can do with the nuance in regards to film acting, but…stage acting is addictive. Stage acting, you get to play a character from the beginning to the end every night. So you learn how the character grows from the start of the play to the end of the play every night. In film acting, you shoot scene by scene. They are often out of order, and it's often up to the editor to determine what kind of arc the character has. As an actor, you really have full control of the journey your character goes on every night, which is pretty rewarding. Secondly, probably more importantly than that is, in live theater you're with the audience. You're all sharing something together, and the energy of a room is never the same. Umm…It's an honor to be in a space with other people and to get to act and to feel them feeling it, to hear them laughing. That's really what's addictive about live theater…and I know a lot of famous celebrities who do both live theater and the screen and always say they prefer stage because of that.

VOCABULARY & IDIOMS

❻ blow up

매우 다양한 의미로 쓰이는 숙어 동사인데, 인터뷰 속에서는 "짧은 시간 내에 성공하다"라는 의미로 쓰이고 있다

EXAMPLE DIALOGUE

Jen Good morning, Jerry! How was your weekend?

Jerry Uneventful. How about you?

Jen Good. I actually ran into Jake at the mall on Saturday.

Jerry Really? How's he doing?

Jen You know he started a new business last year, right? He told me he had done the bare minimum of work but still became very successful. I think he will **blow up** and leave this town soon.

Jerry Good for him!

Jen: 안녕하세요, 제리 씨! 주말 어떠셨어요?
Jerry: 별일은 없었어요. 젠 씨는요?
Jen: 좋았어요. 실은 토요일에 몰에서 제이크 씨를 우연히 만났어요.
Jerry: 정말요? 그분은 어떻게 지내세요?
Jen: 그분이 작년에 새로운 사업을 시작한 건 알고 계시죠? 최소한의 일을 했을 뿐인데도 아주 성공했다고 하더라고요. 짧은 시간 내에 성공해서 이 도시를 떠나실 것 같아요.
Jerry: 잘됐네요!

❼ in regards to

~에 관해서

EXAMPLE DIALOGUE

Jenny Why is Michelle crying? What's the matter with her?

Patrick She just called the company **in regards to** the job interview that she had last week, and obviously she was not selected.

Jenny I knew it was going to be hard due to the sheer number of applicants. Michelle also told me she had had cold feet before her job interview that day.

Patrick Poor thing! Why don't we buy her a beer or something? I guess she might need company now.

Jenny Good idea!

MP3_073

Jenny: 미셸이 왜 울고 있지? 그녀에게 무슨 일 있어?
Patrick: 미셸이 방금 지난주에 본 면접에 관해서 그 회사에 전화했는데, 뽑히지 않은 게 틀림없어.
Jenny: 지원자가 너무 많았기 때문에 힘들 거라는 걸 난 알았어. 게다가 미셸이 그날 면접 보기 전에 잔뜩 긴장해 있었다고 나한테 말했었거든.
Patrick: 안타깝네! 우리 그녀에게 술 한 잔 사거나 하는 건 어때? 지금 그녀는 같이 있어 줄 사람이 필요할 것 같은데…
Jenny: 좋은 생각!

8 get on the ball

잘 알아보다

EXAMPLE DIALOGUE

Jenny Hey. Jimmy! I'm calling in regards to the refugee children who need help. Why don't we set up a meeting so that we can talk in greater detail about how we might be able to help these kids?

Jimmy Sure! How about Friday 2 P.M.?

Jenny That works for me. I'd also like to make sure we all understand their culture as well in order to help them better.

Jimmy I totally agree with you. I'll **get on the ball** and do enough research before our meeting.

Jenny Sounds like a plan! See you on Friday!

Jimmy I'll see you then!

Jenny: 지미! 도움이 필요한 난민 아이들에 관해서 전화하는 거야. 우리가 어떻게 이 아이들을 도울 수 있을지에 대해서 좀 더 자세히 이야기할 수 있도록 회의 날짜를 잡는 게 어떨까?
Jimmy: 좋지! 금요일 오후 2시는 어때?
Jenny: 괜찮아. 또한, 그들을 더 잘 도와줄 수 있기 위해서 우리가 그들의 문화도 이해할 수 있도록 하고 싶어.
Jimmy: 전적으로 동의해. 내가 잘 알아보고, 우리 회의 전에 충분한 조사를 할게.
Jenny: 좋은 생각! 금요일에 봐!
Jimmy: 그때 봐!

HELP REFUGEES

4 Interview

Jennifer Acker

아래 인터뷰를 우리말로 번역한 것을 읽고 영어로 말하고 싶은 표현을 표시해 보자. 표시한 우리말 문장을 각자 영어로 말해 보고, 다음 페이지의 영어 대화문에서 실제로 어떻게 쓰였는지 확인해 보자.

Kim: 그렇다면, 제니퍼 씨께서 영화에 출연하실 기회가 생기신다면, 어떤 역할을 맡고 싶으세요?

Jennifer: 하하… 또 다른 근사한 질문이네요! 저는 헝거 게임 영화에 나오는 캣니스 역할을 정말 해 보고 싶어요. 제 생각에 그녀는 정말 훌륭한 배우이고, 저는 그녀의 연기에 진심으로 감탄해요. 하지만 덧붙여 그 역할 또한, 그 영화를 서너 편 찍게 되면서, 그녀가 그 캐릭터가 가지고 있는 내면 변화를 실로 훌륭하게 그려내지요. 처음에 부드러움은 다소 조금만 가진 채 터프하게 시작하는데, 열정적인 인간으로 성장하면서 한 그룹에 속한 사람들을 위해 싸우죠, 그러니까 자기 자신만을 위해 싸우는 것과는 대조적으로 말이에요. 그래서 그녀의 캐릭터 변화는 대단히 흥미로워요. 게다가 제 생각에 그녀는 젊은 여성들에게 정말 훌륭한 역할 모델이기도 해요. 그녀는 자립심이 무척 강하죠. 옳은 것과 그녀가 믿는 것을 위해 싸우고요. 훌륭한 역할을 가진 힘 있는 캐릭터예요. 재미있는 순간들을 연출하기도 해요. 매우 극적인 장면들도 있고. 그게 바로 제가 그런 방향으로 발돋움할 수 있도록 하는 꿈꾸던 역할의 하나랍니다. 현대 사회에서 강한 여성상을 보여 주는 훌륭한 역할 모델도 되면서 말이죠.

Kim: 와, 정말 멋진 답변이네요! 이제 제가 좀 바보 같은 질문을 드려도 될까요?

Jennifer: 하하… 그러세요.

Kim: 혹시 연기하시는 동안 대사를 잊어버린 적이 있으세요? 제가 너무 우스꽝스러운 질문을 드렸다면 용서하세요. 하지만 전 배우들에게 이 질문을 항상 물어보고 싶었거든요.

Jennifer: 아뇨, 전혀 바보 같은 질문이 아니고, 그 대답은 네, 그런 적이 있어요. 하하… 음… 사실 저는, 장면에 함께 출연하는 배우가 저를 거기서 구제해 줘야 할 만큼 심하게 (대사를) 잊어버린 적은 없어요 – 구제한다는 건, 그러니까 그 배우가 제 대사를 말해 준다거나 혹은 그 상황에서 벗어날 수 있도록 도와준다는 의미죠. 그런 일이 일어나도록 한 적은 없지만, 두 번의 작은 대사 실수를 낸 적은 있어요.

MP3_074

Kim: Then, if you had a chance to play in a movie, what role would you like to take on?

Jennifer: Haha…That's another awesome question! I think I'd really like to play a character like Katniss in the Hunger Games movies. I think she is a wonderful actress, and I really admire her work, but additionally the role is, because she goes on three to four movies, she has a really wonderful arc as a character. She starts out tough with little moments of tenderness, and she grows into a compassionate person who fights for an entire group of people as opposed to just fighting for her own life, so her character journey is fascinating. Then, she also is a really wonderful role model, I think, for young women. She really ⑨ **stands on her own feet**. She fights for what's right and what she believes… She's just a powerful character with a great role. She has some really funny moments. She has some extremely dramatic moments; that would be kind of a dream role for me to get to ⑩ **stretch myself** in that way. Also, being a great role model for what it is to be a strong woman in modern society.

Kim: Wow, that was just a wonderful answer! Now, would you mind if I ask you a kind of silly question?

Jennifer: Haha….Not at all!

Kim: Was there ever a time you forgot your lines while you were acting? Please forgive me for asking such a ridiculous question, but I've always wanted to ask this question to actors and actresses.

Jennifer: No, it's actually not a silly question at all, and the short answer is yes, I have. Haha…Umm, I've never forgotten so badly that I've had a scene partner ⑪ **bail** me **out** in a scene, which means them saying my line or getting us out of the hole. I've never had that happen, but I have had two little line ⑫ **flop**s happen.

VOCABULARY & IDIOMS

❾ stand on one's own feet

자립하다

EXAMPLE DIALOGUE

Darren Mom, can you please help me with my homework assignment?

Mom Have you tried to complete it for yourself first?

Darren No, mom, but I'm tired and don't wanna do this by myself.

Mom You've been playing the computer game all day long, and now you're telling me you're too tired to do your homework by yourself? Darren, you're in high school now. Please act your age and be more mature.

Darren All right, mom! I'll try to **stand on my own feet** from now on, but can you please do this homework for me just this time?

Mom Darren!

Darren: 엄마, 제 숙제 좀 도와주실 수 있으세요?

Mom: 먼저 너 스스로 끝내보려고는 해봤니?

Darren: 아뇨, 엄마, 하지만 저 너무 피곤해서 이걸 저 혼자 하기는 싫어요.

Mom: 넌 온종일 컴퓨터 게임을 하고서는, 지금 엄마한테 너무 피곤해서 혼자서 숙제를 못 하겠다고 하는 거야? 데런, 넌 이제 고등학생이야. 제발 나이에 맞게 행동하고 철 좀 들어.

Darren: 알았어요, 엄마! 지금부터는 독립적이 되도록 할게요. 하지만, 이번만 이 숙제 좀 저 대신 해 주시면 안 될까요?

Mom: 데런!

MP3_075

⑩ stretch oneself

발돋움하다/나아가다

EXAMPLE DIALOGUE

Sarah Do you have the time?

Graham It's just 6:20 P.M.

Sarah Oh, my God! I have to be home on the double!

Graham Why?

Sarah My French teacher comes at 6:30 P.M.

Graham Wait a second! You're learning French?

Sarah Yes. I heard learning a foreign language is one of the best ways to **stretch yourself**.

Graham I've heard something like that, too. So do you need a ride home?

Sarah No, but thanks! I live within walking distance from here.

Sarah: 지금 몇 시야?
Graham: 오후 6시 20분밖에 안 됐어.
Sarah: 앗! 집에 급히 가봐야 해.
Graham: 왜?
Sarah: 프랑스어 선생님께서 6시 30분에 오시거든.
Graham: 잠깐만! 너 프랑스어 배워?
Sarah: 응. 외국어를 배우는 것이 나를 발전시키는 가장 좋은 방법 중 하나라고 들었거든.
Graham: 나도 그 비슷한 말 들은 적이 있어. 집까지 데려다줄까?
Sarah: 고맙지만, 사양할게! 여기서 걸어갈 수 있는 거리에 살거든.

VOCABULARY & IDIOMS

⓫ bail ~ out

곤경에 빠진 ~를 구하다

EXAMPLE DIALOGUE 1

Boss We need backup, on the double!

Employee Yes, sir. The government has **bailed out** our company whenever we were financially struggling, and I'm sure they'll provide all the support that we need this time as well.

사장: 지원이 필요해요, 당장!

직원: 네, 알겠습니다. 정부가 우리가 재정적으로 힘들 때마다 구해 줬는데, 이번에도 우리가 필요한 지원을 해 줄 겁니다.

EXAMPLE DIALOGUE 2

Brent Hey, Molly! I don't see Lucy. Is she coming today?

Molly No, she's not. Lucy told me her son got into trouble again.

Brent Again? I thought he was trying to stay out of trouble.

Molly So did I. In any case, she has to go to the city jail to **bail** him **out** for stealing some alcoholic beverage from a liquor store.

Brent Oh, no! How did Lucy take the news?

Molly When she called me, she was still reeling from the shock.

Brent That's too bad.

Brent: 이봐, 몰리! 루시가 안 보이네. 루시 오늘 와?

Molly: 아니, 안 와. 루시 아들이 또 사고를 쳤다고 해.

Brent: 또? 난 걔가 사고 같은 건 안 치려고 한다고 알고 있었는데.

Molly: 나도. 어쨌든, 주류판매점에서 술을 훔치려다 시 교도소에 잡혀간 그 애를 루시가 (보석금으로) 빼내러 가야 한대.

Brent: 세상에! 루시는 그 소식을 어떻게 받아들였어?

Molly: 나한테 전화했을 때, 여전히 충격으로 진정이 안 된 상태였어.

Brent: 안 됐다.

MP3_076

⑫ flop

실패작

EXAMPLE DIALOGUE

Kim Hey, do you wanna check out the new movie, "Finding Bory"?

Paul Could we please watch another movie? I've heard that movie is a total **flop**.

Kim Seriously? Peggy said the movie stirred her soul.

Paul All rightie! Although I don't trust Peggy's taste at all, let's just watch that movie since there's nothing else to watch anyways.

Kim Are you sure?

Paul I am. Let's go!

Kim Okie dokie!

Kim: 저기, 새 영화, "보리를 찾아서" 보러 안 갈래?

Paul: 우리 제발 다른 영화 보면 안 될까? 난 그 영화가 완전한 실패작이라고 들었거든.

Kim: 정말? 페기는 그 영화가 그녀의 영혼을 뒤흔들었다고 하던데?

Paul: 그래, 알았어! 내가 페기의 취향을 신뢰하진 않지만, 다른 영화 볼 게 없으니까, 그냥 그 영화 보자.

Kim: 진짜지?

Paul: 그래, 빨리 가자!

Kim: 알았어!

Interview 5

Jennifer Acker

아래 인터뷰를 우리말로 번역한 것을 읽고 영어로 말하고 싶은 표현을 표시해 보자. 표시한 우리말 문장을 각자 영어로 말해 보고, 다음 페이지의 영어 대화문에서 실제로 어떻게 쓰였는지 확인해 보자.

Jennifer: (계속) 첫 번째로 가장 흔한 일은, 우리 업계에서는 "going up on a line" (연극배우가 대사를 까먹는 일을 말하는 표현)이라고 부르는 일이에요. 제 생각에 공연 둘째 주쯤 되면 사람들이 대사를 잊어버리는 것 같아요. 상황이 닥치면 자기 대사를 읊는 것에 익숙해지지만, 그런 장면들에 지나치게 익숙하다 보면 그게 실제 상황처럼 되어 버리기 시작하죠. 즉, 배우가 그 대사들과 장면들이 지나치게 편해지기 시작하면 그 장면 속에 온전하게 살아있게 돼요. – 그러니까, 배우가 연습했던 것을 하는 것과는 대조적으로 말이죠... 그리고 그런 단계가 시작되면, 배우는 가끔 자신이 해왔던 것과는 다르게 대사를 치기도 해요. 그래서 갑작스럽게 "어머, 이게 뭐지? 내가 지금 어디 있는 거야?"라고 하게 되거나, 그 순간 대사를 까먹게 되기도 하죠. 저도 그런 일이 몇 번 일어나게 한 적이 있어요. 제가 뭔가를 말하고, 그 씬에 함께 연기하는 배우가 뭔가 들어본 적이 없는, 그러니까 그 전에는 도무지 들어본 적조차 없는 새로운 말을 하죠. 그런 것들이 잠시 대사를 잊어버리게 해요. 하지만 그런 식의 대사 까먹는 일들은, 제 생각에는 정말 좋은 일인 것도 같아요... 왜냐하면 배우로서 그 순간의 실제함을 더해 주니까요... 그러니까 마치 내가 그다음에 어떤 대사를 하게 될지 모르고 있는 것처럼 말이죠. 하지만 제게 일어났던 최악의 실수는 사실 우스운 일화이긴 해요. 다행히 공연 중은 아니었고, 마지막 총연습을 할 때였는데, 즉 관객은 없었고 우리만 있었어요... 저는 한 레퍼토리의 두 연극을 했는데, 그러니까, 이를테면, 배우가 하나의 연극을 목요일 밤에 하고 두 번째 연극은 금요일 밤에, 또 첫 번째 연극을 토요일 밤에, 두 번째 연극을 일요일 밤에 하는 식이죠. 저는 (그 두 연극에서) 대단히 비슷한 캐릭터를 연기했는데, 연출(blocking) 또한 매우 비슷했죠 – blocking이란 배우가 어디에 서서 연기해야 하는지, 그러니까 이를테면 무대를 가로지르는지 등과 같은 것들이에요. 암튼 제가 그 장면 마지막에 낮게 앉았어요. 반지를 하나 들고서는 "왕이시여, 이것은 저에게 주어진 반지입니다."라고 무릎을 꿇고 말해야 했거든요. 그런데 다른 연극에서의 대사를 말하기 시작했어요, 그러니까 저는 목요일 밤에 해야 하는 연극을 리허설하고 있었는데, 금요일 밤에 올리는 연극의 대사를 말하고 있었던 거죠... 제가 독백을 한참 하던 중에, "아니, 그거 아니야!"라고 누군가 말했고, 모든 연기자들이 웃음을 터뜨렸어요. 그게 너무나 바보 같은 실수라서 다시 제자리로 돌아오는데 한 10분 정도 걸렸죠.

Jennifer: (Continuing) The first and

MP3_077

most common, what we call in the biz, is going up on a line. So the most common way I think people go up on a line is once you're in about the second week of performance, you're getting used to things, and you're familiar with how you say lines where moments land as an actor, but then you get so familiar with those parts where it starts really becoming real. You start becoming so comfortable with the dialogue and the scenes, and you're living in it more fully – as opposed to doing what you have practiced…and when that stage of the process happens, you will sometimes say a line so differently than you've ever said it before, and all of a sudden you go, "Oh, what was that? Where am I?", and you kind of go up on a line in that moment. So I had had it happen a couple of times. I would say something, and my scene partner would say something so fresh, so new, and so never been heard before. It sort of makes you forget your line for a moment…but those kinds of going up on lines, I think they're really nice because it adds to the realness of the moment as an actor…like I don't know what I'm about to say, but the worst one that has ever happened was kind of a funny anecdote. I was not in performance, thankfully, was in a final dress rehearsal, so there was no audience, just us...but I was in two plays in repertory, which means that, ⓭ **let's say**, you're doing one play on Thursday night and the second play on Friday night, and then the first play on Saturday night and the second play on Sunday night. I happened to be playing a character that was very similar, and my blocking was very similar - blocking is where you're told to stand like across the stage or things like that, and I went down at the end of the scene. I was supposed to raise a ring and say, "King, this is the ring that was given to me," and I ⓮ **dropped down on my knees** to say it, and I began to say the lines from the wrong play, so I was rehearsing the play I was supposed to be on Thursday night, but I was saying the lines from the play that's supposed to be on Friday night…and I was just in the middle of my monologue. "No, that's wrong!" and the whole cast ⓯ **erupted in laughter**. It took us about 10 minutes to ⓰ **get back on track** because it was so silly.

VOCABULARY & IDIOMS

⑬ let's say

예를 들면/이를테면

EXAMPLE DIALOGUE

Calyn Josh knows how to save his face very well to the point that it's annoying me.

Kyle What do you mean by that?

Calyn Well, **let's say** he gets fired. Then, he will save his face by telling everyone he has resigned.

Kyle Don't get too serious! I think it's a tactful way of telling people he got fired.

Calyn I wouldn't say that.

Calyn: 조쉬는 자기 체면을 세우는 법을 매우 잘 알고 있는데, 그게 나를 짜증 나게 할 정도라니까.
Kyle: 그게 무슨 말이야?
Calyn: 그러니까, 예를 들어, 걔가 해고당했다고 한다면 말야. 그럼, 걔는 모두에게 자기가 사표 썼다고 말함으로써 체면을 세우는 거야.
Kyle: 너무 심각하게 그러지 마! 난 그게 사람들에게 그가 해고당했다는 말을 요령 있게 하는 방법이라고 생각해.
Calyn: 난 그건 아니라고 생각해.

⑭ drop down on one's knees

무릎을 꿇다

EXAMPLE DIALOGUE

Sarah Greg proposed to me, and I said yes.

Julie OMG! Did he **drop down on his knees**?

Sarah Yes, he did. Gosh, it was so romantic!

Julie You must be over the moon!

Sarah: 그렉이 나한테 프러포즈했는데, 내가 수락했어.
Julie: 세상에! 그가 무릎을 꿇었어?
Sarah: 응, 그랬어. 그건 정말 로맨틱했어!
Julie: 너 정말 황홀하겠구나!

⓯ erupt in laughter

웃음을 터뜨리다

EXAMPLE DIALOGUE

Jen We had such a blast at Megan's birthday party.

Nathan Really? I couldn't make it because of my final exam.

Jen Megan told me about that. Megan's husband, Jake had everyone **erupt in laughter** throughout the whole party.

Nathan It must have been really fun!

Jen: 우리 메간의 생일 파티에서 정말 좋은 시간을 보냈어!
Nathan: 정말? 난 기말고사 때문에 가지 못했어.
Jen: 메간이 그러더라고. 메간의 남편, 제이크가 파티 내내 모두를 웃게 했어.
Nathan: 정말 재밌었겠다!

⓰ get back on track

정상으로 돌아오다

EXAMPLE DIALOGUE

Kyle As you know, since our key player, Jack got injured last season, we might as well find someone who can replace him as soon as possible.

Olivia I know what you mean, but there is really nobody who can replace Jack at this point. Why don't we help Jack **get back on track** before next season starts?

Kyle Well, would it even be possible?

Olivia Let's discuss it with our medical team and hear what they have to say before making any decision. Jack's physical therapist should be able to tell us about Jack's situation in more detail.

Kyle Good idea!

Kyle: 너도 알다시피, 우리 주전 선수인 잭이 지난 시즌에 부상을 당했기 때문에, 우리는 그를 대체할 선수를 최대한 빨리 찾아야 해.
Olivia: 나도 무슨 말인지는 알지만, 지금 시점에서 잭을 대체할 선수는 정말 아무도 없어. 다음 시즌 시작하기 전에 잭이 정상 상태로 돌아올 수 있도록 우리가 도와주는 건 어떨까?
Kyle: 글쎄, 그게 가능하긴 할까?
Olivia: 결정을 하기 전에, 우리 의료팀과 상의해서 그들이 하는 말을 들어 보자. 잭의 물리치료사가 잭의 상태에 대해서 더 자세하게 말해 줄 수 있을 거야.
Kyle: 좋은 생각이야!

6 Interview

Jennifer Acker

아래 인터뷰를 우리말로 번역한 것을 읽고 영어로 말하고 싶은 표현을 표시해 보자. 표시한 우리말 문장을 각자 영어로 말해 보고, 다음 페이지의 영어 대화문에서 실제로 어떻게 쓰였는지 확인해 보자.

Kim: 세상에! 재미있는 일화를 저희에게 이야기해 주셔서 감사합니다. 이제 이 질문을 드릴까 해요. 제니퍼 씨의 사생활, 그러니까 가족이나 로맨스 같은 이야기도 좀 해 주실 수 있으세요?

Jennifer: 네. 저는 지금 애틀랜타에 살아요. 그리고 아주 멋진 남자 친구가 있어요. 한 5년 정도 데이트해 왔는데, 우리는 고양이가 두 마리 있어요. 둘 다 구조된 고양이들이죠. 하나는 작은 회색 고양이에요. 이름은 루나인데, 이탈리아어로 달이라는 말인데, 그녀는 불행히도 학대당했었고, 그래서 우리가 동물 보호소에서 입양했어요. 우리의 두 번째 고양이는 쓰레기 더미에서 발견되었어요. 저는 그가 크리스피 크림과 버거킹 사이에 있는 쓰레기통에서 발견되었다고 항상 장난삼아 말하는데, 왜냐면 그 고양이는 생애 첫 1년 동안 치즈버거와 도넛만 먹었거든요. 하하... 그의 이름은 루도예요. 이렇게 루도와 루나는 제 애완동물들이에요. 저는 개를 키우고도 싶지만, 두 사람 다 배우라, 오, 제 남자 친구 또한 배우거든요, 개를 산책시킬 시간이 거의 없어요... 그래서 우리는 고양이를 기르는데 왜냐면 그들이 좀 더 독립적이기 때문이죠. 그리고 저는 조지아주 애틀랜타의 아름다운 로프트(공장 등을 개조한 아파트)에 살아요. 그건 150년 된 면직공장 안에 있는데, 모두 아름다운 벽돌로 지어졌고, 30피트 높이 천장에, 나선형 계단을 통해 침실로 가게 되어 있죠. 정말로 근사한 곳인데, 가장 멋진 점이라면 제 이웃들도 모두 예술가라는 점이에요. 그래서 사람들이 그곳을 예술가들의 로프트라고 불러요. 제 경우, 오페라 가수가 바로 맞은 편에 살아요. 우리는 그가 노래하는 걸 항상 들어요... 그리고 그는 살롱을 운영하는 그래픽 디자이너 맞은 편에 살죠... 그래서 예술가들이 살 수 있는 아마도 가장 멋진 곳인 것 같아요.

Kim: 환상적이네요! 제니퍼 씨가 정말 부러워요. 제 마지막 질문은... 저는 사실 이 질문을 제 모든 인터뷰이들에게 했는데... 제니퍼 씨는 행복을 어떻게 정의하세요? 또한, 지금 사시고 계신 삶의 방식에 행복하세요?

Jennifer: 또 하나의 사려 깊은 질문이네요! 저는 행복을, 이건 제가 연기자로 살면서 연기를 하면서 배운 교훈인 것 같은데, 자신의 진정한 자아를 아는 것, 자신의 진짜 목소리를 아는 것, 그리고 그것을 (다른 이들에게) 전달할 수 있는 것이라고 생각해요.

Kim: Oh, my… Thank you for sharing such an amusing anecdote with us. Now let me ask you this question. Can you please tell us about your personal life…such as your family or romance?

Jennifer: Yes. I live in Atlanta now. I have a wonderful boyfriend. I've been dating him for about five years, and we have two cats. Both are rescue cats. One is a little grey kitty. Her name is Luna, which is Italian for the word, "Moon", and she was abused unfortunately, so we adopted her from a shelter. The second cat we have was found at a dumpster. I always joked that he was found at a dumpster between Krispy Kreme and Burger King because he only ate cheese burgers and donuts for like the first year of his life...haha...and his name is Ludo, so Ludo and Luna are my pets. I'd love to have a dog, but with two actors, oh my boyfriend is also an actor, there's hardly time to walk a dog...so we have cats because they're a little more independent… and I live in a beautiful loft in Atlanta, Georgia. It's in a 150-year old cotton mill, so it's all beautiful brick, 30-foot-ceilings, a spiral staircase to get to the bedroom. It's a really neat place, and the coolest part about it is all of my neighbors are artists as well. ③ They call them the **artists'** lofts. I live across the hall from an opera singer. We hear him singing…and he lives across the hall from a graphic designer who hosts salons...so it's about the coolest place an artist could live.

Kim: That's just fantastic! I'm really envious of you! My last question is… actually, I've asked this question to all my interviewees. How do you define happiness? Also, are you happy with the way your life is?

Jennifer: That is another thoughtful question! I define happiness, and I think this is the lesson I learned from acting actually and being an actor, is knowing your most authentic self, knowing your true voice, and being able to communicate it.

7 Interview

Jennifer Acker

아래 인터뷰를 우리말로 번역한 것을 읽고 영어로 말하고 싶은 표현을 표시해 보자. 표시한 우리말 문장을 각자 영어로 말해 보고, 다음 페이지의 영어 대화문에서 실제로 어떻게 쓰였는지 확인해 보자.

Jennifer: (계속) 제 생각에 사회 속에서 우리는 종종 어떻게 말하고 행동해야 하는지를 배우는데, 모든 그런 가르침이 소중해요, 그래야 우리가 예의 바른 사람이 될 수 있으니까요... 하지만 전 가끔 우리가 참된 우리 자신과 단절되며, 여러 부류의 사람들을 만날 때 쓰는 수많은 가면들을 가지고 있다고 생각해요.

Kim: 정말 그래요!

Jennifer: 그래서 그 가면들을 벗어버리고, 당신의 진실을 말하고, 당신의 참된 모습을 알며 또 그게 어떤 모습이든 그것을 사랑하는 것... 그게 바로 행복이 존재하는 지점이죠... 자신의 진실을 안다는 것, 사실 그건 정말 힘들어요. 저도 여전히 그러려고 노력하고 있지만, 제 생각에, 가장 중요한 것은, 그래요, 대부분의 경우에 난 행복하고 지속적인 행복을 찾으려고 노력해요, 제 내면의 목소리를 들어 보는 시간을 가지면서요. 저는 명상을 자주 한다던가 요가에 다니면서 그렇게 해요, 혹은 조용히 (다른 이들과) 단절된 상태에서 그냥 앉아 있는다던가 하면서요. 그러니까, 그때 제 전화기를 꺼놓는 건 제게는 정말로 중요한 일이에요... 그래서 다른 사람들의 목소리들이 제게 끊임없이 주입되지 않도록 말이죠. 저는 제 목소리를 가장 먼저 그리고 가장 잘 알아야 하니까요.

Kim: 정말 근사하네요! 한국의 독자들에게 다른 말씀 하시고 싶으신 것 또 있으세요?

Jennifer: 저는 한국의 독자들이 조지아주 애틀랜타를 오셔서 방문하기 바랍니다. 정말 멋진 도시거든요. 아름답고요. 여기는 풍부하고 생동감 넘치는 예술 현장이 있어요... 그리고 저도 언젠가 꼭 한국에 가보고 싶어요. 더불어, 연극을 보고 음악 공연을 보고, 미술 전시회에 가는 것으로 예술가들과 지역 예술을 지원해 주실 것을 기억해 주세요. 왜냐면 우리가 지원하지 않으면, 예술은 사라져 버릴 테니까요. 그리고 그건 인간 존재의 다채로움과 삶의 정수에서 만끽할 수 있는 풍요로움에 있어 매우 중요한 부분이니까요. 그래서 저는 사람들에게 예술가들을 지원하라고 상기시켜주고 싶어요, 그래서 저 같은 사람들이 예술가로 살아갈 수 있도록도 하고 말이죠, 하하...

Kim: 제니퍼 씨, 오늘 시간 내주셔서 정말로 감사합니다. 이야기 나누면서 즐거웠습니다.

Jennifer: 감사합니다.

Jennifer: (Continuing) I think in society we're often taught how to speak and how to behave. All those lessons are very valuable so that we're polite people…but I think sometimes we get disconnected from our true selves, and we have a lot of masks that we wear with different groups of people.

Kim: Oh, absolutely!

Jennifer: …and to be able to ⑰ **pull** those masks **off** and speak your truth and know your truth and love your truth no matter what. That is where happiness lies…to know your truth, and it's really hard. I'm still working on it, but I think, at the end of the day, yes, I am for the most part happy and working to find consistent happiness by spending time with my internal voice. I do that with a lot of meditation, or going to yoga, or just sitting silently and unplugging. That's a very important thing for me turning my phone off, so I'm not constantly ⑱ **being infused with** other people's voices. I need to know my voice first and foremost.

Kim: Fabulous! Do you have anything else that you would like to say to the Korean audience?

Jennifer: I hope very much that the Korean audience can come visit Atlanta, Georgia. It's a really neat city. It's beautiful. It has a rich and vibrant art scene…and I can't wait to come to Korea someday. Also, to remember to support artists and local art, seeing live theater and seeing music performances, going to art shows because if we don't support it, it will ⑲ **fade away**, and it's such an important part of the richness of human fabric and the richness of what it is to be alive. So I just wanna remind the people to support artists so people like me can live as an artist. Haha…

Kim: Jennifer, thank you so much for your time today. It was a pleasure talking with you.

Jennifer: Thank you.

VOCABULARY & IDIOMS

⓱ pull off ~

~을 벗다/벗기다

EXAMPLE DIALOGUE

Jen Jake, Tom will be out here in a minute.

Jake Wow! How did you wake him up?

Jen I **pulled off** his blanket and yelled, "Get up!" Simple as that.

Jake Nice!

Jen: 제이크, 톰이 1분 후에 나올 거야.

Jake: 우와! 걔를 어떻게 깨웠어?

Jen: 걔의 담요를 걷어 내고는, "일어나!"라고 소리 질렀어. 그렇게 간단했어.

Jake: 좋았어!

⓲ be infused with ~

~가 배어들다/스며들다

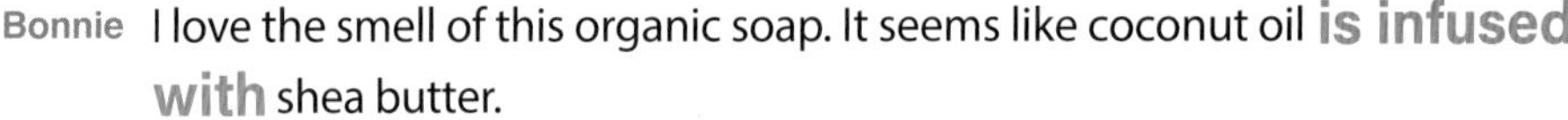

EXAMPLE DIALOGUE

Bonnie I love the smell of this organic soap. It seems like coconut oil **is infused with** shea butter.

Tim Correct! Why don't you also try this honey soap bar that **is infused with** tropical fruits?

Bonnie Oh, my God! I love it! I'll take this one as well.

Tim Here they are, and please try out these samples of our new products.

Bonnie Thanks a million! I don't think many people know about this soap store, and I'll spread the word, so please keep up the outstanding work!

Tim Thanks. We will.

Bonnie: 이 유기농 비누의 향이 참 좋아요. 코코넛 오일에 시어버터가 스며있는 것 같아요.

Tim: 맞아요! 여기 열대 과일이 들어간 꿀비누도 한 번 써 보실래요?

Bonnie: 세상에! 정말 좋네요! 이것도 살게요.

Tim: 여기 있습니다. 그리고 저희 신상품 샘플도 한 번 써 보세요.

Bonnie: 정말 감사합니다! 이 비누 가게를 많은 사람이 모르는 것 같아서, 제가 사람들에게 알리려고 해요. 그러니 계속해서 잘 해 주세요.

Tim: 감사합니다. 그렇게 하겠습니다.

MP3_081

⓳ fade away
사라져 버리다

EXAMPLE DIALOGUE

Michelle Is there any well-known fortuneteller in town?

Sarah Well, I'm not sure if she's well-known, but I've visited Catherine Coy once.

Michelle I think I've heard of the name. So how was it?

Sarah Well, she wasn't accurate in many things. There was maybe one thing she did get right, but most of what she said seemed very disbelieving and inaccurate about my current life, so there wasn't much to believe about what she said about my future. In a nutshell, it wasn't worth the money even though I only paid $25.

Michelle Really? Is there anyone else that I could see?

Sarah We used to have several palm readers here, but somehow many of them **faded away**.

Michelle: 이 도시에 잘 알려진 점쟁이가 있어?
Sarah: 글쎄, 그녀가 잘 알려졌는지는 모르겠지만, 캐서린 코이한테 한 번 가본 적이 있긴 해.
Michelle: 나도 그 이름은 들어본 적이 있는 것 같아. 그래, 어땠어?
Sarah: 글쎄, 많은 부분에서 못 맞추더라고. 아마 하나쯤 맞춘 것 같긴 하지만, 그녀가 말한 대부분이 믿기지 않았고 현재의 내 삶에 대해서 부정확했기 때문에, 내 미래에 대해서 그녀가 한 말들은 믿을 게 별로 없었어. 간단히 말해서, 내가 25달러밖에 주지는 않았지만, 그 돈에 대한 값어치를 하지 못했어.
Michelle: 정말? 내가 볼 수 있는 다른 사람은 없을까?
Sarah: 여기 손금 보는 사람들이 몇 명 있긴 했는데, 어쩐지 그들 중 많은 수가 사라졌어.

❶ I'm a professional actor **living in Atlanta, Georgia.**

조지아주 애틀랜타에 살고 있는 전문 배우입니다.

〉〉 이 문장에서 "living in Atlanta, Georgia"는 현재분사로 주절인 "I'm a professional actor"를 꾸며준다. 이때, 현재분사 "living"은 수식어로 쓰이고 있기 때문에 시제를 가지고 있지는 않지만, 주절의 동사와 동시에 일어나는 일로 보면 된다.

EXAMPLE DIALOGUE 1

Katie I feel guilty whenever I download music without paying for it. I'm kind of wondering if it's always legal.

Matthew I don't know about it well, but when it comes to copyrights in the music industry, I understand there are still many legal gray areas.

Katie Really?

Matthew Yeah, I heard it on the radio. I think it was NPR. You know, **I'm always driving listening to NPR**.

Katie: 난 돈을 내지 않고 음악을 다운로드할 때마다 죄책감이 느껴져. 그게 항상 합법적인지 궁금하기도 하고.
Matthew: 거기에 대해서는 잘 모르겠지만, 음악 산업 쪽에서 저작권에 관한 한, 법적으로 애매한 영역이 여전히 많이 존재한다고 알고 있어.
Katie: 정말?
Matthew: 응, 라디오에서 들었어. NPR이었던 것 같아. 실은 난 언제나 NPR(National Public Radio: 미국의 라디오 채널)을 들으면서 운전하거든.

EXAMPLE DIALOGUE 2

Wife Honey, look at this article. It's about 16 cancer causing foods, and microwave popcorn is one of them. Obviously, you should really cut down on popcorn.

Husband Why is that?

Wife Let me see…oh, here it is. They say it's because the chemical in the butter flavoring may be linked to lung cancer.

Husband But I need popcorn while watching a movie.

Wife Honey, stop being silly. You don't always have to **watch movies eating popcorn**.

아내: 여보, 여기 이 기사 좀 봐요. 암을 유발하는 16가지 음식에 관한 기사인데 전자레인지 팝콘이 그중 하나예요. 확실히 당신 팝콘 좀 줄여야겠어요.
남편: 왜 그렇지요?
아내: 잠깐만요… 오, 여기 있네요. 버터 맛을 내는 화학 물질이 폐암과 연관이 있을지 모르기 때문이라고 하네요.
남편: 하지만 난 영화를 볼 때면 팝콘이 필요해요.
아내: 여보, 어리석게 굴지 말아요. 항상 팝콘을 먹으면서 영화를 볼 필요는 없잖아요.

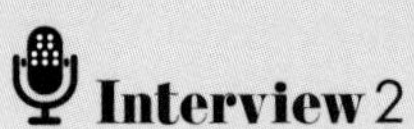

② **I've gotten to do** a lot of really wonderful Shakespearean roles.

저는 정말 멋진 셰익스피어 작품 속의 역할들을 많이 했어요.

>> 이 문장의 문법 구조를 공부하기 위해서는 우선 "have got"과 "have gotten"의 차이를 알아야 한다. 일단 "have gotten"은 영국 영어에서는 볼 수 없는 형태로, 영국 영어에서는 "have got"만 쓰인다. 반면, 미국 영어에서는 "have got"은 "have"와 거의 같은 의미로 상태 동사로 쓰이며, "have gotten"은 have become이나 have obtained의 의미로 동작 동사로 쓰인다. 이 각각의 예를 보여 주는 대화문을 살펴보자.

• Have got

EXAMPLE DIALOGUE 1

Jenny How's it going with the research project?

Greg Jack told me he would take care of it.

Jenny Jack is usually a very reliable guy, but I wouldn't count on him at this point since **he's got (= he has) so much work to do this semester**.

Jenny: 연구 프로젝트는 잘 돼가?
Greg: 잭이 자기가 다 알아서 하겠다고 했어.
Jenny: 잭이 보통 믿을 만한 녀석이긴 하지만, 이번 학기에는 그가 해야 할 일이 너무 많아서 나라면 지금 시점에서는 그에게 기대지 않겠어.

EXAMPLE DIALOGUE 2

Aileen Did you finish grading the students' writing samples?

Bob Oh, no! For some reason, I overlooked the grading job yesterday. You know, I have had a good bit on my mind these days.

Aileen I completely understand. **You've got a lot on your plate**. Do you think you can finish it today?

Bob Absolutely!

Aileen: 학생들 작문 샘플은 점수 다 매겼어?
Bob: 어쩌지! 어떤 이유에선지, 어제 그 점수 매기는 걸 깜빡했네. 사실, 요즘 내가 생각할 것이 좀 많아서 말야.
Aileen: 나도 이해해. 네가 할 일이 산더미처럼 있으니까. 오늘은 그걸 끝낼 수 있을 것 같아?
Bob: 물론이지!

EXAMPLE DIALOGUE 3

Meg So do you want to get together this Friday?

Denice Sure! What time on Friday?

Meg Maybe five-ish?

Denice Good! Oh, hold on! I'm sorry, but it slipped my mind that I have to work on Friday afternoon.

Meg Doesn't your store close at 4:30 on Friday?

Denice Yes, it does, but both Roger and I have a couple of part time jobs on Friday afternoon. You know, **we've got to save (= we have to save) additional money for our retirement**.

Meg: 이번 주 금요일에 만날까?
Denice: 그래! 금요일 몇 시?
Meg: 5시쯤?
Denice: 좋아! 앗, 잠깐만! 미안한테, 내가 금요일 오후에 일해야 한다는 걸 깜빡했네.
Meg: 너희 가게가 금요일 4:30분에 문 닫지 않아?
Denice: 맞아. 하지만 로저와 내가 금요일 오후에 아르바이트가 두어 개 있어. 사실, 우리가 퇴직을 대비해서 돈을 좀 더 저축해야 하거든.

• **Have gotten**

EXAMPLE DIALOGUE 1

Jen I love your shirt!

Jeff Thanks! Actually, **I've gotten so many compliments on this shirt**, and look at what it says on the back of it.

Jen Let me see… Oh, my God! This is such a terrible joke about Muslim people. How can you wear something like this on campus where there are so many international students? Have you lost you mind?

Jeff Come on, Jen! Don't take it personally! You're not even Muslim! Besides, it's kind of true that many people around the world associate Muslims with terrorism.

Jen Do you know that at least one out of every six people in the world is Muslim now? In addition, this kind of joke reinforces racial stereotypes. Gosh, I can't believe this, Jeff.

Jeff All right. I'm not gonna wear this shirt from tomorrow on, OK? I hope you don't think less of me because of this stupid shirt.

Jen: 네 셔츠 정말 좋다!
Jeff: 고마워! 사실, 이 셔츠에 대해서 칭찬을 정말 많이 들었는데, 셔츠 뒤에 뭐라고 써 있는지 봐.
Jen: 어디 한번 보자… 어머나, 세상에! 이건 이슬람교도들에 대한 끔찍한 농담이야! 넌 이렇게 많은 국제 학생들이 있는 캠퍼스에서 어떻게 이런 걸 입고 다닐 수가 있어? 미쳤니?
Jeff: 그만해, 젠! 너무 감정적으로 받아들이지 마! 넌 이슬람교도도 아니잖아. 게다가, 세계의 많은 사람이 이슬람교도들을 테러리즘과 연관 짓는 건 사실이잖아.
Jen: 넌 세계인들 6명 중 한 명이 이슬람교도인 건 알아? 게다가, 이런 농담은 인종에 대한 고정 관념을 강화시킨다고. 정말로, 난 믿을 수가 없어, 제프!
Jeff: 알았어. 내일부터는 이 셔츠 안 입을게, 오케이? 난 이놈의 바보 같은 셔츠 때문에 네가 날 나쁘게 생각 안 했으면 좋겠어.

EXAMPLE DIALOGUE 2

Darren Have you read this article?

Nancy I have. That guy is the most devious politican, isn't he?

Darren I know what you mean. He looks pretty shady to me as well.

Nancy There used to be so many corrupt officials and politicians, but **things have gotten much better these days**.

Darren I hear you.

Darren: 이 기사 읽었어?
Nancy: 읽어 봤어. 그 사람이 가장 부정직한 정치인이야, 안 그래?
Darren: 네 말뜻 알아. 나도 그 사람 많이 수상해 보여.
Nancy: 부패한 공직자와 정치인들이 많이 있었는데, 요즘은 많이 나아졌어.
Darren: 동의해.

EXAMPLE DIALOGUE 3

Professor Michelle! Come on in! I heard you became the chief researcher at the research center on campus. Congratulations! I'm so happy for you.

Student Yes, sir, and I wanted to thank you for everything you did for me, Professor Walters. Without your support, **I would not have gotten to the point that I am at today.**

Professor Well, it was my pleasure to teach such a motivated and smart student like you…and I do think you deserve that position.

Student Thank you, but again, I couldn't have done it without your help.

교수: 미셸! 들어와. 학교 연구 센터에서 네가 수석 연구원이 됐다고 들었어. 축하해! 나도 정말 기뻐.
학생: 감사합니다. 교수님께서 저를 위해서 해 주신 모든 것들에 감사드리고 싶었습니다, 월터스 교수님. 교수님의 지원 없이, 저는 지금의 제 위치까지 올 수 없었을 거예요.
교수: 자네처럼 의욕 있고 똑똑한 학생을 가르치는 건 내게 즐거움이었어… 그리고 난 자네가 그 자리에 오를 자격이 충분히 있다고 생각해.
학생: 감사합니다. 그래도 다시 한 번 말씀드리지만, 교수님의 도움 없이는 제가 해낼 수 없었을 거예요.

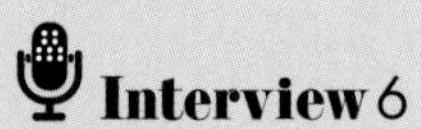

③ They call them the **artists'** lofts.

사람들이 그곳을 예술가들의 로프트라고 불러요.

〉〉 이렇게 복수형 명사를 소유격으로 만들 때는, 소유격을 나타내는 apostrophe(')만 붙이면 된다. 즉, 단수형과 달리 소유격을 나타내는 또 다른 s는 쓰지 않는다. (c.f. the artist's work)

EXAMPLE DIALOGUE 1

Nina **So do you like the students' idea?**
John On the whole, I'm in favor of it. However, if time allows, I'd like them to come up with a couple more options as well.
Nina Got it! I'll discuss it with them.

Nina: 그래, 넌 학생들의 생각이 맘에 들어?
John: 대체적으로는, 그것에 찬성해. 하지만, 시간이 허락한다면, 난 그들이 두어 가지 옵션을 더 생각해 내도 좋을 것 같아.
Nina: 알았어! 내가 그들과 상의해 볼게.

EXAMPLE DIALOGUE 2

George With that said, **I'd like to know the employees' opinion about the new employee benefits**.

Anne In fact, they don't feel like they can speak freely about this issue.

George What do you mean by that?

Anne I'm afraid some of them think you had a relatively strong reaction to Randy's complaint about the new system when it first came up.

George Well, I know I blew up at him that day, but it was not because of what he said but because of his sarcastic tone.

Anne I know, sir. He could've said that in a more professional way.

George Well, I was not professional either. Can I talk to Randy now?

Anne Sure! I hope it will be all sorted out.

George: 말이 나온 김에, 나는 새로운 직원 혜택에 대해서 직원들의 의견을 알고 싶어요.
Anne: 실은, 직원들이 이 문제에 대해서 자유롭게 말할 수 있다고 느끼지 않아요.
George: 그게 무슨 뜻이죠?
Anne: 죄송하지만, 그들 중 몇몇은, 처음 이 말이 나왔을 때, 사장님께서 랜디 씨가 새로운 시스템에 대한 불만을 이야기할 때 다소 강한 반응을 보이셨다고 생각하거든요.
George: 사실, 그 날 내가 그 사람한테 화를 내긴 했지만, 그건 그 사람이 하는 말의 내용 때문이 아니라 그 사람의 비아냥거리는 말투 때문이었어요.
Anne: 저도 압니다, 사장님. 그 사람이 좀 더 프로답게 말할 수도 있었을 텐데요.
George: 뭐, 나도 그리 프로답지는 못 했어요. 지금 랜디 씨와 이야기할 수 있을까요?
Anne: 물론이죠! 두 분 사이의 문제가 잘 해결되기 바랍니다.

SPEAKING TRAINING

STEP 1 다음 글을 또박또박 정확하게 읽고 암송해 보자. (읽은 후엔 V 표시)

MP3_086

1 직업적인 성취에 대해 말할 때

문단 읽기 ☐ ☐ ☐ ☐ ☐

Professionally,/ I've gotten to do/ a lot of really wonderful Shakespearean roles./ I've done Desdemona in Othello./ I've done Lavinia in Titus Andronicus./ I've done Ophelia in Hamlet,/ which was one of my favorite roles/...and I've also gotten to do/ lots of modern plays recently./ I actually just got nominated/ by the Atlanta Theater Award Ceremony/ for the best supporting performance in a musical/ for my portrayal of Maureen/ in the musical "Rent",/ which is about the 90s in New York City./ I also played Queen Guinevere,/ in Camelot,/ and some other roles/...maybe in lesser-known plays,/ but those are some of my favorite roles/ as a professional actor.

2 두 가지 직업을 비교해서 말할 때

문단 읽기 ☐ ☐ ☐ ☐ ☐

I love both forms of acting./ Film acting,/ you get to do so much/ with your eyes./ It's a very subtle form of acting./ All you have to do/ is have the thought./ You have the thought,/ and the camera's 4 inches away/ and picks it up./ It's really fun/ what you can do with the nuance/ in regards to film acting,/ but stage acting is addictive./ Stage acting,/ you get to play a character/ from the beginning to the end/ every night./ So you learn how the character grows/ from the start of the play/ to the end of the play/ every night./ In film acting,/ you shoot scene by scene./ They are often out of order,/ and it's often up to the editor/ to determine what kind of arc/ the character has./ As an actor,/ you really have full control of the journey/ your character goes on every night,/ which is pretty rewarding./ Secondly,/ probably more importantly than that is,/ in live theater/ you're with the audience./ You're all sharing something together,/ and the energy of a room is never the same./ It's an honor to be in a space with other people/ and to get to act/ and to feel them feeling it,/ to hear them laughing./ That's really what's addictive about live theater,/ and I know a lot of famous celebrities/ who do both live theater and the screen/ and always say they prefer stage/ because of that.

3 자신이 살고 있는 곳에 대해 말할 때

문단 읽기 ☐ ☐ ☐ ☐ ☐

I live in a beautiful loft in Atlanta, Georgia./ It's in a 150-year-old cotton mill,/ so it's all beautiful brick,/ 30-foot-ceilings,/ a spiral staircase to get to the bedroom./ It's a really neat place,/ and the coolest part about it/ is all of my neighbors are artists as well./ They call them the artists' lofts./ I live across the hall/ from an opera singer./ We hear him singing/...and he lives across the hall/ from a graphic designer/ who hosts salons,/ so it's about the coolest place/ an artist could live.

STEP 2 주어진 단어를 사용해서 우리말을 영어로 말한 다음 빈칸에 써 보자.

1 **직업적으로, 저는 정말 멋진 셰익스피어 작품 속의 역할들을 많이 했어요.**
(have gotten to do / professionally / Shakespearean roles)

---

2 **햄릿의 오필리아 역할을 해봤는데, 그건 제가 좋아하는 역할 중 하나였죠.**
(Ophelia in Hamlet / have done)

---

3 **영화 연기의 경우, 눈으로 많은 것을 해야 해요. 아주 섬세한 형태의 연기죠.**
(get to do / film acting / subtle form)

---

4 **영화 연기의 경우, 씬마다 따로 찍어요.**
(shoot / scene by scene)

---

5 **정말로 근사한 곳인데, 가장 멋진 점이라면 제 이웃들도 모두 예술가라는 점이죠.**
(as well / the coolest part about it / neat place)

---

6 **그리고 최근에는 현대극도 많이 해봤어요.**
(modern plays / have gotten to do)

STEP 3 빈칸에 자기 상황에 맞는 어휘를 넣어 문장을 완성해 보자.

1 Professionally, I've gotten to do ______________________________ ______________________________.

2 I've done ____________________, which was ______________________________.

3 In _______________, you get to do so much with ____________________.

4 I live in ______________________________ in ______________________________.

5 It's a really neat place, and the coolest part about it is _______________ ______________________________.

6 As a ___________, you ______________________________, which is ______________________________.

7 It's an honor to ______________________________ _______________. That's really what's addictive about ____________________.

8 I'd really like to play a character like _______________ in _______________ ____________________.

9 I define happiness is ______________________________ ______________________________.

10 I can't wait to ______________________________.

STEP 4 다음 질문에 답해 보자. (주어진 공간에 할 말을 적어 보기)

1 What have you done in your career?

2 Can you please tell us about your personal life…such as your family or romance?

3 Please tell me about where you live now.

4 Can you tell me about a time you made a mistake?

Happiness is knowing your most authentic self, knowing your true voice, and being able to communicate it.

Kim: Please introduce yourself to the Korean audience.

Jennifer: Hi, I'm Jennifer Acker, and I'm a professional actor living in Atlanta, Georgia.

Kim: Jennifer, I know you're from Connecticut. Can you please tell us about where you grew up? You know, something about the culture there, the people or some places to visit...whatever you would like to talk about your hometown.

Jennifer: Yeah, I'm from a really small town in Connecticut, which is in the northeast of America, and it's a very old town...I mean old for American standards. We have a lot of buildings leftover from the colonial era and the Victorian era that are historic landmarks in

my little hometown. It snowed every winter, and it was beautiful in the fall with bright vibrant leaves. Summer was wonderful. I used to work as a lifeguard in a summer camp.

Kim: Thank you. I understand your life has been pretty hectic for the last couple of months due to your theater performances. You've played Juliet in 'Romeo and Juliet', right?

Jennifer: Yes, the dream role…the dream role finally came.

Kim: Since 'Romeo and Juliet' is such a well-known classic, I'd like to ask you this question. How did you analyze the character of Juliet?

Jennifer: Wow, that is a wonderful question. She is very well-known in the collective conscious, so the way I wanted to approach Juliet was…I wanted to go back to the text and find out what was actually there for her, not what had been done previously in 400 plus years of performance history. 'Romeo and Juliet' was written in the 1590s, so there are hundreds of hundreds of years of performance conventions…and I really wanted to go to the text so that I could find out what was there, what wasn't there, and what traditions needed to be honored in performing her. Certain moments, ah…you have to do the way they've always been done because the audience will be disappointed if it's not there. I think the perfect example is the balcony scene, "Oh, Romeo, Romeo, wherefore art thou Romeo?" That needs to be done in a certain way, or the audience will miss it, but then I want to find the new opportunities to say lines in ways they've never been said before, or

moments in ways that work for the modern audience as opposed to simply what had been done before.

Kim: That sounds like an insightful interpretation. Then, other than Juliet, what other characters have you played so far?

Jennifer: Professionally, I've gotten to do a lot of really wonderful Shakespearean roles. I've done Desdemona in Othello. I've done Lavinia in Titus Andronicus. I've done Ophelia in Hamlet, which was one of my favorite roles...and I've also gotten to do lots of modern plays recently. I actually just got nominated by the Atlanta Theater Award Ceremony for the best supporting performance in a musical for my portrayal of Maureen in the musical "Rent", which is about the 90s in New York City. I also played Queen Guinevere, Camelot, and some other roles...maybe in lesser-known plays, but those are some of my favorite roles as a professional actor.

Kim: Wow, that's pretty amazing! So do you consider acting as your vocation?

Jennifer: Yes! So I am paid to act professionally in Atlanta. Unfortunately, I can't pay all of the bills with what I make as an actor. I'd say they pay about 50-80% of my bills on acting pay checks, but I do have a supplement elsewhere, so previously I managed a vintage clothing shop which was a really fun job, but just this year, I was offered a position as the director of education at a really prestigious theater company in Atlanta. I run summer camps and master classes for acting there, and I bring student groups in to see plays in the theater company, which means I'm now officially a full-time artist.

Kim: That's just fabulous! Congratulations! I am so happy for you, Jennifer.

Jennifer: Thank you, Ah-young.

Kim: Have you worked in cinema as well?

Jennifer: I have. Not professionally. Mostly, in small independent films, short movies, things like that. Although Atlanta is being called the Hollywood of the South right now, it's absolutely blowing up in regards to film industry and TV, so something that I need to get on the ball and look into is finally getting an agent this year.

Kim: Then, would you like to tell us why you became a theater actress instead of a film actress in the first place? What is the charm of acting on stage for you...I mean compared to film acting?

Jennifer: Another really thoughtful question! Uhm...I love both forms of acting. Film acting, you get to do so much with your eyes. It's a very subtle form of acting. All you have to do is have the thought. You have the thought, and the camera's 4 inches away and picks it up. It's really fun what you can do with the nuance in regards to film acting, but...stage acting is addictive. Stage acting, you get to play a character from the beginning to the end every night. So you learn how the character grows from the start of the play to the end of the play every night. In film acting, you shoot scene by scene. They are often out of order, and it's often up to the editor to determine what kind of arc the character has. As an actor, you really have full control of the journey your character goes on every night, which is pretty rewarding. Secondly, probably more importantly than that is, in live theater you're with the audience. You're all sharing something together, and the energy of a room is never the same. Umm…It's an honor to be in a space with other people and to get to act and to feel them feeling it, to hear them laughing. That's really what's addictive about live theater…and I know a lot of famous celebrities who do both live theater and the screen and always say they prefer stage because of that.

Kim: Then, if you had a chance to play in a movie, what role would you like to take on?

Jennifer: Haha…That's another awesome question! I think I'd really like to play a character like Katniss in the Hunger Games movies. I think she is a wonderful actress, and I really admire her work, but additionally the role is, because she goes on three to four movies, she has a really wonderful arc as a character. She starts out tough with little moments of tenderness, and she grows into a compassionate person who fights for an entire group of people as opposed to just fighting for her own life, so her character journey is fascinating. Then, she also is a really wonderful role model, I think, for young women. She really stands on her own feet. She fights for what's right and what she believes…She's just a powerful character with a great role. She has some really funny moments. She has some extremely dramatic moments; that would be kind of a dream role for me to get to stretch myself in that way....Also, being a great role model for what it is to be a strong woman in modern society.

Kim: Wow, that was just a wonderful answer! Now, would you mind if I ask you a kind of silly question?

Jennifer: Haha....Not at all!

Kim: Was there ever a time you forgot your lines while you were acting? Please forgive me for asking such a ridiculous question, but I've always wanted to ask this question to actors and actresses.

Jennifer: No, it's actually not a silly question at all, and the short answer is yes, I have. Haha... Umm, I've never forgotten so badly that I've had a scene partner bail me out in a scene, which means them saying my line or getting us out of the hole. I've never had that happen, but I have had two little line flops happen. The first and most common, what we call in the biz, is going up on a line. So the most common way I think people go up on a line is once you're in about the second week of performance, you're getting used to things, and you're familiar with how you say lines where moments land as an actor, but then you get so familiar with those parts where it starts really becoming real. You start becoming so comfortable with the dialogue and the scenes, and you're living in it more fully – as opposed to doing what you have practiced...and when that stage of the process happens, you will sometimes say a line so differently than you've ever said it before, and all of a sudden you go, "Oh, what was that? Where am I?", and you kind of go up on a line in that moment. So I had had it happen a couple of times. I would say something, and my scene partner would say something so fresh, so new, and so never been heard before. It sort of makes you forget your line for a moment...but those kinds of going up on lines, I think they're really nice because it adds to the realness of the moment as an actor...like I don't know what I'm about to say, but the worst one that has ever happened was kind of a funny anecdote. I was not in performance, thankfully, was in a final dress rehearsal, so there was no audience, just us...but I was in two plays in repertory, which means that, let's say, you're doing one play on Thursday night and the second play on Friday night, and then the first play on Saturday night and the second play on Sunday night. I happened to be playing a character that was very similar, and my blocking was very similar - blocking is where you're told to stand like across the stage or things like that, and I went down at the end of the scene. I was supposed to raise a ring and say, "King, this is the ring that was given to me," and I dropped down on my knees to say it, and I began to say the lines from the wrong play, so I was rehearsing the play I was supposed to be on Thursday night, but I was saying the lines from the play that's supposed to be on Friday night...and I was just in the middle of my monologue. "No, that's wrong!" and the whole cast erupted in laughter. It took us about 10 minutes to get back on track because it was so silly.

Kim: Oh, my... Thank you for sharing such an amusing anecdote with us. Now let me ask you this question. Can you please tell us about your personal life...such as your family or romance?

Jennifer: Yes. I live in Atlanta now. I have a wonderful boyfriend. I've been dating him for about five years, and we have two cats. Both are rescue cats. One is a little grey kitty. Her name is Luna, which is Italian for the word, "Moon", and she was abused unfortunately, so we adopted her from a shelter. The second cat we have was found at a dumpster. I always joked that he was found at a dumpster between Krispy Kreme and Burger King because he only ate cheese burgers and donuts for like the first year of his life...haha...and his name is Ludo, so Ludo and Luna are my pets. I'd love to have a dog, but with two actors, oh my boyfriend is also an actor, there's hardly time to walk a dog...so we have cats because they're a little more independent...and I live in a beautiful loft in Atlanta, Georgia. It's in a 150-year-old cotton mill, so it's all beautiful brick, 30-foot-ceilings, a spiral staircase to get to the bedroom. It's a really neat place, and the coolest part about it is all of my neighbors are artists as well. They call them the artists' lofts. I live across the hall from an opera singer. We hear him singing...and he lives across the hall from a graphic designer who hosts salons...so it's about the coolest place an artist could live.

Kim: That's just fantastic! I'm really envious of you! My last question is... actually, I've asked this question to all my interviewees. How do you define happiness? Also, are you happy with the way your life is?

Jennifer: That is another thoughtful question! I define happiness, and I think this is the lesson I learned from acting actually and being an actor, is knowing your most authentic self, knowing your true voice, and being able to communicate it. I think in society we're often taught how to speak and how to behave. All those lessons are very valuable so that we're polite people...but I think sometimes we get disconnected from our true selves, and we have a lot of masks that we wear with different groups of people.

Kim: Oh, absolutely!

Jennifer: ...and to be able to pull those masks off and speak your truth and know your truth and love your truth no matter what. That is where happiness lies...to know your truth, and it's really hard. I'm still working on it, but I think, at the end of the day, yes, I am for the most part happy and working to find consistent happiness by spending time with my internal voice. I do that with a lot of meditation, or going to yoga, or just sitting silently and unplugging. That's a very important thing for me turning my phone off, so I'm not constantly being infused with other people's voices. I need to know my voice first and foremost.

Kim: Fabulous! Do you have anything else that you would like to say to the Korean audience?

Jennifer: I hope very much that the Korean audience can come visit Atlanta, Georgia. It's a really neat city. It's beautiful. It has a rich and vibrant art scene...and I can't wait to come to Korea someday. Also, to remember to support artists and local art, seeing live theater and seeing music performances, going to art shows because if we don't support it, it will fade away, and it's such an important part of the richness of human fabric and the richness of what it is to be alive. So I just wanna remind the people to support artists so people like me can live as an artist. Haha...

Kim: Jennifer, thank you so much for your time today. It was a pleasure talking with you.

Jennifer: Thank you.

아선생의
미국말
미국문화

미국의 경찰들

친구가 보내준 이메일의 제목은 자극적이었다. "This is freaking scary!!!!!" (이건 소름 끼치게 무서운 일이야!!!!) 이메일을 열자 동영상 링크가 하나 있었는데, 거기에는 사소한 교통 법규 위반 문제로 경찰과 시비가 붙어 경찰서에 잡혀갔다가 그다음 날 시체로 발견된 샌드라 블랜드(Sandra Bland)가 경찰과 말다툼을 하던 당시의 상황이 담겨 있었다. 경찰차의 카메라에 찍힌 것을 누군가 유튜브에 올린 것이었다.

흑인 여성인 샌드라는 깜빡이를 안 켜고 차선을 변경했다는 이유로 경찰한테 잡힌다. 그녀는 경찰차가 뒤따라와서 빨리 지나가라고 비켜 주려고 일부러 그랬다고 하면서 자신은 억울하다며 항변했는데, 경찰은 고분고분하지 않은 샌드라의 태도가 마음에 안 들었던 모양이었다. 샌드라에게 면허증을 받아 가서는 몇 분 후에 교통 위반 딱지를 가지고 다시 돌아온 경찰은 그사이 담배를 꺼내 피고 있던 샌드라에게 기분이 아주 나빠 보인다("You seem to be very irritated.")라고 말한 뒤, 당장 담배를 끄라고 명령한다. 그런 상황에서 기분이 좋을 리가 없었던 샌드라는 내 차에서 내가 담배를 피우는 것이 무슨 문제냐고 말하고, 그 순간 경찰은 샌드라에게 당장 차에서 내릴 것을 명령한다. 그러자, 자신이 체포된 상태가 아닌데(이때 샌드라는 "I'm not under arrest!"라고 말한다) 부당한 명령을 한다면서 경찰의 지시를 따르지 않겠다고 버틴다. 그리고 그다음 장면은 내 눈으로 보고 있으면서도 그야말로 믿기지 않았다. 경찰은 "Get out of the car!"(차에서 당장 내려!)라고 소리 지르면서 권총을 그녀에게 겨눈다. 그는 샌드라를 차에서 강제로 잡아끌어 내리려고도 했다. 그 동영상이 유튜브에 올라

온 바로 다음 날, 같은 장면을 멀리서 다른 각도로 누군가 따로 찍었다는 또 다른 동영상도 올라왔는데, 그 영상 속에서는 경찰이 샌드라의 팔을 비트는 등, 그녀에게 육체적으로 가해졌던 폭력까지도 볼 수 있었다. 그날 그렇게 경찰서로 붙잡혀 갔던 샌드라는 그다음 날 같은 장소에서 죽은 채 발견된다. 경찰은 그녀가 우울증으로 자살했다고 발표했지만, 아선생 친구들 중 대다수는 그런 경찰의 발표를 믿지 않았다. 아선생은 경찰 발표를 믿고 안 믿고를 떠나서 친구가 보낸 그 이메일의 제목처럼 소름 끼치게 무섭다는 생각만 들었다. 이 사건에 대한 이야기를 하던 중, 아선생의 한 친구는 "Driving While Black"(흑인이면서 운전하는 것 – 미국 경찰의 흑인 차별적인 교통 단속을 비꼬는 표현)의 극단적인 예를 보여주는 사건이라고 했다. 어쨌든, 2015년에 일어난 이 샌드라 블랜드 사건은 최근 경찰의 과잉 진압 과정에서 죽은 흑인들이 연루된 수많은 사건들 중 하나일 뿐이다.

그러던 중, 이런 사건들을 지속적으로 미디어에서 접하던 흑인들이 경찰들에게 복수하는 사건이 2016년 7월에 발생한다. 텍사스주 댈러스에서 흑인들이 그런 경찰들에게 시위하던 중, 한 흑인이 경찰을 공격해서 12명이 총을 맞고 5명의 경찰이 죽는다. 이 사건에 대한 2016년 7월 9일 CNN에 보도된 댈러스 경찰서장의 발표는 다음과 같다.

"He said he was upset about the recent police shootings. The suspect said he was upset at white people. The suspect stated he wanted to kill white people, especially white officers."

번역: 그는 최근 일어난 경찰의 총격 사건들에 대해 화가 났다고 했습니다. 용의자는 백인들에게 화가 났다고 했어요. 용의자는 백인들을, 특히 백인 경찰관들을 죽이고 싶다고 진술했습니다.

그렇다면, 미국의 경찰들은 대다수가 이렇게 인종 차별주의자들이고 나쁘기만 한 걸까? 아선생의 경우, 미국에서 살면서 경찰에 잡혔던 적이 딱 두 번 있었다. 한국에서 온 가족들과 함께 조지아주 애틀랜타로 여행가던 중 길을 잃었을 때, 시골 소도시의 마을 길을 국도로 착각해서 과속을 하신 어머니 때문에 경찰이 우리를 세웠다. 마음씨 좋아 보였던 나이 든 은발의 경찰관은 영어도 못하는 노모에게 운전을 시켰다면서 농담 반 진담 반으로 내게 "나쁜 딸"이라고 타박했지만, 외국에서 와서 미국에서 운전하는 것에 익숙하지 못한 어머니의 사정을 이해한다면서 속도위반 딱지를 발부하지는 않았다. 뿐만 아니라, 여행 중에 길 잃은 우리를 위해서 애틀랜타로 바로 연결되는 고속도로가 있는 곳까지 자기를 따라오라며 길 안내까지 해준 뒤, 자신이 일하던 도시로 되돌아갔다.

또 한 번은 아선생이 늦잠을 자는 바람에 허겁지겁 아이를 학교로 데려다주려고 운전하던 중, 앞에 세워진 경찰차를 못 보고 급하게 추월을 했다는 이유로, 경찰이 따라와서 나를 세웠다. 사실, 주택가의 도로라서 차들이 세워져 있으면 살짝 비켜 가면서 운전하는 곳에서 일어난 일이라 나로서도 억울한 면이 없지 않았다. 그런데 엎친 데 덮친 격으로 그날따라 급하게 나오느라 지갑을 안 가지고 나와서 면허증까지 없었던 대책 없는 아선생! 경찰은 처음에는 어이없어 하더니, 그럼 자동차 보험증서라도 보여달라고 했다. 다행히 보험증서는 앞 좌석

사물함에 항상 넣어 두고 다니던 터라 그것으로 내 신분은 증명이 됐지만, 아선생은 그 짧은 시간 동안 식은땀을 한 바가지는 흘렸던 것 같다. 아선생이 너무 긴장하고 있어 보였는지 그 경찰관이 갑자기 내게 플로리다 주립대 학생이냐고 물었고, 나는 학생이 아니라 그곳에서 가르친다고 했다. 전공이 무엇이냐고 묻는 경찰에게 영어 교육을 가르친다고 했더니 다른 나라에서 와서 미국인들에게 영어 교육을 가르친다는 것이 정말 대단하다면서 나같이 열심히 살아가는 성실한 시민(?)들을 돕는 것이 자기네 일이라고 하면서, 아무리 바빠도 면허증을 꼭 가지고 다니고 운전은 안전하게 하겠다는 약속을 하면 그냥 보내주겠다고 했다. 이 훈훈한 80년대 한국의 일일 드라마에서나 벌어질 법한 일이 2015년의 미국에서 살아가는 내게 일어났다는 사실이 지금까지도 믿기지 않지만, 적어도 내가 겪은 미국 경찰들은 대부분 그랬다.

하지만, 수업 시간에 아선생이 겪은 이 일화들을 듣고 있던 한 백인 여학생은 대뜸 "Professor Kim, that's because you're not a black male." (그건 교수님이 흑인 남자가 아니라서 그런 거예요.)라고 말했다. 미국 경찰들의 흑인들에 관한 인종 차별적 처신에 대한 토론을 하면서 지나치게 흥분을 하는 학생들에게 인종 차별을 하지 않는 경찰도 있다는 말을 해 주고 싶어서 들려준 이야기일 뿐인데, 예상대로 진보적인 성향이 강해 미국 사회 전반을 비판적으로 바라보는 내 학생들에게는 전혀 먹히지 않았다. 사실 수업 중이라 학생들 앞에서 내색은 안 했지만, 아선생도 그 학생의 말에 심정적으로는 충분히 공감한다. 예를 들어, 〈미국 보통 사람들의 지금 영어 1〉의 첫 번째 챕터의 인터뷰이였던 Avis Berry의 시아버지는 아선생의 아이를 봐주는 베이비시터였

는데, 한 번은 경찰이 수상하다며 유모차에 아선생의 아들을 태우고 동네를 산책하던 그를 세웠던 적이 있었다. 다른 건 정말 아무것도 없었고, 단지 흑인 남자가 아시아인 아기를 데리고 있는 것이 수상하다는 것이 의심을 산 이유의 전부였다. 그날, 아선생의 남편이 해당 경찰에게 우리 베이비시터가 맞다고 재차 확인해 준 후에야 그를 보내 줬다고 하니 대부분의 경찰들에게 비판적인 그 학생의 선입견이 완전히 틀렸다고 볼 수도 없을 것이다.

솔직히 미국 경찰의 지나친 공권력 행사와 그들의 과잉진압으로 인해 죽어 나가는 흑인 인구에 대해 이야기할 때면 아선생과 친구들은 분노에 치를 떨기도 하지만, 일반 시민들도 합법적으로 총기를 소지할 수 있는 이 미국이라는 나라에서 경찰도 자신의 목숨을 지키기 위한 방어였다고 변호할 때는 할 말이 없어지는 것 또한 사실이다. 아마도 그래서 "Black lives matter!" (흑인 목숨도 소중하다!)라는 구호 뒤에 "Blue lives matter!" (경찰 목숨도 소중하다!)라는 말도 나온 것일 테다. 마치 엉망으로 헝클어져 이리저리 얽히고 묶인 채 오래도록 방치된 실타래처럼 미국 사회에서 이건 정말 풀기 어려운 문제다.

Chapter

5

플로리다 대표 흑인 대학의 첫 백인 여자 교수

Gale Workman

Happiness for me is having the freedom to make my own choices.

WHO IS SHE

플로리다 주립대학에서 아선생이 가르치는 TEFL 과정(Teaching English as a Foreign Language Certificate Course: 외국어로서의 영어 교사 자격증 과정)은 우리 대학의 졸업반 학생들이 주로 듣는 수업이다. 영어 교육 분야이다 보니, 영어과를 비롯한 언어학과나 교육학과 학생들이 많이들 듣는 편인데, 대다수의 학생들이 이 과목을 수강한 후에 한국이나 일본 등지의 나라로 가서 영어를 가르치면서 돈도 벌고 교사 경력도 쌓으려고 이 수업을 듣는다고들 한다. 그런데 2014년 가을 학기 수강 신청자 명단에는 뜻밖에도 Florida A&M University(플로리다주의 대표 흑인 대학으로 재학생의 90% 이상이 흑인이며, 교수진 또한 대부분이 흑인이다)의 신문방송학과 교수가 한 명 있었다.

사실 영어과 교수가 영어를 외국어로 접근하는 방식이 궁금하여 아선생의 수업을 듣는 경우는 종종 있었지만, 신문방송학과 교수가 이 수업을 듣는 경우는 처음이었기 때문에 나는 그녀에 대해 궁금한 마음이 들었다. 수업을 듣는 내내, 다른 전공 분야의 노교수인 그녀는 영어나 교육학을 공부하는 관련 전공 분야의 다른 젊은 학생들보다도 훨씬 더 열심히 그리고 열정적으로 공부했고, 때로는 많은 질문을 준비해서 내게 찾아오기도 했다. 학기가 끝난 후에는, 평생 신문방송학만 공부해서 외국어교육학이 이렇게 재미있는 이론도 많고 흥미로운 분야인지 미처 몰랐다면서 이 수업을 듣기를 정말 잘 했다는 말과 함께 내게 감사 인사까지 했다. 이제는 아선생도 나이를 꽤 먹었지만, 그래도 그녀보다는 훨씬 어린 나는, 노교수의 이런 학습 태도에 괜스레 숙연해지기까지 했다. 결국, Workman 교수는 아선생 수업의 마

지막 과정인 교생 실습까지 완벽하게 최고점으로 마쳤고, 그 수업을 함께 들었던 다른 학생들은 그녀의 실습 영어 수업을 참관한 후에 참으로 많은 것을 배웠다고 했다. 사실 강의실 내에서 가르치는 사람은 아선생이었지만, 공부하는 자세나 학문을 대하는 태도 등에 대해서는 아선생이 오히려 그녀에게 배우고 있었다.

학기가 끝난 후 우리는 친구가 되었는데, 한 번은 아선생이 한국인으로 미국에서 영어 교육 분야에서 일하면서 겪어야 했던 편견에 대해 이야기할 기회가 있었다. 그때 아선생은 철저하게 소수 집단에 속해 있으면서 겪었던 애로 사항에 대해 토로했는데, Workman 교수 또한 흑인 대학에서 가르치는 백인 여성으로서 아선생의 입장을 충분히 이해한다고 했다. 그녀가 흑인 대학에서 가르치는 백인 교수인 것은 이미 알고 있는 사실이었지만, 그럼에도 불구하고 그 말은 내게 전혀 예상치 못했던 반전과도 같은 것이었다. 미국 전체적으로 봤을 때는 물론 백인인 그녀가 소수 집단에 속하지 않지만, 흑인 남자 교수들과 흑인 학생들이 그야말로 압도적으로 많은 Florida A&M 대학 안에서는 그녀가 인종적으로도 또 성적으로도 철저하게 소수자 그룹에 속했던 것이다. 그리고 그녀에게 매일 공부하고 가르쳐야 했던 일터는 미국 속에서 다른 어떤 곳도 아닌 바로 그 대학 캠퍼스였다. Workman 교수가 가지고 있는 타 문화, 타 인종에 대한 열린 태도가 바로 이런 남다른 경험에서 온 것이 아니었을까 하고 나는 지금도 생각한다. 그녀와 나는 이렇게 각자의 일터에서 소수 그룹에 속해있다는 공통점 때문인지 서로 통하는 점이 많았기에 내 수업을 다 듣고 난 후에도 그녀는 좋은 친구로 가끔 나를 만나서 차를 마시며 담소를 나누곤 한다.

2권의 마지막 챕터에서는, 이렇게 처음에는 아선생이 가르치는 학생이었다가 지금은 친구가 된 Workman 교수의 이야기를 들어 보자.

1 Interview

Gale Workman

아래 인터뷰를 우리말로 번역한 것을 읽고 영어로 말하고 싶은 표현을 표시해 보자. 표시한 우리말 문장을 각자 영어로 말해 보고, 다음 페이지의 영어 대화문에서 실제로 어떻게 쓰였는지 확인해 보자.

Kim: 워크맨 교수님, 인터뷰에 응해 주셔서 대단히 감사합니다.

Dr. Workman: 제가 감사합니다, 김선생님.

Kim: 박사님께서는 생의 대부분을 플로리다에서 보내셨다고 알고 있는데, 어디 출신이신지 여쭤봐도 될까요?

Dr. Workman: 미국에 있는 웨스트 버지니아의 헌팅턴에서 태어났어요.

Kim: 그렇습니까? 그렇다면, 처음에 무슨 일로 플로리다에 오시게 되었습니까?

Dr. Workman: 부모님께서 1950년대에 플로리다로 이사하셨어요, 그래서 저희 아버지께서 항공 우주 산업 분야에 일하실 수 있도록요. 저는 플로리다의 세인트 피터스버그에서 자랐어요. 언론 대학을 다녔고, 플로리다 대학에서 학사와 석사 학위를 받았어요. 플로리다 주립대에서는 교육학으로 박사 학위를 받았죠. 플로리다에서 신문 기자로도 일했어요. 1984년에 웨스트 플로리다 대학의 신문방송학 교수가 되었어요. 1988년에는 플로리다 A&M 대학의 교수가 되었습니다.

Kim: 박사님께서는 2014년 명예 교수가 되시고 퇴직하실 때까지 플로리다 A&M 대학에서 26년간 가르치셨는데요. 플로리다 A&M 대학을 한국의 독자들에게 소개해 주시겠습니까?

Dr. Workman: 플로리다 A&M 대학은 세워진 지 125년이 훌쩍 넘는 대학으로 처음에는 흑인 교사들을 교육시키기 위해 만들어졌어요. 미국 남북 전쟁 후 얼마 안 되어 흑인 노예제도가 폐지되던 중에 학교가 문을 열었지요. FAMU는 애칭으로 불리는 이름인데, 1800년대 후반에 미국 정부에서 땅을 지급해 줘서 만들어진 많은 대학 중 하나입니다. 이 대학은 노동자 계층을 교육하기 위해서 고전을 가르칠 뿐만 아니라, 농업과 공업 기술을 가르치기 위해서도 만들어졌죠. 오늘날, FAMU는 미국의 탑 공립 HBCU로 여겨집니다. HBCU(Historically Black Colleges and Universities)란 역사적으로 흑인들의 대학을 말하지요. 이 대학의 웹사이트에 나와 있듯이, FAMU는 거의 12,000명의 학생들이 등록돼 있습니다. 이 학생들의 90% 정도가 흑인입니다. 교수진들의 경우, 대략 600명가량 70% 정도가 흑인이지요.

Kim: Dr. Workman, thank you very much for agreeing to this interview.

Dr. Workman: It's my pleasure, Ms. Kim.

Kim: I understand you've spent most of your life in Florida, but may I ask where you're from originally?

Dr. Workman: I was born in Huntington, West Virginia that's in the United States.

Kim: Is that right? Then, what brought you to Florida in the first place?

Dr. Workman: My parents moved to Florida in the 1950s so my father could work in the aerospace industry. I grew up in St. Petersburg, Florida. I attended journalism school, earning bachelor's and master's degrees at the University of Florida. I earned my Ph.D. in Education at Florida State University. I worked as a newspaper journalist in Florida. In 1984, I joined the communication arts faculty at the University of West Florida. Later, in 1988, I joined the journalism faculty at Florida A&M University.

Kim: You taught at Florida A&M University for 26 years until you retired and were honored as a professor Emerita in 2014. Would you like to introduce Florida A&M University to Korean readers?

Dr. Workman: Florida A&M University was created more than 125 years ago, initially to train black teachers. The school opened its doors not long after the American Civil War, during which slavery of Negros was abolished. FAMU, as it is ❶ **affectionately** called, was one of many ❷ **"land-grant"** colleges created by the U.S. government in the late 1800s. It was created to teach agricultural and mechanical arts as well as classical studies, to educate the working class. Today, FAMU is considered the top public HBCU in the U.S. HBCUs are Historically Black Colleges and Universities. According to its website, FAMU has an enrollment of nearly 12,000 students. About 90% of the students are black. As for the faculty, about 70% of the nearly 600 faculty members are black.

VOCABULARY & IDIOMS

❶ affectionately

애정을 담아/애정 어리게

EXAMPLE DIALOGUE

Kate Kevin, are you coming to Vicky's housewarming party tonight?

Kevin If Kimberly comes, I will.

Kate I'm not sure about Kimberly because I think she said she's going to the movies with Shawn tonight.

Kevin Kimberly's going to the movies with who?

Kate Didn't you know that she goes out with Shawn these days?

Kevin With Shawn? That guy's a stiff!

Kate I'm not sure about that, but he always looks **affectionately** at Kimberly, so I wasn't that surprised when I heard that.

Kevin Darn it! I was going to ask her out tonight.

Kate: 케빈, 너 오늘 밤 비키네 집들이에 올 거니?

Kevin: 킴벌리가 오면, 나도 갈게.

Kate: 킴벌리가 올지는 잘 모르겠어, 왜냐면 걔가 오늘 밤에 숀하고 영화 보러 간다고 한 것 같아.

Kevin: 킴벌리가 누구하고 영화를 보러 간다고?

Kate: 넌 숀하고 킴벌리가 요즘 사귄다는 것 몰랐어?

Kevin: 숀하고? 그 자식은 정말 재미없는 놈이야!

Kate: 그건 난 잘 모르겠지만, 그 사람이 킴벌리를 항상 애정을 담아 바라봐서, 그 말 들었을 때, 난 별로 놀라지 않았었어.

Kevin: 젠장! 내가 오늘 밤 그녀에게 데이트 신청을 하려고 했었는데.

MP3_089

❷ land-grant

정부가 무상으로 주는 땅을 받아 세워진 (학교나 시설)

EXAMPLE DIALOGUE 1

James We don't have enough money to conduct all these research projects. We really need to seek funding for some of the projects here.

Avis I totally agree with you. Why don't we apply for a research **grant**?

James Sounds like a plan! If we can obtain enough **grant** funding for all the research projects that will be awesome!

Avis Let's see how much **grant** money they can offer first.

* 여기서 잠깐!

grant는 정부나 단체에서 주는 보조금을 말하며, grant 앞에 land가 붙은, "land-grant"는 형용사로 정부에서 땅을 보조받아서 만들어진 학교나 기관을 말한다.

James: 우린 이 모든 연구 프로젝트를 수행할 만한 재정이 충분치 않아요. 이 프로젝트 중 몇 개를 수행하기 위한 자금을 꼭 구해야 합니다.

Avis: 나도 전적으로 동의해요. 연구 보조금을 받기 위한 지원을 해 보는 건 어떨까요?

James: 좋은 계획입니다. 우리가 이 모든 연구 프로젝트를 수행할 만큼 충분한 재정을 확보할 수 있다면, 정말 좋을 겁니다.

Avis: 일단 그쪽에서 얼마나 많은 재정을 제시할지부터 봅시다.

EXAMPLE DIALOGUE 2

Owen I know there's a small private college in this city, but is there a university around here?

Avis Of course, there is. You don't know about the University of Florida?

Owen Oh, yeah. I think I've seen their Florida gator logo.

Avis Bingo! The University of Florida is a public **land-grant** university like most of the other state universities.

Owen: 이 도시에 작은 사립 단과 대학이 하나 있는 건 알지만, 종합 대학은 이 근처에 있어?

Avis: 물론, 있지! 너 플로리다 대학 몰라?

Owen: 참, 그렇지. 플로리다 대학의 악어 로고를 본 적이 있어.

Avis: 맞아! 플로리다 대학도 대부분의 다른 주립대학들처럼 정부에서 토지를 보조받아서 세워진 공립 대학교야.

Interview 2

Gale Workman

아래 인터뷰를 우리말로 번역한 것을 읽고 영어로 말하고 싶은 표현을 표시해 보자. 표시한 우리말 문장을 각자 영어로 말해 보고, 다음 페이지의 영어 대화문에서 실제로 어떻게 쓰였는지 확인해 보자.

Kim: 플로리다 A&M 대학 교수진의 70%가 흑인이라고 하셨는데, 그렇다면, 박사님께서는 일터에서는 소수 민족에 속하신다는 말씀이신 데요. 그런 정황으로 볼 때, 박사님께서 어떤 형태로든 인종 간에 갈등을 겪으신 적이 있으신지 궁금합니다.

Dr. Workman: 제 개인적으로는 FAMU에서 인종 차별을 경험한 적인 단 한 번도 없습니다. 저는 학생들과 동료들에게 항상 존중받는 느낌이었어요. 저는 종신 재직권(tenure)을 받았고, 그 후 정교수로의 승진이 정책적으로 허가하는 한 빨리 되었어요. 저는 제 동료들 사이에서 올해의 교수로 뽑힌 적이 두 번 있고요. 퇴직 후에는 플로리다 A&M 대학이 제 성공적인 26년간의 재직을 바탕으로 명예 교수라는 명망 있는 타이틀을 부여해 줬습니다.

Kim: 그렇다면, 미국 흑인들과 백인들 사이에 가장 큰 문화적 차이가 무엇이라고 생각하세요, 만약 존재한다면 말이죠.

Dr. Workman: 와, 그건 정말 어려운 질문인데요! 제가 하나의 가장 큰 차이점을 짚어내지는 못하겠어요; 하지만 흑인 대학의 교수진과 백인이 대부분인 대학의 교수진의 중요한 차이점을 이야기해 드릴 수는 있어요. 흑인 대학에서는 교수들이 학생에게 가족의 연장이라고 여겨져요 – 그러니까, 그 학생들을 가르치면서 지식을 공유하는 학자만이 아니라는 거죠. 흑인 대학 학생들의 가족들은 그들의 10대 아이들을 대학에 맡기고, 교수들이 그 아이들을 성인이 될 때까지 이끌어 주는 가족이라고 여겨요. 그러니까 제 말은, FAMU에서는, 종종 제가 학생들의 부모님들과 조부모님들을 알게 되었고, 그래서 강의실 밖에서의 제 학생들의 삶에 대해서도 많이 알게 될 때가 자주 있었어요. 졸업 후에는 어떤 학생들은 제 친구가 되거나 동료가 되었지요. 왜냐하면, 제게는 그들을 가족으로 알게 된 특권이 주어졌으니까요.

Kim: As you've mentioned, about 70% of the faculty members at Florida A&M University are African Americans, which means you're in a racial minority in your work place. ❸ **Under the circumstances**, I'm wondering if you've experienced any type of interracial conflicts there.

Dr. Workman: I never personally experienced racism at FAMU. I always felt respected by students and colleagues. I earned my tenure and, then, promotion to full professor as quickly as policies permitted. I was twice-named by my peers as the university's Teacher of the Year. Upon my retirement, Florida A&M University honored me for my distinguished 26-year career with the prestigious title of Professor Emerita.

Kim: Then, what do you think the biggest cultural differences between African American culture and European American culture is if there's any?

Dr. Workman: Wow, that's a big question! I can't ❹ **pinpoint** the one biggest cultural difference; however, I can identify an important difference between faculty at an HBCU and faculty at a majority-white university. At an HBCU, faculty members are considered an

❺ **extension** of a student's family – not just scholars sharing knowledge with the students they teach. The families of students at an HBCU ❻ **entrust** their teens to the university and regard faculty as an extended family who will guide their children to adulthood. That means, at FAMU, I often got to know the parents and the grandparents of my students, and I often learned much about my students' lives beyond the classroom. After graduation, some students became my friends and professional colleagues because I ❼ **was privileged to** get to know them "as family."

VOCABULARY & IDIOMS

❸ under the circumstances

그러한 상황에서/그런 사정 때문에

*under unavoidable circumstances: 부득이한 사정으로

EXAMPLE DIALOGUE

Kate So are we meeting next week?

Jerry Yes, but I'm not sure about my schedule next week because of the other construction project.

Kate Yeah, we've got several ongoing projects. **Under the circumstances**, it seems better not to make an appointment. Why don't we pencil something in now, and you can just shoot me an e-mail if you can't make it?

Jerry Alright, let's do that.

Kate: 그래서 우리 다음 주에 만나나요?
Jerry: 네, 하지만, 다른 공사 건 때문에 다음 주의 제 스케줄에 대해서 아직 잘 몰라요.
Kate: 그래요, 우리 현재 진행되는 프로젝트가 몇 건 있죠. 사정이 그러니, 약속을 잡지 않는 편이 나을 것 같네요. 우리 (나중에 바뀔지도 모르지만) 일단 지금 시간을 잡아 놓고, 그쪽에서 못 만나실 것 같으면 저한테 이메일을 주시면 어떨까요?
Jerry: 좋아요, 그렇게 합시다.

❹ pinpoint

정확히 찾아내다/정확히 보여 주다

EXAMPLE DIALOGUE

Kevin Denice, why the long face?

Denice My daughter! Is there any kind of book that talks about peer-pressure? It seems like it causes a lot of problems.

Kevin What happened?

Denice She went shopping with her friends yesterday and spent $500 on clothes… and you know what she said? "I felt peer-pressured into buying more clothes."

Kevin Well, before you do any kind of psychological analysis, why don't you read this article first? It **pinpoints** why many teens find it difficult to resist peer pressure.

Denice I suppose I should. Thanks.

MP3_091

Kevin: 드니스, 얼굴이 왜 그래?

Denice: 내 딸 아이 때문에! 또래 집단이 주는 압력에 관한 책이 있을까? 그게 많은 문제를 일으키는 것 같아서 말야.

Kevin: 무슨 일 있었어?

Denice: 딸 애가 걔 친구들과 함께 어제 쇼핑을 갔는데 옷 사는데 500달러를 썼지 뭐야. 그리고 걔가 뭐라고 했는지 알아? "친구들 눈치 때문에 옷을 더 사야 할 것처럼 느껴졌어."라고 했어.

Kevin: 일단 어떤 심리 분석을 하기 전에, 이 기사부터 먼저 읽어 보는 건 어때? 이 기사가 왜 많은 십 대들이 또래의 압력에 저항하기 힘들어하는지에 대해서 정확히 짚어내고 있어.

Denice: 그래야겠네. 고마워.

5 extension

확대/연장

EXAMPLE DIALOGUE

Peter	Colleen, I've just heard your father is hospitalized. I hope it's not something serious.
Colleen	Well, at 95 he has been in good health, but this recent illness is concerning.
Peter	I'm sorry to hear that. I hope he will get better soon. So who's taking care of him now?
Colleen	My sister and I usually look after him, but when we can't, the community center sends people to help us.
Peter	Wow, I didn't know that the community center offers that kind of service as well.
Colleen	Isn't that great? I guess that's why a community is considered to be an **extension** of family these days.
Peter	Maybe!

Peter: 콜린, 너희 아버지께서 입원하셨다고 지금 막 들었어. 뭐 심각한 병은 아니길 바란다.

Colleen: 글쎄, 95세의 연세에 비하면 아버지께서는 건강하신 편인데, 최근의 지병은 걱정스러워.

Peter: 어쩌니. 아버지께서 곧 회복하시길 바라. 그래서 지금 누가 그분을 돌보니?

Colleen: 보통 나하고 우리 언니가 돌보지만, 우리가 그렇게 못할 때는, 지역 센터에서 우리를 도와줄 사람들 보내줘.

Peter: 와, 지역 센터에서 그런 서비스도 제공하는지 난 몰랐어.

Colleen: 정말 괜찮지 않니? 아마 그래서 요즘은 지역 사회도 가족의 연장이라고 여기는 것 같아.

Peter: 아마도.

VOCABULARY & IDIOMS

❻ entrust

~를 맡기다/위탁하다 (일을 맡긴다)

EXAMPLE DIALOGUE 1

Wife I'm so tired! I'm dreaming of being alone even for an hour.

Husband Honey, both of us work. Plus, there's a new project you've undertaken, and I'm also slammed at work these days. We really need some help. Why don't we hire a babysitter like three times a week?

Wife I know what you mean, but I just can't **entrust** our baby to a stranger.

Husband All right. Then, I'll ask my parents if they could watch him once a week.

아내: 너무 피곤해! 난 단 한 시간만이라도 혼자 있어 봤으면 하는 꿈을 꾼다니까.
남편: 여보, 우린 둘 다 일을 해. 게다가, 당신도 새로 프로젝트를 또 맡았고, 나 또한 요즘 일로 엄청나게 바쁘고, 우린 정말 도움이 필요해. 일주일에 세 번 정도 애 봐주는 사람을 고용하는 게 어떨까?
아내: 당신이 하는 말이 무슨 말인지는 알겠지만, 우리 아기를 모르는 사람한테 맡길 수는 없잖아.
남편: 알았어. 그렇다면, 우리 부모님께 일주일에 한 번이라고 애를 봐 줄 수 있는지 여쭤볼게.

EXAMPLE DIALOGUE 2

Boss So, did you get a hold of Josh?

Subordinate I did, but he said he would come back to town in a week.

Boss What? Are you kidding me?

Subordinate Well, I'm afraid he doesn't seem to understand the gravity of the situation.

Boss Gosh, I shouldn't have **entrusted** the work to him in the first place.

상사: 그래, 조쉬하고 통화가 됐나요?
부하 직원: 네, 하지만 그가 일주일 후에 돌아올 거라고 했어요.
상사: 뭐라고요? 지금 장난해요?
부하 직원: 그게, 안타깝게도 그는 지금 사태의 심각성을 모르는 것 같아요.
상사: 참 나, 애초에 그에게 이 일을 안 맡겼어야 했어요.

7 be privileged to ~

~할 수 있는 특권이 있는/~하게 되어 영광스러운

EXAMPLE DIALOGUE

Samantha Valerie, you look so blue in the face. What's the matter?

Valerie My roommate drives me nuts. She's overly obsessed with little things and then makes stinging comments when things don't go her way.

Samantha Gosh! I kind of know her too, and it seems like she thinks she **is privileged to** criticize anyone.

Valerie To me, it looks like she thinks she **is privileged to** be rude to anyone.

Samantha Haha… In any case, why don't you just move out of the place so that you don't have to deal with her anymore?

Valerie I think I should. Oh, please don't tell anyone about this. You know, it's a small world after all.

Samantha Got it! I'll keep it to myself.

Samantha: 밸러리, 너 얼굴이 너무 우울해 보인다. 무슨 일 있니?
Valerie: 룸메이트 때문에 미치겠어. 걔는 작은 것들에 병적으로 집착하는데, 그러면서 뭐든 자기 뜻대로 되지 않으면 내 마음 아프게 하는 말도 막 해.
Samantha: 세상에! 나도 그 애를 조금 아는데, 걔는 자기에게 누구든 비판할 수 있는 특권이 주어졌다고 생각하는 것 같아.
Valerie: 내가 보기에는, 걔가 자기한테 누구에게든 무례하게 굴 특권이 주어졌다고 생각하는 것 같은데.
Samantha: 하하… 어쨌든, 더 이상 그녀와 상대하지 않아도 되게끔, 그냥 거기서 이사 나오는 게 어때?
Valerie: 그래야 할 것 같아. 참, 이거 아무한테도 말하지 마. 그게, 따지고 보면 세상이 좁잖아.
Samantha: 알았어! 나 혼자만 알고 있을게.

Interview 3

Gale Workman

아래 인터뷰를 우리말로 번역한 것을 읽고 영어로 말하고 싶은 표현을 표시해 보자. 표시한 우리말 문장을 각자 영어로 말해 보고, 다음 페이지의 영어 대화문에서 실제로 어떻게 쓰였는지 확인해 보자.

Kim: 박사님께서는 저널리즘과 대중 매체를 FAMU에서 가르치셨는데요. 저널리즘을 전공하시게 된 특별한 이유가 있었습니까?

Dr. Workman: 제 아버지께서는 제가 5살이 됐을 무렵 우리 지역 신문을 읽었다고 말씀하셨어요. 신문은 우리 집으로 매일 아침 일찍 배달되었고 아버지께서는 일터에 가시기 전에 그걸 읽으셨어요. 자주, 저는 아버지보다 먼저 신문을 가져와서는 제가 읽고 싶은 페이지를 떼어 갔죠. 그래서 추측하건대 제가 글자 읽는 법을 배우자마자 저널리즘을 좋아하게 된 것 같아요. 고등학교에서는 학생 신문과 졸업 앨범의 스태프로 일했어요. 저는 제가 무슨 일이 일어나는지에 대해 가장 먼저 아는 사람이라는 점과 중요한 일들에 대해서 질문할 수 있는 특권이 주어지는 것, 또 하나의 이슈에 대해서 다양한 각도에서 알아보는 일을 즐겼어요. 저는 마감 시한을 두고 일을 하는 것과 정확성과 사회 정의를 중요하게 생각하는 사람들과 함께 일하는 것 또한 즐깁니다.

Kim: 저널리즘 교수님이시니까, 제가 이 질문도 드려 볼게요. 교수님 생각에는 미국의 미디어가 대체로 아시아인들을 공정하게 다룬다고 생각하세요? 저는 가끔 그들이 아시아인들에 대한 선입견을 정형화할 때가 있다고 느껴지거든요.

Dr. Workman: 뉴스 미디어에 대해서 말씀하시는 거라면, 저는 아시아계 미국인 언론협회(AAJA)가 뉴스 미디어가 아시아인들을 정확하고 공정하게 다루게 하려고 지난 30년간 많은 일을 했다고 생각합니다. AAJA는 영향력이 있는 교육 기관인데, 1,700명의 회원과 미국과 아시아에 21개의 지부를 가지고 있어요. 이 그룹이 제공하는 매우 유용한 도구는 아시아와 미국을 커버하는 AAJA 책자입니다. 그것은 인터넷에서 무료로 이용하실 수 있어요. 그 책자는 용어들을 정의하고 글 쓰는 사람들과 편집일을 하는 사람들에게 아시아의 문화, 역사, 지리에 대해서 교육하지요. 그것은 뉴스 미디어에서 아시아인들을 다루는 일에 관련된 좋은 소식이지요. 하지만 오락 미디어에서 아시아인들을 다루는 것은 – 그건 영화나 TV가 되겠는데요 – 조금 다릅니다. 할리우드는 너무 자주 아시아인들을 한국 식품가게 주인이나 기대 이상의 성과를 내는 모범이 되는 소수민족 등과 같이 판에 박힌 역할로 캐스팅해요. 영화 제작자와 TV 프로듀서들은 아시아인 배우들을 주류 역할에 더 자주 캐스팅해야 합니다.

Kim: You taught journalism and mass communication at FAMU. Was there any reason why you majored in journalism?

Dr. Workman: My father said I was reading our local newspaper by the time I was 5 years old. The newspaper was delivered to our home early each morning, and Dad would read it before leaving for work. Often, I got the newspaper before Dad did and took the pages I wanted to read. So I guess I learned to love journalism as soon as I learned to read. In high school I worked on the student newspaper and on our school yearbook staff. I enjoyed being the first person to know what was going on, being privileged to ask questions about things that mattered, and researching all sides of an issue. I enjoy working on a deadline and among people who care about accuracy and social justice.

Kim: Since you're a journalism professor, let me ask you this question as well. Do you think that American media in general portray Asians fairly? I feel like they sometimes ❽ **stereotype** Asian people.

Dr. Workman: If you are talking about news media, I think the Asian American Journalism Association (AAJA) has done a lot in the past 30 years to provide fair and accurate coverage of Asians in the news media. AAJA is a powerful educational organization with more than 1,700 members in 21 chapters across the U.S. and Asia. One very useful tool the group provides is the AAJA Handbook covering Asia and America. It's available free online. The handbook defines terms and educates writers and editors about Asian culture, history and geography. That's the good news about treatment of Asians in the news media, but the treatment of Asians in the entertainment media – that would be movies and TV – is a bit different. Hollywood too often casts Asians in a ❾ **clichéd** role like a Korean grocer or an ❿ **overachieving** model minority. Filmmakers and TV producers must more often cast Asian actors and actresses in ⓫ **mainstream** roles.

VOCABULARY & IDIOMS

8 stereotype ~

~에 대한 고정 관념을 만들다

EXAMPLE DIALOGUE

Jackie Jennifer, you should definitely watch this show "Desperate Housewives". I think you're gonna love it!

Jennifer Well, I've watched it, but I'm afraid I'm not a big fan of the show.

Jackie Why not?

Jennifer Quite frankly, I don't like the way they **stereotype** Asians. You know, all the Asian women on the show are either maids or shameless creatures, and I don't appreciate that.

Jackie Yeah, I know what you mean. I just like it because it has an overwhelming storyline, but I've never thought about that. I guess I should be more culturally sensitive.

Jackie: 제니퍼, "위기의 주부들"이라는 이 드라마 꼭 봐. 네가 아주 좋아할 거야.
Jennifer: 글쎄, 난 그거 봤지만, 그렇게 재밌지는 않더라고.
Jackie: 왜?
Jennifer: 솔직히, 그 드라마가 아시아 사람들에 대한 선입견을 갖게 하는 방식이 싫어. 그러니까, 그 드라마에 나오는 아시아 여자들은 모두 가사 도우미이거나 염치없는 인간들인데, 난 그게 별로야.
Jackie: 맞아, 나도 네가 무슨 말 하는지 알아. 난 그냥 재미있는 줄거리 때문에 그 드라마를 좋아하는데, 거기에 대해서는 생각해 본 적이 없어. 나도 문화적으로 좀 더 민감해질 필요가 있는 것 같네.

❾ clichéd

상투적인/케케묵은

EXAMPLE DIALOGUE

Garret Did you know that Thomas is gay?

Amy You didn't? It seems like your gaydar doesn't seem to function any more.

Garret This doesn't make any sense! He doesn't act girly at all. He's all man.

Amy Please don't fall into the trap of thinking that all gay men are girlish. It's such a **clichéd** view of gay men.

Garret Yeah, I guess I was biased.

* 여기서 잠깐!

Gaydar: gay와 radar의 합성어로 "누가 게이인지를 알아보는 레이더"를 의미하는 슬랭

Garret: 토마스가 게이라는 사실을 알았어?
Amy: 넌 몰랐어? 너의 게이다가 더 이상 작동하지 않는 것 같군.
Garret: 이건 정말 말도 안 돼! 그는 전혀 여자애처럼 행동하지 않잖아. 그는 진정으로 남자답다고.
Amy: 제발 모든 게이들이 여자애 같을 거라고 생각하는 오류를 범하지 마. 그건 정말 게이들에 관한 케케묵은 편견이야.
Garret: 그래, 내가 편견이 있었나 보네.

VOCABULARY & IDIOMS

⑩ overachieving

기대 이상의 성과를 내는

EXAMPLE DIALOGUE

Timmy *(With a sigh)* What a day!

Katie Timmy, how did your presentation go?

Timmy Good question! It was a total disaster.

Katie Oh, no! I'm sorry to hear that. I know you prepared a lot for the presentation.

Timmy I think I've just gotta quit this job. Among all these **overachieving** guys, I always feel like my work is so sloppy.

Katie You've been thinking about it for a long time. What are you gonna do when you quit the job?

Timmy I haven't decided yet, but I've always wanted to work for a non-profit organization.

Katie Whatever you do, I hope you can find your niche.

Timmy Thanks, Katie!

Timmy: *(한숨을 쉬면서)* 뭐가 이런 날이 다 있어!

Katie: 티미, 발표는 어떻게 됐어?

Timmy: 좋은 질문이야! 완전 대 실패였어.

Katie: 어떡하니! 그 말 들으니, 맘이 안 좋네. 넌 그 발표를 위해서 준비를 아주 많이 했잖아.

Timmy: 이 직장을 그냥 그만둬야 할 것 같아. 많은 성과를 내는 동료들 사이에서, 난 언제나 내가 하는 일이 엉성하다고만 느껴지거든.

Katie: 그에 대해서 넌 오랫동안 생각했지. 그 직장 그만두면, 뭘 할 거야?

Timmy: 아직 결정은 안 했지만, 난 항상 비영리 단체에서 일하고 싶었어.

Katie: 네가 무슨 일을 하든, 너한테 꼭 맞는 곳을 찾을 수 있기를 바란다.

Timmy: 고마워, 케이티!

MP3_095

⓫ mainstream

주류/대세

EXAMPLE DIALOGUE

Ross Eun-young, I heard South Korea is accepting more and more immigrants these days. Is that true?

Eun-young Yes, it is. Most of the immigrants are not assimilated into **mainstream** Korean society yet, but it's definitely becoming a multi-cultural nation.

Ross: 은영아, 한국이 요즘 점점 더 많은 이민자를 받아들이고 있다고 들었어. 그게 사실이야?
Eun-young: 맞아. 아직은 대부분의 이민자가 한국의 주류 사회에 동화되지는 않았지만, 다문화 국가가 되어 가고 있다는 건 확실해.

4 Interview

Gale Workman

아래 인터뷰를 우리말로 번역한 것을 읽고 영어로 말하고 싶은 표현을 표시해 보자. 표시한 우리말 문장을 각자 영어로 말해 보고, 다음 페이지의 영어 대화문에서 실제로 어떻게 쓰였는지 확인해 보자.

Kim: 박사님께서는 저널리즘을 아주 오랫동안 공부하시고 가르치셨는데, 외국어로서의 영어 교사 자격증을 받으려고 하신 것이 저한테는 흥미로운데요. 어떻게 영어 교사 자격증 과정을 들으시게 됐습니까?

Dr. Workman: 국제 유학생들 교육에 관한 제 열정은 1996년 제가 미국 정부 보조금 프로젝트 일을 처음 했을 때 아프리카로 여행을 갔었는데, 그때 불이 붙었어요. 그 후, 두 번째 미국 정부 보조금 프로젝트로 저는 아르메니아로 여행을 갔고 아르메니아 교수들이 탈라하시에 왔을 때는 제가 대접을 했어요. 2003년, 저는 캐나다 노바스코샤에서 작문을 가르치는 전문가로 풀브라이트에 뽑혔어요. 제가 일하는 동안, 저는 영국, 스코틀랜드, 포르투갈에 제 연구 논문 발표를 위해 간 적이 있습니다. 그동안 줄곧, 재미로 세계 여행을 하기도 했고요. 저는 다른 나라에서 친구들을 사귀고 그들의 문화에 대해서 배우는 것이 정말 좋거든요. 탈라하시에서는, 제 남편과 제가 플로리다 주립대의 "외국인 친구들" 프로그램에 지원을 했고, 우리는 세계에서 이곳으로 방문하는 학생들, 학자들과 평생의 우정을 쌓았지요. 어느 가을에는, 한국인 가족들의 추석 때 남편과 제가 귀빈으로 초대된 적도 있었어요. 이런 외국인들과의 교류가 저를 2003년 탈라하시에서 외국인들을 위한 영어 과외 교사로 지원하게 했지요. 중국 식당에서 일하는 과테말라인에게 영어 말하기와 쓰기를 향상시키도록 가르쳤어요. 그때, 저는 이 분야에서 더 일하고 싶어 한다는 사실을 알았고, 언젠가는 영어 교사 자격증을 받을 거라는 것도 알았어요. 언젠가 한국의 대학에서 교환 교수로도 초대받았으면 하는 희망을 가지고 있습니다.

Kim: 그래서 영어 교사 자격증 과정이 재미있으셨나요?

Dr. Workman: 네, 재밌었어요! 플로리다 주립대학교의 영어센터에서 어떻게 영어를 외국어로 가르치는지에 대해 배우는 건 정말 즐거웠어요. 제가 영어 교사 자격증 과정에 등록했을 당시, 저는 영어 작문과 신문방송학을 30년 동안 가르친 후였어요. 과거에 저는 영어를 외국인들에게도 가르쳤지만, 외국어로 영어를 가르치는 것에 대한 정식 교육은 부족한 상태였어요. 저는 김선생님의 수업에서 너무나 많은 새로운 교수법을 배웠어요. 김선생님께서는 외국인들에게 영어를 가르치는 것에 대해 새로운 방식들로 생각할 것을 제게 요구하셨죠. 올해, 저는 김선생님의 수업에서 배운 많은 것들을 국제 교환 학생들에게 영어를 가르칠 때 적용할 거예요. 그들은 세계적인 사립 교육기관인 Education First를 통해서 2주 동안 탈라하시로 여행 올 학생들이에요.

MP3_096

Kim: You've studied and taught journalism for so many years, and it's interesting to me that you wanted to get your English as a Foreign Language Teaching Certificate. What ⑫ **prompted** you to take the TEFL certificate course?

Dr. Workman: My passion for international education was ⑬ **ignited** in 1996 when I traveled to Africa for the first time to work on a U.S. AID grant project. Later, I traveled to Armenia and hosted Armenian professors in Tallahassee as part of a second U.S. AID grant. In 2003, I was selected as a Fulbright Specialist to teach writing in Nova Scotia, Canada. During my career, I've traveled to the UK, Scotland and Portugal to present research papers. All the while, I've traveled the globe for pleasure, too. I love making friends in other countries and learning about their cultures. In Tallahassee, my husband and I volunteered as "International Friends" at Florida State University, and we developed ⑭ **lifelong** friendships with visiting students and scholars from around the globe. One fall my husband and I were honored guests in a Korean family's home for Chuseok. This international exposure lead me to volunteer in 2003 as an ESOL tutor in Tallahassee. I taught Guatemalan kitchen workers at a Chinese restaurant to improve their English speaking and writing. It was then that I knew I wanted to do more and would someday seek TEFL certification. I'm hoping to, someday, be invited by a Korean university as a visiting professor.

Kim: So did you enjoy the TEFL course?

Dr. Workman: Oh, yes! I enjoyed learning how to teach English as a Foreign Language at Florida State University's Center for Intensive English Studies. When I enrolled in the TEFL course, I had been teaching English writing and communication for 30 years. I tutored English to non-native speakers in the past also, but I ⑮ **lack**ed formal training in TEFL. I learned so many new teaching techniques in your class. You challenged me to think in new ways about teaching English to non-native speakers. This year I will ⑯ **employ** much of what I learned in your class when I teach English to international exchange students. They will travel to Tallahassee for two weeks with Education First, which is a private global education organization.

VOCABULARY & IDIOMS

⓬ prompted ~ to V

~가 어떤 행동이나 결정을 하도록 하다/자극하다/촉발하다

EXAMPLE DIALOGUE

Tom Hey, Paula! I heard you're going to Seoul this fall.

Paula Yes. I applied to the EPIK program and got selected. I'll be teaching English at a public school there.

Tom Good for you! So what **prompted you to go** to Korea?

Paula One of my best friends here is from S. Korea, so I learned a lot about Korean culture from her. As I got to know more about the culture, I was getting even more interested in it.

Tom Great! Have a safe trip there and please keep me posted.

Paula I will.

Tom: 폴라! 네가 올가을에 서울에 간다고 들었어.

Paula: 맞아. EPIK 프로그램에 지원했는데, 뽑혔거든. 거기 공립학교에서 영어를 가르치게 됐어.

Tom: 잘됐다! 그래, 무엇 때문에 한국으로 가기로 한 거야?

Paula: 이곳의 내 가장 친한 친구 중 하나가 한국에서 와서, 내가 그녀에게 한국 문화에 대해서 많이 배웠거든. 그 문화에 대해서 더 알게 될수록, 난 점점 더 흥미가 생기더라고.

Tom: 잘됐다! 안전한 여행하고, 나한테도 계속 연락해.

Paula: 그럴게.

MP3_097

⓭ ignited

불을 붙이다/마음을 불타오르게 하다

EXAMPLE DIALOGUE

Jim Did you hear that Dr. Jenks passed away last month?

Lisa Yes, I did. I went to his funeral to pay my respects.

Jim Gosh! Why did this happen while I was out of town? Dr. Jenks was my role model. Besides, he **ignited** my interest in applied linguistics...and I did not even attend his funeral. I feel horrible.

Lisa Oh, that's too bad...but I'm sure he'll understand. As you know, we all respected him so much because he had a very fine personality.

Jim: 젠크스 교수님께서 지난달 돌아가셨다는 말 들었어?

Lisa: 들었어. 난 조의를 표하기 위해서 그분의 장례식에 갔었어.

Jim: 휴… 하필 왜 내가 여기 없을 때 이런 일이 일어났을까? 젠크스 교수님께서는 내 역할 모델이셨어. 게다가 응용 언어학에 대한 내 흥미에 불을 붙이셨고… 그런데 난 그분의 장례식에 참석조차 못 했어. 너무 죄책감이 들어.

Lisa: 마음이 안 좋네… 하지만, 그분께서 이해하시리라 믿어. 너도 알다시피, 우리는 모두 훌륭한 인격 때문에 그분을 그렇게 존경했잖아.

⓮ lifelong

평생 동안의/일생의

EXAMPLE DIALOGUE

Jennifer Gosh, this is too difficult for me, and I don't think I can make it.

Michelle Give it your all until it's over! If you need my help, I'll be there for you.

Jennifer Thanks, girl! Even though we sometimes get on each other's nerves, I know you're my **lifelong** friend.

Jennifer: 아휴, 이건 정말 나한테 너무 어려워서, 내가 못할 것 같아.

Michelle: 끝까지 최선을 다 해! 내 도움이 필요하면, 언제든 내가 도와줄 거고.

Jennifer: 고마워, 친구! 비록 우리가 가끔 서로의 신경을 긁을 때도 있지만, 난 우리가 일생의 친구라는 걸 알아.

VOCABULARY & IDIOMS

⑮ lack

~이 부족하다

EXAMPLE DIALOGUE

Student Ms. Berry, I have a question about prepositions of place. Could you please explain the difference between the preposition 'at' and the preposition 'in'?

Teacher Sure! The preposition 'at' is used with specific places like stores and restaurants while the preposition 'in' is used with larger and more general places such as cities and countries.

Student Oh, is that why we say, "I'm shopping at the department store," but "She lives in L.A."?

Teacher Correct!

Student Now I've got it. I've been studying English for over 10 years but still don't know how to use basic prepositions. I don't think I have a gift for languages, Ms. Berry.

Teacher Yu-ho, you're doing great! You just **lack** confidence. Preposition usage can be difficult for anyone.

학생: 베리 선생님, 장소 전치사에 관한 질문이 있습니다. 전치사 'at'과 전치사 'in'의 차이점에 대해서 설명해 주실 수 있으세요?

선생님: 물론이죠! 전치사 'at'은 구체적인 장소, 이를테면 가게나 식당 같은 것과 함께 쓰이지만 전치사 'in'은 더 넓고 일반적인 장소, 예를 들어 도시나 나라와 함께 쓰이지요.

학생: 아, 그래서 우리가 "I'm shopping at the department store."이라고 말하지만, "She lives in L.A."라고 말하는 거예요?

선생님: 맞아요!

학생: 이제 알겠어요. 영어를 10년이나 공부해 왔지만, 여전히 기본 전치사 사용이 헷갈려요. 제가 언어에 재능이 없나 봐요, 베리 선생님.

선생님: 유호 군, 지금 잘하고 있어요!
다만 자신감이 부족할 뿐이에요.
전치사 사용법은 누구에게나 어려울 수 있답니다.

MP3_098

⑯ employ

(방법이나 기술을) 쓰다/이용하다

EXAMPLE DIALOGUE

Novice teacher Mr. Kott, this is my first semester to teach absolute beginners, and I was wondering if you could give me some advice.

Mr. Kott Certainly! How do you teach the class now?

Novice teacher I'm just having them fill in the blanks in the worksheets, but I feel like doing the same thing over and over is lazy teaching.

Mr. Kott Why don't you **employ** the scaffolding teaching method?

Novice teacher I know what you're talking about, sir. I just don't know how to apply Vygotsky's scaffolding theory to my teaching.

Mr. Kott When teaching beginners, you need to provide enough linguistic support. As students make progress, gradually remove the support so that they can accomplish the task with no assistance.

Novice teacher Thank you, sir. I'll definitely **employ** the instructional strategy from now on.

초보 선생님: Kott 선생님, 이번이 완전 초급 학생들을 가르치는 제 첫 학기인데, 제게 조언을 좀 해 주실 수 있으세요?

Kott 선생님: 물론이죠! 지금 그 수업을 어떻게 가르치고 있지요?

초보 선생님: 연습 문제지의 빈칸을 채우게 하고 있지만, 똑같은 걸 자꾸만 반복하게 하는 것이 게으른 교수법 같이 느껴져요.

Kott 선생님: 스케폴딩 교수법을 써 보는 건 어때요?

초보 선생님: 무슨 말씀을 하시는지는 알겠어요, 선생님. 다만, 비고츠키의 스케폴딩 이론을 제 수업에 어떻게 적용해야 할지를 모르겠어요.

Kott 선생님: 초급 학생들을 가르칠 때는, (학생들에게) 언어적인 도움을 충분히 제공해야 합니다. 학생들의 실력이 늘면서는, 점차적으로 그 도움을 줄여서, 결국에는 학생들이 주어진 과제를 그런 도움 없이 해낼 수 있도록 하세요.

초보 선생님: 감사합니다, 선생님. 지금부터는 꼭 그 교수법을 적용하도록 해 보겠습니다.

5 Interview

Gale Workman

아래 인터뷰를 우리말로 번역한 것을 읽고 영어로 말하고 싶은 표현을 표시해 보자. 표시한 우리말 문장을 각자 영어로 말해 보고, 다음 페이지의 영어 대화문에서 실제로 어떻게 쓰였는지 확인해 보자.

Kim: 감사합니다. 박사님께서 제 수업을 들으시는 동안 저도 즐거웠습니다. 박사님께서는 다른 문화에도 관심이 많으신 것 같은데요. 그렇습니까?

Dr. Workman: 저는 여행하는 것을 정말 좋아합니다. 그건 제 열정이지요. 저는 여섯 대륙의 71개국의 나라를 방문했습니다. 제 버킷 리스트에는 최소한 29개가 넘는 여행할 나라가 더 있어요, 그래서 Travelers' Century Club에 멤버십을 얻을 수 있게요.

Kim: 자, 이제 박사님의 가족에 대해서도 이야기해 주실 수 있으세요?

Dr. Workman: 저는 저보다 세 살이 어린 남동생이 하나 있어요. 그는 그의 아내와 아들과 함께 미국 조지아주에 있는 애틀랜타에 살아요. 저는 탈라하시에서 제 남편, 켄 쉴링과 함께 살고요. 켄과 저는 30년 동안 결혼생활을 해왔고, 우린 아이 없는 삶을 선택했어요. 제 부모님과 제 남편의 부모님께서는 몇 년 전에 돌아가셨는데, 플로리다에서 매우 길고도 행복한 삶을 사신 후였어요. 켄과 저는 둘 다 반려동물을 좋아하는 가족들 속에서 자라서 우리도 지난 30년 동안 많은 동물들을 입양했는데, 지금의 우리 가족들은 작은 슈나우저 한 마리와 물고기 세 마리를 포함하지요.

Kim: 북부 플로리다에서 살면서 저는 가끔 아이를 하나만 가지는 것을 문제 삼는 사람들을 대해야 할 때가 있어요. 아시겠지만, 저는 아이가 하나뿐이거든요. 솔직히 제가 아이가 하나만 있다고 해서 죄책감을 느낄 이유는 전혀 없다고 생각하지만요. 뭐 어쨌든, 어디를 가던 다름을 존중하지 않는 사람들이 항상 있다는 걸 깨달아요. 박사님께서는 남편분과 아이를 갖지 않는 삶을 선택하신 이유로 혹시 편견이 담길 말들을 들으실 때가 있으세요?

Dr. Workman: 저는 우리가 아이를 가지지 않기로 한 우리의 선택을 사람들이 존중하지 않는다고 느끼지는 않아요. 제 생각에는 대부분의 사람들이 그냥 놀라서 어떻게 반응해야 할지를 모르는 것 같아요. 그들의 반응이 무례하게 보일 수도 있지만, 난 그렇게 듣지 않으려 해요. 우리 사회에서는 어떤 나이대의 여성은 어머니여야 한다는 기대가 있지요. – 제 나이의 경우, 할머니여야 하고요. 제가 누군가 새로운 사람을 만나면, 그러니까 미용사나 고객 같이요, 어색함을 깨려고 하는 첫 질문이 아마도, "아이가 있으세요?"라거나, "손주가 있으세요?"가 되지요. 제가 그냥 짧게 "아니요."라고 대답하면, 대화는 거기서 멈춰 버려요.

Kim: Thank you. It was my pleasure having you in my class. It seems like you're also into different cultures as well. Am I right?

Dr. Workman: I love to travel. It is my passion. I have visited 71 countries on six continents. My "bucket list" is to travel to at least 29 more countries, so I can earn membership in the Travelers' Century Club.

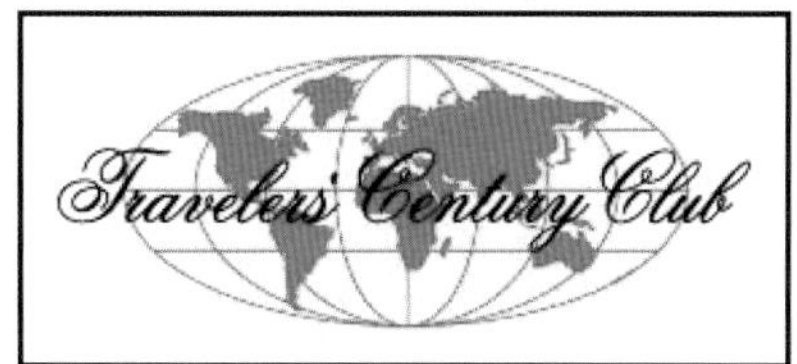

Kim: Now can you please tell me about your family?

Dr. Workman: I have one brother ❶ (who's) three years younger than I. He lives with his wife and son in Atlanta, Georgia that's in the Unites States. I live in Tallahassee with my husband, Ken Schilling. Ken and I have been married 30 years, and we are ⓱ **child-free by choice**. Both my parents and my husband's parents died several years ago after living very long happy lives in Florida. Ken and I both grew up in families that enjoyed pets, so we have adopted many pets over the past 30 years, and right now our family includes one miniature schnauzer and three fish.

Kim: Living in North Florida, I sometimes have to deal with people who think it's ⓲ **problematic** to have only one child. As you might already know, I have one child. Honestly, I don't think I should feel guilty at all about having only one child. In any case, I've realized wherever I go, there will always be some people who do not respect differences. Do you ever hear any kind of biased comments just because you and your husband chose to be child-free by choice?

Dr. Workman: I don't feel people disrespect our choice to be child-free. I think most people are simply surprised and don't know how to react. Their responses may seem disrespectful, but I don't choose to hear them that way. In our society there is an expectation that women of a certain age are mothers and at my age grandmothers. When I meet someone new, even a hair stylist or a client, an ⓳ **icebreaker** question may be "Do you have children?", "Do you have grandchildren?" If I answer a simple "no," the conversation ⓴ **stalls**.

VOCABULARY & IDIOMS

⑰ child-free by choice

선택적으로 아이를 갖지 않는

EXAMPLE DIALOGUE

Jen Tony, I have great news! My aunt says she is going to sponsor me until I get my Ph.D. degree, so I can focus on my studies without facing any financial problems.

Tony ou are super lucky to have such a giving aunt. My aunt is such a miser. When I achieve something, she's even jealous of me because she doesn't want me to be more successful than her own son.

Jen I'm sorry to hear that. My aunt is kind of unique. She has money to burn and is **child-free by choice**.

Tony Oh, is she childless?

Jen Actually, she doesn't like the word, "childless" because when my aunt and her husband got married, it was their decision not to have any children.

Tony So they're **child-free by choice**, correct?

Jen Exactly!

Jen: 토니, 정말 좋은 소식이 있어! 우리 고모께서 내가 박사 학위를 받을 때까지 나를 지원해 준다고 하셔. 그러니까, 난 재정적인 문제에 대한 걱정 없이 내 학업에 집중할 수 있어.
Tony: 그렇게 베푸시는 고모께서 계시다니 넌 정말 행운아야. 우리 고모는 정말 구두쇠시거든. 내가 뭔가를 해내면, 고모는 나한테 질투까지 하신다니까, 왜냐면 당신 아들보다 내가 더 성공하기를 바라지 않으시니까.
Jen: 안 됐다, 정말. 우리 고모께서는 좀 독특하셔. 돈이 어마어마하게 많으신데, 아이 없이 사는 삶을 택하셨지.
Tony: 아이가 없으셔?
Jen: 사실, 우리 고모는 "childless" (아이 없는)라는 단어를 싫어하셔, 왜냐하면 고모와 고모부께서 결혼하셨을 때부터 아이들 갖지 않겠다고 결정하셨거든.
Tony: 그러니까, 그분들은 "child-free by choice" (아이 없이 사는 삶을 선택한)시구나, 맞아?
Jen: 바로 그거지!

MP3_100

⓲ problematic

문제가 있는

EXAMPLE DIALOGUE

Elizabeth Jerry, do you have time now?

Jerry Yes. What's the matter?

Elizabeth It's about Matthew. As you know, he and I volunteered to help refugee families from Syria. I know he has a good heart, but I don't feel like he tries hard enough to understand their culture.

Jerry I know what you're saying. I also think the way he approaches different cultures is a bit **problematic**.

Elizabeth Since you're his close friend, I was hoping you could talk to him about it.

Jerry Got it! I'll have a talk with him tonight.

Elizabeth Thanks, Jerry.

Jerry Anytime!

Elizabeth: 제리, 지금 시간 좀 있어?
Jerry: 응. 무슨 일이야?
Elizabeth: 매튜에 관한 거야. 너도 알다시피, 걔랑 나랑 시리아 난민 가족들을 도와주는 봉사를 지원했거든. 걔가 마음씨가 착한 건 나도 알지만, 내 생각에 그 사람들의 문화를 이해하려고 충분히 노력하는 것 같지는 않아.
Jerry: 나도 네가 무슨 말 하려는지 알아. 나 또한 걔가 다른 문화를 접근하는 방식에 조금 문제가 있다고 생각해.
Elizabeth: 네가 걔랑 친한 친구니까, 난 네가 거기에 대해서 이야기 좀 해 줬으면 해서.
Jerry: 알겠어! 오늘 밤 이야기해 볼게.
Elizabeth: 고마워, 제리.
Jerry: 천만에!

VOCABULARY & IDIOMS

⑲ icebreaker

어색함을 없애기 위한 말이나 행동

EXAMPLE DIALOGUE

Sean Pam, I have a blind date with an Indian girl tomorrow, and I need your help.

Pam Do you mean a Native American or an Indian from India?

Sean I understand she's from India.

Pam Okay, so how can I help you?

Sean I've never dated a foreigner before, so I'm kind of nervous. What can be a good **icebreaker** joke in this case?

Pam Well, I'm not an expert at romance, but I wouldn't use a joke as an **icebreaker** especially because she's from a different culture.

Sean You've made a very good point. Then, what about showing interest in her culture?

Pam That sounds better.

Sean: 팸, 내가 내일 인디언 여자애와 소개팅이 있는데, 네 도움이 필요해.
Pam: 미국 원주민 인디언을 말하는 거야, 아니면 인도에서 온 인도 사람이야?
Sean: 인도에서 왔다고 알고 있어.
Pam: 그래서 내가 어떻게 도와줄까?
Sean: 내가 외국인하고 데이트해 본 적이 한 번도 없어서, 좀 떨려. 이런 경우, 어색함을 없앨 만한 좋은 농담이 뭘까?
Pam: 글쎄, 난 로맨스에 관한 전문가는 아니지만, 어색함을 없애려고 농담을 사용하지는 않을 것 같아. 특히 그녀가 다른 문화권에서 왔다면 말이야.
Sean: 좋은 지적이야. 그렇다면, 그녀의 문화에 대한 관심을 보여 주는 건 어떨까?
Pam: 그게 더 낫겠네.

MP3_101

⑳ stall

멈추다

EXAMPLE DIALOGUE

Secretary Excuse me. I hate to interrupt, but Paula says she can't make it to the meeting on time.

Boss Is everything okay with her?

Secretary She says her car **stalled** in the middle of the road and wouldn't start again.

Boss Well, then, we might as well get started without her. Please tell Paula to take her time.

Secretary Yes, sir.

비서: 실례합니다. 방해해서 죄송하지만, 폴라 씨가 제시간에 회의에 참석하지 못할 것 같다고 하네요.
상사: 폴라 씨한테 무슨 일 있어요?
비서: 차가 도로 한복판에서 멈췄는데, 다시 시동이 안 걸린다고 하네요.
상사: 뭐, 그렇다면, 폴라 씨 없이 시작해야겠네요. 폴라 씨한테 서두를 필요 없다고 전해 주세요.
비서: 네, 알겠습니다.

Interview 6

Gale Workman

아래 인터뷰를 우리말로 번역한 것을 읽고 영어로 말하고 싶은 표현을 표시해 보자. 표시한 우리말 문장을 각자 영어로 말해 보고, 다음 페이지의 영어 대화문에서 실제로 어떻게 쓰였는지 확인해 보자.

Dr. Workman: (계속) 그녀는 제 또래의 여성이 아이가 없을 거라는 예상을 하지 않았으니까요. 상황에 따라서, 그러면 저는 주제를 바꾸거나, 혹은 제 남편과 제가 아이 없는 삶을 선택했다고 설명하죠. 보통은, 그렇게 하면 어색하게 대화 주제를 바꾸게 돼요. 저는 결혼하기 전에 제 남편과 제가 부모가 된다는 것이 가장 힘든 일이라는 결론을 내렸다는 사실에 대해 보통 굳이 설명하려 하지는 않아요. 우리는 부모가 된다는 평생 동안 해야 하는 과업에 우리 자신을 헌신하지 않겠다는 선택을 했어요.

Kim: 이제 이것이 제 마지막 질문이 될 텐데요. 행복을 어떻게 정의하세요? 우리는 모두 어떻게 하면 행복한 삶을 살 수 있을까요?

Dr. Workman: 저한테 행복이란, 제가 원하는 선택을 할 수 있는 자유가 있다는 것이에요. 그건 항상 모든 것이 내 뜻대로 된다는 걸 의미하지는 않아요. 모든 선택에는 행동이 요구되며 모든 행동에는 결과가 따르죠. 가끔 그 결과가 저를 당장 행복하게 해 주지는 않지만, 저는 각각의 선택이 더 큰 그림의 일부라는 걸 알아요. 그게 제가 제 삶에 대해 가지고 있는 비전입니다. 예를 들어, 저는 지금 굉장히 행복해요. 왜냐하면, 제 남편이 퇴직을 했고, 저도 FAMU에서 올해 퇴직할 수 있었거든요. 하지만 검소하게 살면서 적극적으로 저축하겠다는 30년 전의 선택이 없었다면, 그러니까 만족스러운 삶을 뒤로 미루면서 말이죠, 우리가 여전히 즐길 수 있을 만큼 충분히 젊을 때 일찍 퇴직해서 삶의 새로운 장을 열 수 있는 지금의 재정적인 자유는 아마 없었을 거예요.

Kim: 워크맨 교수님, 오늘 인터뷰 정말 즐거웠습니다. 시간 내주신 것 다시 한 번 감사합니다.

Dr. Workman: 저도 즐거웠습니다, 김선생님. 제 이야기를 나눌 기회를 주셔서 감사합니다.

Dr. Workman: (Continuing) She didn't expect a woman of my age to have no children. Depending on the situation, then I may change the subject, or I may explain that my husband and I are childfree-by-choice. Usually, that awkwardly changes the conversation. ❷ Rarely do I go to the trouble to explain that before we married my husband and I decided parenting was the hardest job there is. We chose not to commit ourselves to the lifelong job of parenting.

Kim: This is going to be my last question for you. How do you define "happiness"? How do you think we can all lead happy lives?

Dr. Workman: Happiness for me is having the freedom to make my own choices. That doesn't mean I always get my own way. Each choice requires action and for each action there is a consequence. Sometimes the consequence doesn't make me happy immediately, but I know that each choice is part of a bigger picture. That's the vision I have for my life. For example, I'm very happy now because my husband is retired, and I was able to retire from FAMU this year. However, ❸ if it were not for our choices 30 years ago to live ㉑ **modestly** and save aggressively, basically delaying ㉒ **gratification**, we would not have the financial freedom now to retire early from our full-time careers and begin a new chapter of our lives while we are still young enough to enjoy it.

Kim: Dr. Workman, I've really enjoyed our conversation today. Thank you again for your time.

Dr. Workman: It has been my pleasure, Ms. Kim. Thank you for the opportunity to share my story.

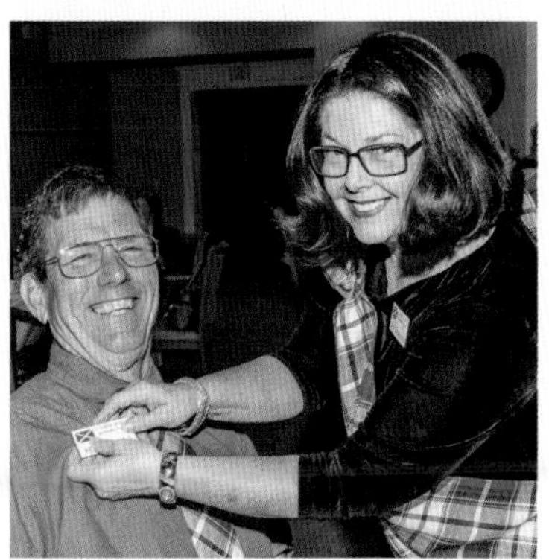

VOCABULARY & IDIOMS

㉑ modestly

겸손하게/얌전하게/검소하게

*인터뷰 속 문맥에서는 '검소하게'라는 의미로 쓰였다.

EXAMPLE DIALOGUE

Debbie Colin, do you want to go shopping with me?

Colin I'm sorry, but shopping is not my thing. Why don't you go with Martha?

Debbie Martha has been spending **modestly** ever since she retired last year.

Colin That makes sense because most retirees live **modestly**.

Debbie Well, then I'm gonna have to go by myself. I'll buy a pair of nice shoes to match my new dress that I got as my birthday gift.

Colin Treat yourself!

Debbie: 콜린, 나랑 쇼핑 갈래?

Colin: 미안한데, 쇼핑은 내 적성에 안 맞아서. 마싸하고 같이 가지그래?

Debbie: 마싸는 작년에 은퇴한 이후로 계속 검소한 소비를 하고 있어.

Colin: 대부분의 은퇴자들이 검소하게 사니까, 그렇겠지.

Debbie: 뭐 그렇다면, 나 혼자 가야겠어. 내 생일 선물로 받은 새 원피스에 어울리는 멋진 구두를 한 켤레 살 거야.

Colin: 그래, 너 자신에게 선물하렴!

㉒ gratification

만족감

EXAMPLE DIALOGUE

Wife Honey, please stop giving him the sugary stuff!

Husband Come on! If we have him brush his teeth before going to bed, he should be fine. Plus, he's far from being obese.

Wife It's not just about his current health. At this age, kids are forming eating habits for life. Besides, I want to teach him life is not all about seeking instant **gratification**. If you give him candies whenever he wants to, gosh, I don't even want to think about it. You know what I'm saying?

Husband Of course, I know what you're saying, but he's just 5 years old.

Wife As people say, old habits die hard.

아내: 여보, 제발 애한테 단것 좀 그만 줘요!

남편: 참나! 자기 전에 양치질하게 하면, 괜찮을 거예요. 게다가, 걔는 비만과는 거리가 멀잖아요.

아내: 지금 현재의 건강 때문에 그러는 것만은 아니에요. 그 나이에는 아이들이 평생의 입맛을 형성하는 시기라고요. 게다가, 난 아이에게 순간적인 만족감이 인생의 전부가 아니라는 걸 가르치고 싶어요. 애가 원할 때마다 사탕을 준다면, 정말, 생각하기조차 싫은 일이 벌어질 거예요. 내가 무슨 말 하는지 알겠어요?

남편: 물론 당신이 무슨 말 하는지 알아요. 하지만 걔는 겨우 다섯 살이에요.

아내: 사람들이 말하듯이, 세 살 버릇 여든까지 간다고요.

이 챕터에서 주목할 문법

Interview 5

1 (who's) three years younger **than I.**

저보다 3살 어린…

〉〉 이때 than 뒤에 목적격 'me'가 아니라, 주격 'I'를 쓴 이유는, 여기서 than이 전치사가 아니라 접속사이기 때문이다. 즉, "who's three years younger than I am."에서 'am'이 생략된 경우라고 보면 된다.

EXAMPLE DIALOGUE 1

Wife I'm afraid if he will have a hard time adjusting to school life because of his shy and reticent personality.

Husband I understand your concern, but as you know, his brother James is **more reticent than he (is)**, and he has had a successful school life so far.

아내: 아이의 내성적인 성격 때문에 학교생활에 적응하기가 힘들까 봐 걱정이에요.
남편: 당신이 걱정하는 건 이해하지만, 당신도 알다시피, 그 애의 형인 제임스는 걔보다 더 내성적인데도 지금까지 학교생활 잘 해오고 있잖아요.

EXAMPLE DIALOGUE 2

Vicky Larry, do you know anyone who speaks Korean?

Larry Actually, I happen to major in the Korean language.

Vicky Fabulous! My friend, Molly is getting married to a Korean man, and they need a Korean interpreter for the wedding.

Larry Well, although my Korean proficiency level is quite high, I don't understand the culture as much as I should. As you know, culture and language are inextricably connected.

Vicky I guess you're right.

MP3_104

Larry But I think my friend, Denice can help them out. She stayed in Korea for three years to learn more about the culture and polish up her language skills. Plus, she speaks much **better** Korean **than I** **(do)** anyways.

Vicky Fantastic! Can I get her contact information?

Larry You know what? I need to ask her first, so can I have her contact you instead?

Vicky Not a problem! Here's my phone number.

Vicky: 래리 씨, 혹시 한국어 할 줄 아는 사람을 아세요?
Larry: 실은 마침 제가 한국어를 전공합니다.
Vicky: 정말 잘 됐네요! 제 친구, 몰리가 한국 남자와 결혼하는데, 결혼식에 한국어 통역관이 필요하다고 해서요.
Larry: 글쎄, 제 한국어 레벨이 꽤 높기는 한데, 문화는 사실 제가 알아야 할 만큼 몰라서요. 아시다시피, 문화와 언어는 서로 떼려고 해도 뗄 수 없는 관계잖아요.
Vicky: 래리 씨 말씀이 맞는 것 같네요.
Larry: 하지만 제 친구, 드니스가 그분들을 도울 수 있을 거예요. 그녀는 문화와 언어 실력을 연마하기 위해 한국에 3년 동안 있었거든요. 게다가, 어쨌든 그녀가 저보다 훨씬 더 한국어를 잘하기도 하고요.
Vicky: 잘됐네요! 그분의 연락처를 얻을 수 있을까요?
Larry: 있잖아요, 제가 그녀에게 먼저 물어 봐야 하니, 대신에 그녀에게 비키 씨한테 연락하라고 해도 될까요?
Vicky: 물론이죠! 여기 제 전화번호예요.

EXAMPLE DIALOGUE 3

Kaitlin Gosh, I still can't believe what Nick did at the conference today. I mean… what was wrong with him?

Jenny Tell me about it! It was so out of character for him to act like that. If it bothers you that much, why don't you talk to him?

Kaitlin I don't want to go through the trouble to talk it over with him.

Jenny Then, I would just let it go and forget about it. **He's much younger** **than us** after all.

* 여기서 잠깐!
격식을 차리지 않는 구어체 영어(일상생활 회화)에서는 than이 위와 같이 전치사로 쓰이기도 한다.

Kaitlin: 정말, 난 닉이 오늘 학회에서 했던 행동을 여전히 믿을 수가 없어. 내 말은… 대체 걔 뭐가 문제였던 거야?
Jenny: 그러게 말이야! 그런 식의 행동을 하는 건 절말로 그답지 않았어. 네가 그것 때문에 그렇게 힘들다면, 걔하고 이야기를 해 보지 그러니?
Kaitlin: 굳이 걔하고 그 일에 대해 이야기하고 싶지도 않아.
Jenny: 그렇다면, 나라면 그냥 넘어가고 잊어버리겠어. 결국, 걔가 우리보다 많이 어리잖아.

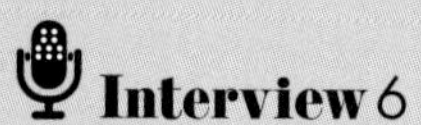

② Rarely do I go to the trouble to explain that~

저는 좀처럼 ~를 귀찮게 설명하려 하지 않죠.

>> Rarely, hardly, seldom 등의 부정을 의미하는 부사가 문장의 맨 앞에 오면서 그 뒤를 따르는 주어와 동사를 도치시키는 도치구문이다. 이때, 일반 동사의 경우, 조동사, do/does가 먼저 오고 그 뒤에 주어+동사가 오는 의문문의 어순을 따른다. 문법 내용이 이해가 안 되는 독자들은 아래의 대화문을 10번 이상 듣고 이 문법의 쓰임새를 문맥과 함께 익히자.

EXAMPLE DIALOGUE 1

Interviewer Ms. Platt, I don't mean to invade your privacy, but can you please tell us the reason why you divorced Mr. Brown? Rumor has it that he cheated on you with an actress.

Interviewee Well... **rarely do I sidestep** **an interview question**, but I'd prefer not to answer that at this time.

인터뷰 진행자: 플랫 씨, 제가 당신의 사생활을 침해할 의도는 없지만, 왜 브라운 씨와 이혼했는지 이야기해 주실 수 있으세요? 소문에 의하면 브라운 씨가 어느 여배우와 바람을 피웠다고 하는데…

인터뷰 대상: 글쎄… 저는 좀처럼 인터뷰 질문을 회피하지는 않지만, 지금 그 질문에 대해서는 대답을 안 하고 싶습니다.

MP3_105

EXAMPLE DIALOGUE 2

(During a press conference)

Journalist 1 Mr. Anderson, so many people want a total ban on guns after the shooting incident at Sandy Hook elementary school. Is there any reason why you still don't pass the gun control bill?

Politician *(Clearing his throat)* Excuse me. *(The politician leaves the conference room.)*

Journalist 1 Gosh, he just leaves like that?

Journalist 2 **Rarely does he answer questions about gun control laws.** I wouldn't even bother to ask him those kinds of questions.

Journalist 1 Yes, he is a politician!

(기자 회견 중에)

기자 1: 앤더슨 씨, 샌디훅 초등학교에서의 총기 사건 이후로 너무나도 많은 사람이 총기 사용의 전면 금지를 원하고 있습니다. 앤더슨 씨가 총기 규제 법안을 통과시키지 않고 있는 특별한 이유라도 있습니까?

정치인: *(목청을 가다듬으면서)* 잠시만요. *(정치인이 기자 회견장을 빠져나간다.)*

기자 1: 참 나, 저 사람 그냥 저렇게 나가 버리는 거야?

기자 2: 저 사람 총기 규제 법안에 관한 질문은 좀처럼 대답을 안 해. 나라면 저 사람한테는 그런 질문은 아예 하지조차 않겠어.

기자 1: 맞아, 그는 정치인이지!

③ if it were not for our choices, ~

우리의 선택이 없다면, ~

〉〉 "If it were not for ~"는 "~가 없다면", "~가 아니면"이라는 의미로 현재 사실의 반대를 가정하는 가정법 과거의 한 형태이다.

EXAMPLE DIALOGUE 1

Husband What's going on here?

Wife While I was cooking, the power went out all of a sudden. **If it were not for this candle flame**, we would be in complete darkness.

Husband Is this the only candle we have?

Wife Unfortunately, yes, it is.

Husband Then, I hope the power comes back on before this candle flame dies.

Wife Hopefully!

남편: 여기 무슨 일 있어?
아내: 요리하고 있는데, 갑자기 전기가 나갔어. 촛불이 없다면, 우린 완전히 깜깜한 어둠 속에 있을 거야.
남편: 우리한테 양초가 이것밖에 없어?
아내: 불행히도, 그것밖에는.
남편: 그렇다면, 이 촛불이 꺼지기 전에 전기가 돌아와야 할텐데.
아내: 그래야 할텐데!

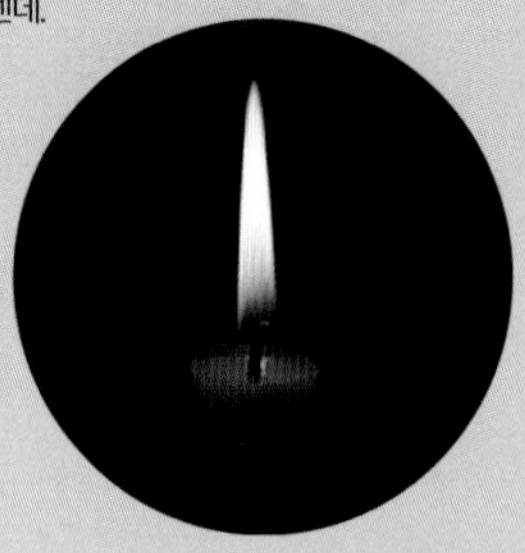

EXAMPLE DIALOGUE 2

Tom Felicia, thanks a million! **If it were not for your help**, I don't really think I could make it.

Felicia No problem! Once you get the hang of it, it's not that difficult.

Tom: 펠리샤 씨, 정말 고마워요! 펠리샤 씨의 도움이 없었다면, 저는 이 일을 해내지 못했을 거예요.
Felicia: 뭘요! 일단 감을 잡으면 그렇게 어렵지 않은 일이에요.

MP3_106

* 여기서 잠깐!
참고로 "~이 없었다면"은 if it had not been for~이 되며, 이는 과거 사실의 반대를 가정하는 가정법 과거완료 구문이다.

EXAMPLE DIALOGUE 3

(At a birthday party)

Kathy Hi, my name is Kathy.

Tim Hi, I'm Tim.

Kathy Nice to meet you, Tim. So how do you know Larry?

Tim Oh, Mr. Kane was my daughter's preschool teacher.

Kathy Oh, I see. Where's your daughter?

Tim She's now in New York because she goes to college there.

Kathy Wow, she's a college student?

Tim Yes, but we still keep in touch with Mr. Kane because he saved her life. What happened was…when she almost drowned in a lake, he dove into the water and saved her. **If it had not been for Mr. Kane, my daughter could have died there.**

Kathy That sounds just like Larry. He would risk his life to protect the kids in his preschool.

(어느 생일 파티에서)
Kathy: 안녕하세요. 제 이름은 캐시입니다.
Tim: 안녕하세요. 저는 팀입니다.
Kathy: 만나서 반가워요, 팀 씨. 그런데 래리를 어떻게 아세요?
Tim: 케인 선생님께서 제 딸아이의 유아원 선생님이셨어요.
Kathy: 아, 그렇군요. 따님은 어디 있어요?
Tim: 딸아이가 지금은 뉴욕에 있어요. 왜냐하면, 거기서 대학을 다니거든요.
Kathy: 우와, 지금은 따님이 대학생이라고요?
Tim: 네, 하지만, 우리는 케인 선생님과 여전히 연락을 주고받아요. 왜냐면 선생님께서 우리 아이의 생명을 구해 주셨거든요. 무슨 일이 있었냐면… 그 애가 호수에 빠져서 거의 익사하려고 했을 때, 선생님께서 물속에 뛰어들어서 딸 아이를 구하셨어요. 케인 선생님께서 안 계셨더라면, 제 딸은 거기서 죽을 수도 있었을 거예요.
Kathy: 정말 래리다워요. 그는 그의 유아원 아이들을 보호하기 위해서라면 목숨이라도 걸 거예요.

SPEAKING TRAINING

STEP 1 다음 글을 또박또박 정확하게 읽고 암송해 보자. (읽은 후엔 V 표시)

MP3_107

1 한 지역에 이사 와서 살게 된 이유에 대해 말할 때

문단 읽기 □ □ □ □ □

My parents moved to Florida/ in the 1950s/ so my father could work in the aerospace industry./ I grew up in St. Petersburg, Florida./ I attended journalism school,/ earning bachelor's and master's degrees/ at the University of Florida./ I earned my Ph.D. in Education/ at Florida State University./ I worked as a newspaper journalist in Florida./ In 1984,/ I joined the communication arts faculty/ at the University of West Florida./ Later,/ in 1988,/ I joined the journalism faculty/ at Florida A&M University.

2 자기 학교 소개를 할 때

문단 읽기 □ □ □ □ □

Florida A&M University was created/ more than 125 years ago,/ initially to train black teachers./ The school opened its doors/ not long after the American Civil War,/ during which slavery of Negros was abolished./ FAMU,/ as it is affectionately called,/ was one of many "land-grant" colleges/ created by the U.S. government/ in the late 1800s./ It was created/ to teach agricultural and mechanical arts/ as well as classical studies/ to educate the working class./ Today,/ FAMU is considered the top public HBCU/ in the U.S./ HBCUs are Historically Black Colleges and Universities./ According to its website,/ FAMU has an enrollment of nearly 12,000 students,/ and about 90% of the students are black./ As for the faculty,/ about 70% of the nearly 600 faculty members are black.

3 자신의 전공을 선택하게 된 이유에 대해 말할 때

문단 읽기 □ □ □ □ □

My father said/ I was reading our local newspaper/ by the time I was 5 years old./ The newspaper was delivered to our home/ early each morning,/ and Dad would read it before leaving for work./ Often,/ I got the newspaper before Dad did/ and took the pages I wanted to read./ So I guess I learned to love journalism/ as soon as I learned to read./ In high school/ I worked on the student newspaper/ and on our school yearbook staff./ I enjoyed being the first person/ to know what was going on,/ being privileged to ask questions/ about things that mattered,/ and researching all sides of an issue./ I enjoy working on a deadline/ and among people/ who care about accuracy and social justice.

4 가족을 소개할 때

문단 읽기 □ □ □ □ □

I have one brother/ who's three years younger than I./ He lives with his wife and son/ in Atlanta, Georgia/ that's in the Unites States./ I live in Tallahassee with my husband,/ Ken Schilling./ Ken and I have been married 30 years/ and are child-free by choice./ Both my parents and my husband's parents died several years ago/ after living very long and very happy lives in Florida./ Ken and I both grew up in families/ that enjoyed pets,/ so we have adopted many pets/ over the past 30 years./ Right now/ our family includes one miniature schnauzer/ and three fish.

STEP 2 주어진 단어를 사용해서 우리말을 영어로 말한 다음 빈칸에 써 보자.

1 미국 남북 전쟁 후 얼마 안 되어, 흑인 노예제도가 폐지되던 중에, 학교가 문을 열었지요.
(slavery / Negros / not long after)

2 FAMU는, 애칭으로 불리는 이름인데, 1800년대 후반에 미국 정부에서 땅을 지급해 줘서 만들어진 많은 대학들 중 하나입니다.
(affectionately / "land-grant" colleges)

3 저는 제가 무슨 일이 일어나는지에 대해 가장 먼저 아는 사람이라는 점과 중요한 일들에 대해서 질문할 수 있는 특권이 주어지는 것, 또한 한 이슈에 대해서 다양한 각도에서 알아보는 일을 즐겼어요.
(be privileged to / all sides of an issue)

4 이 대학은 노동자 계층을 교육하기 위해서 고전을 가르칠 뿐만 아니라, 농업과 공업 기술을 가르치기 위해서도 만들어졌습니다.
(working class / agricultural and mechanical arts / as well as)

5 저는 마감 시한을 두고 일을 하는 것과 정확성과 사회 정의를 중요하게 생각하는 사람들과 함께 일하는 것 또한 즐깁니다.
(working on a deadline / care about)

6 우리는 30년 동안 결혼 생활을 해왔고, 아이 없는 삶을 선택했어요. 제 남편과 저는 둘 다 반려동물을 좋아하는 가족들 속에서 자라서, 우리도 지난 30년 동안 많은 동물들을 입양했어요.
(child-free by choice / grow up / adopt)

STEP 3 빈칸에 자기 상황에 맞는 어휘를 넣어 문장을 완성해 보자.

1 ____________, as it is affectionately called, was one of ________________ colleges created by _________________ in ____________________.

2 I enjoy being ____________________________, being privileged to ______________________, and __________________________.

3 I enjoy __________________________ and working among people who _______________________________.

4 My school was created to ___________________________________ ____________________________.

5 We have been married/dating for __________. My husband/wife/girlfriend/boyfriend and I both grew up in families that ________________, so we ________________________________.

6 I earned my __________ in ____________ at ____________________, and I worked as a __________________________ in _____________.

7 My school, _______________________ is considered ______________________ in _________________________.

8 My mother said _____________________________ by the time I was ______________________.

9 I guess I learned to ________________ as soon as _________________.

10 My passion for _________________ was ignited in ______________ when ____

STEP 4 다음 질문에 답해 보자. (주어진 공간에 할 말을 적어 보기)

1 Would you like to introduce your school to us?

2 Was there any reason why you majored in (your major)?

3 Do you think that American media in general portrays Asians fairly?

4 Can you please tell me about your family?

Happiness for me is having the freedom to make my own choices.

Kim: Dr. Workman, thank you very much for agreeing to this interview.

Dr. Workman: It's my pleasure, Ms. Kim.

Kim: I understand you've spent most of your life in Florida, but may I ask where you're from originally?

Dr. Workman: I was born in Huntington, West Virginia that is in the United States.

Kim: Is that right? Then, what brought you to Florida in the first place?

Dr. Workman: My parents moved to Florida in the 1950s so my father could work in the aerospace industry. I grew up in St. Petersburg, Florida. I attended journalism school, earning bachelor's and master's degrees at the University of Florida. I earned my Ph.D. in Education at Florida State University. I worked as a newspaper

journalist in Florida. In 1984, I joined the communication arts faculty at the University of West Florida. Later, in 1988, I joined the journalism faculty at Florida A&M University.

Kim: You taught at Florida A&M University for 26 years until you retired and were honored as a professor Emerita in 2014. Would you like to introduce Florida A&M University to Korean readers?

Dr. Workman: Florida A&M University was created more than 125 years ago, initially to train black teachers. The school opened its doors not long after the American Civil War, during which slavery of Negros was abolished. FAMU, as it is affectionately called, was one of many "land-grant" colleges created by the U.S. government in the late 1800s. It was created to teach agricultural and mechanical arts as well as classical studies to educate the working class. Today, FAMU is considered the top public HBCU in the U.S. HBCUs are Historically Black Colleges and Universities. According to its website, FAMU has an enrollment of nearly 12,000 students. About 90% of the students are black. As for the faculty, about 70% of the nearly 600 faculty members are black.

Kim: As you've mentioned, about 70% of the faculty members at Florida A&M University are African Americans, which means you're in a racial minority in your work place. Under the circumstances, I'm wondering if you've experienced any type of interracial conflicts there.

Dr. Workman: I never personally experienced racism at FAMU. I always

felt respected by students and colleagues. I earned my tenure and, then, promotion to full professor as quickly as policies permitted. I was twice-named by my peers as the university's Teacher of the Year. Upon my retirement, Florida A&M University honored me for my distinguished 26-year career with the prestigious title of Professor Emerita.

Kim: Then, what do you think the biggest cultural differences between African American culture and European American culture is if there's any?

Dr. Workman: Wow, that's a big question! I can't pinpoint the one biggest cultural difference; however, I can identify an important difference between faculty at an HBCU and faculty at a majority-white university. At an HBCU, faculty members are considered an extension of a student's family – not just scholars sharing knowledge with the students they teach. The families of students at an HBCU entrust their teens to the university and regard faculty as an extended family who will guide their children to adulthood. That means, at FAMU, I often got to know the parents and the grandparents of my students, and I often learned much about my students' lives beyond the classroom. After graduation, some students became my friends and professional colleagues because I was privileged to get to know them "as family."

Kim: You taught journalism and mass communication at FAMU. Was there any reason why you majored in journalism?

Dr. Workman: My father said I was reading our local newspaper by the time I was 5 years old. The newspaper was delivered to our home early each morning, and Dad would read it before leaving for work. Often, I got the newspaper before Dad did and took the pages I wanted to read. So I guess I learned to love journalism as soon as I learned to read. In high school I worked on the student newspaper and on our school yearbook staff. I enjoyed being the first person to know what was going on, being privileged to ask questions about things that mattered, and researching all sides of an issue. I enjoy working on a deadline and among people who care about accuracy and social justice.

Kim: Since you're a journalism professor, let me ask you this question as well. Do you think that American media in general portray Asians fairly? I feel like they sometimes stereotype Asian people.

Dr. Workman: If you are talking about news media, I think the Asian American Journalism Association (AAJA) has done a lot in the past 30 years to provide fair and accurate coverage of Asians in the news media. AAJA is a powerful educational organization with more than 1,700 members in 21 chapters across the U.S. and Asia. One very useful tool the group provides is the AAJA Handbook covering Asia and America. It's available free online. The handbook defines terms and educates writers and editors about Asian culture, history and geography. That's the good news about treatment of Asians in the news media, but the treatment of Asians in the entertainment media – that would be movies and TV – is a bit different. Hollywood too often casts Asians in a clichéd role like a Korean grocer or an overachieving model minority. Filmmakers and TV producers must more often cast Asian actors and actresses in mainstream roles.

Kim: You've studied and taught journalism for so many years, and it's interesting to me that you wanted to get your English as a Foreign Language teaching certificate. What prompted you to take the TEFL certificate course?

Dr. Workman: My passion for international education was ignited in 1996 when I traveled to Africa for the first time to work on a U.S. AID grant project. Later, I traveled to Armenia and hosted Armenian professors in Tallahassee as part of a second U.S. AID grant. In 2003, I was selected as a Fulbright Specialist to teach writing in Nova Scotia, Canada. During my career, I've traveled to the UK, Scotland and Portugal to present research papers. All the while, I've traveled the globe for pleasure, too. I love making friends in other countries and learning about their cultures. In Tallahassee, my husband and I volunteered as "International Friends" at Florida State University, and we developed lifelong friendships with visiting students and scholars from around the globe. One fall my husband and I were honored guests in a Korean family's home for Chuseok. This international exposure lead me to volunteer in 2003 as an ESOL tutor in Tallahassee. I taught Guatemalan kitchen workers at a Chinese restaurant to improve their English speaking and writing. It was then that I knew I wanted to do more and would someday seek TEFL certification. I'm hoping to, someday, be invited by a Korean university as a visiting professor.

Kim: So did you enjoy the TEFL course?

Dr. Workman: Oh, yes! I enjoyed learning how to teach English as a Foreign Language at Florida State University's Center for Intensive English Studies. When I enrolled in the TEFL course, I had been teaching English writing and communication for 30 years. I tutored English to non-native speakers in the past also, but I lacked formal training in TEFL. I learned so many new teaching techniques in your class. You challenged me to think in new ways about teaching English to non-native speakers. This year I will employ much of what I learned in your class when I teach English to international exchange students. They will travel to Tallahassee for two weeks with Education First, which is a private global education organization.

Kim: Thank you. It was my pleasure having you in my class. It seems like you're also into different cultures as well. Am I right?

Dr. Workman: I love to travel. It is my passion. I have visited 71 countries on six continents. My "bucket list" is to travel to at least 29 more countries, so I can earn membership in the Travelers' Century Club.

Kim: Now can you please tell me about your family?

Dr. Workman: I have one brother (who's) three years younger than I. He

lives with his wife and son in Atlanta, Georgia that's in the Unites States. I live in Tallahassee with my husband, Ken Schilling. Ken and I have been married 30 years, and we are child-free by choice. Both my parents and my husband's parents died several years ago after living very long happy lives in Florida. Ken and I both grew up in families that enjoyed pets, so we have adopted many pets over the past 30 years, and right now our family includes one miniature schnauzer and three fish.

Kim: Living in North Florida, I sometimes have to deal with people who think it's problematic to have only one child. As you might already know, I have one child. Honestly, I don't think I should feel guilty at all about having only one child. In any case, I've realized wherever I go, there will always be some people who do not respect differences. Do you ever hear any kind of biased comments just because you and your husband chose to be child-free by choice?

Dr. Workman: I don't feel people disrespect our choice to be child-free. I think most people are simply surprised and don't know how to react. Their responses may seem disrespectful, but I don't choose to hear them that way. In our society there is an expectation that women of a certain age are mothers and at my age grandmothers. When I meet someone new, even a hair stylist or a client, an icebreaker question may be "Do you have children?", "Do you have grandchildren?" If I answer a simple "no," the conversation stalls. She didn't expect a woman of my age to have no children.

Depending on the situation, then I may change the subject, or I may explain that my husband and I are childfree-by-choice. Usually, that awkwardly changes the conversation. Rarely do I go to the trouble to explain that before we married my husband and I decided parenting was the hardest job there is. We chose not to commit ourselves to the lifelong job of parenting.

Kim: This is going to be my last question for you. How do you define "happiness"? How do you think we can all lead happy lives?

Dr. Workman: Happiness for me is having the freedom to make my own choices. That doesn't mean I always get my own way. Each choice requires action and for each action there is a consequence. Sometimes the consequence doesn't make me happy immediately, but I know that each choice is part of a bigger picture. That's the vision I have for my life. For example, I'm very happy now because my husband is retired, and I was able to retire from FAMU this year. However, if it were not for our choices 30 years ago to live modestly and save aggressively, basically delaying gratification, we would not have the financial freedom now to retire early from our full-time careers and begin a new chapter of our lives while we are still young enough to enjoy it.

Kim: Dr. Workman, I've really enjoyed our conversation today. Thank you again for your time.

Dr. Workman: It has been my pleasure, Ms. Kim. Thank you for the opportunity to share my story.

아선생의 미국말 미국문화

미국 대선 1: Are you pro-choice or pro-life?

1942년생으로 올해 76세이신 내 아버지는 그 세대로는 매우 드물게도 동국 대학교 연극영화과를 졸업하신 연극배우 출신이다. 집안의 반대를 무릅쓰고 선택하신 배우의 길임에도 불구하고, 배고프다는 이유로 연극을 그만두시고 MBC 방송국에서 성우로 활동하시면서 라디오 드라마 제작 등을 하기도 하셨던 아버지. 늦은 나이에 결혼하시면서 결국엔 적성에도 안 맞는 사업을 하시게 됐지만, 어쨌든 현재 대한민국의 70대 중반으로서는 무척이나 독특한 이력을 가지신 분임이 틀림없다. 하지만 당신의 이력에서 풍기는 이런 자유분방한 색채가 실로 무색하게도 정치적으로 아버지는 상당히 보수적이시다. 그런 아버지가 2017년에 치러진 제19대 대통령 선거에서 당시 더불어민주당의 문재인 후보를 지지하지 않으실 거라는 건 너무도 쉽게 예측할 수 있는 일이었다. 아버지와는 달리 정치적 스탠스가 중도인 내 동생은—사실 올해 치러진 대선[1]을 제외하고는 마흔이 다 되도록 투표 한 번 안 할 정도로 정치에 무관심한 그를 중도를 포함한 그 어느 카테고리에도 넣기가 뭐하지만, 어쨌든 좌도 우도 아니니 중도라 치고!—지난 19대 대선 때는 웬일인지 선거를 하겠다며 당시 문재인 후보를 뽑겠다고 했다. 정치에 대한 열정이라고는 개미목의 때만큼도 없는 동생이 아버지를 설득하려 할 리는 만무하고, 그는 그저 자신이 아버지께서 지지하는 후보보다는 문재인 후보가 더 낫다고 생각하는 이유를 "뭐, 아님 말고!"라는 태도로 무덤덤하게 이야기했다. 그전에는 정치 얘기만 나오면 흥분부터 하고 보셨던 아버지셨지만, 이제 노쇠해지셔서 그런지, 아니면 당신께서 일편단심 지지하셨던 정당 출신의 박근혜 전대통령이 탄핵된 후 어떤 심경의 변화가 있으셨던 건지, 어쨌든 예전과는 사뭇 달라진 태도로 동생의 이야기를 진지하게 듣고 계셨다. 하지만 바로 그 찰나에 하신 다음의 한 마디는 아버지께서 전혀 달라지지 않으셨다는 사실을 곧바로 증명했다.

"그래, 니가 말하는 정책들 다 좋고, 문재인 후보가 훌륭한 사람이라는 것도 알겠다. 전부 다~ 알겠는데, 민주당의 대북정책에 나는 즐~때로! 동의할 수가 읍때!"

아버지의 이 말씀을 요약하자면, 아무리 아버지 같은 서민을 위한 기막힌 정책을 공약으로 내거는 정치인이라도, 제아무리 훌륭한 인격을 겸비한 뛰어난 정치가라 하더라도, 강경한 대북정책을 펴지 않겠다는 후보라면 당신께서는 절대로 뽑아주기가 싫으시다는 거다. 햇볕

1 2017년에 치뤄진 제 19대 대통령 선거

정책이든 달빛 정책이든 다 필요 없고 북한에는 무조건 강경하게 대해야 한다고 굳게 믿으시는 우리 아버지에게, 여타 다른 정책 사안은 어디까지나 부차적인 문제인 듯하다. 그리고 2017년 대선 토론회에서 유승민 후보가 문재인 후보에게 북한이 주적이냐는 질문을 집요하게 하는 것을 보면서, 나는 한국에 그 사안에 목매는 유권자들이 비단 내 아버지뿐만이 아니라는 사실을 깨닫게 되었다. 미국에서 공화당을 지지하는 상당수의 보수 유권자들에게도 내 아버지에게 "대북정책"과 같은 의미를 가지는 정치적 이슈가 있는데, 바로 "낙태 합법화"와 "동성애 결혼 합법화" 문제다. ―동성애 결혼 문제의 경우, 2015년을 기점으로 미국 전역에서 이미 합법화가 되었기 때문에 여기서는 논외로 하도록 하자. ―아선생은 미국에 살면서 특히 낙태 합법화에 대한 이슈가 거론될 때마다, 우리 아버지가 대북정책에 대한 이야기를 하실 때만큼이나 감정적으로, 아니 격정적으로 대응하는 사람들을 심심찮게 만난다.

이런 연유로 미국에 와서 아선생이 처음으로 경험했던 조지 W. 부시와 존 케리 2자 구도였던 2004년 대선을 시작으로, 선거 때마다 지겹도록 들었던 영어 표현이 "pro-choice"(낙태 문제에 있어 여성의 선택권을 존중하자는 견해)와 "pro-life"(여성이 임신하는 순간부터 배아를 한 생명체로 보고 낙태 합법화에 반대하는 견해)다. 특히 종교적인 이유로 pro-life인 골수 기독교인들의 경우, 자신들을 위한 그 어떤 뛰어난 정책을 내놓아도 pro-choice인 정치인에게는 "즐~때로 동의할 수가 읎때!"는 것이 이들의 입장이다. 힐러리 클린턴은 잘 알려진 대로 pro-choice인 정치인이고, 그런 그녀를 떨어뜨리기 위해서 그녀의 반대 진영인 트럼프를 뽑았다는 건, 어찌 보면 그들에겐 당연한 선택이다. 이들에게 지난 선거 기간 당시 트럼프 후보의 인간 됨됨이나 도덕성, 혹은 그가 펼치겠다는 여타 다른 정책 같은 것들은 모두 부차적인 문제일 뿐이다. 심지어 트럼프 대통령이 자신이 여성을 성추행했다는 것을 자랑삼아 말하는 녹음 테이프로 인해 일명 "Locker Room Talk" 스캔들이 터졌을 때, 캔자스 시티의 한 여성은 그럼에도 불구하고 트럼프에 대한 지지를 철회하지 않겠다고 CNN 뉴스에 나와서 자랑스럽게 이야기했다. 물론 그 첫 번째 이유로 그녀는"Hillary Clinton doesn't care about murdering babies!"(힐러리 클린턴은 아기들을 죽이는 문제에 대해서는 관심이 없어요!)라고 말하면서 pro-choice인 힐러리 클린턴과 민주당에 심한 반감을 드러냈다. 실제로 아선생이 알고 있는 트럼프를 뽑은 사람들도 하나 같이 바로 이 이유로 "I voted against Hillary." 라고 말한다. 즉, 절대로 트럼프가 좋아서 지지하는 것이 아니라, 자신의 종교적 신념에 반하는 pro-choice인 힐러리 클린턴이 이 나라의 대통령이 되는 것만큼은 결단코 막아야 했다는 것이다. 지난 미대선 3차 토론을 풍자한 SNL(Saturday Night Live) 쇼에서 사회자로 분한 톰 행크스가 두 후보에게 묻는 첫 번째 질문이 출산에 관한 선택권(reproductive rights)이었다는 것 또한 이 문제가 많은 미국인들에게 얼마나 중요한 사안인지 잘 보여준다. 물론 이 질문이 떨어짐과 동시에 트럼프로 분한 알렉 볼드윈이 우스꽝스럽게 소리친다. "They're ripping babies out of vaginas!"(사람들이 여자들 그곳에서 아기들을 찢어 죽이고 있어요!)

아선생 또한 개인적으로 이 이슈 때문에 봉변을 당한 적이 있다. 오바마와 롬니의 대결 구도였던 2012년 대선 당시, 다른 강사들과 왜 롬니보다 오바마의 의료보험 정책이 더 나은지에 관한 이야기를 하던 중이었다. 바로 그때, 독실한 기독교 신자이면서 동시에 한 평생 일편단심 공화당 지지자인 한 동료가 뜬금없이 "Then, what do you think about the babies? They're killing the babies!"(그럼, 아기들에 대해선 어떻게 생각해요? 그들은 아기들은 죽인다고요!")라고 소리 지르는 것이었다. 평소에는 그렇게 이성적인 친구가, 양 후보의 의료보험 정책을 이야기하던 도중에 그러는 것이 얼마나 터무니없는 행동인지 인식조차 못 하는 모습을 보면서, 아선생은 황당하기 짝이 없었다. 종교가 삶의, 아니 모든 것의 중심인 그녀에게 양 진영 후보들이 내놓는 여타 다른 정책들은 아무런 의미가 없는 듯했다. 바로 지난 선거에서 선거 기간 동안 당시 트럼프 후보가 쏟아냈던 인종차별 혹은 성차별적인 발언들조차도 한쪽만을 바라보는 그녀를 돌려세우기엔 충분치 못했다. 기독교인이 인구의 절대다수인 미국이란 나라에서 이 친구 같은 생각을 가진 이들은 결코 무시할 수 없는 숫자로 보여진다. 그리고 이 유권자 그룹의 표심을 너무나 잘 읽고 있었던 트럼프 진영이 그 부분을 집요하게 공략했던 것 또한 러스트벨트 블루칼라 백인 남성들의 박탈감과 더불어 그가 당선될 수 있게 한 주요 요인들 중 하나였다고 아선생은 생각한다.

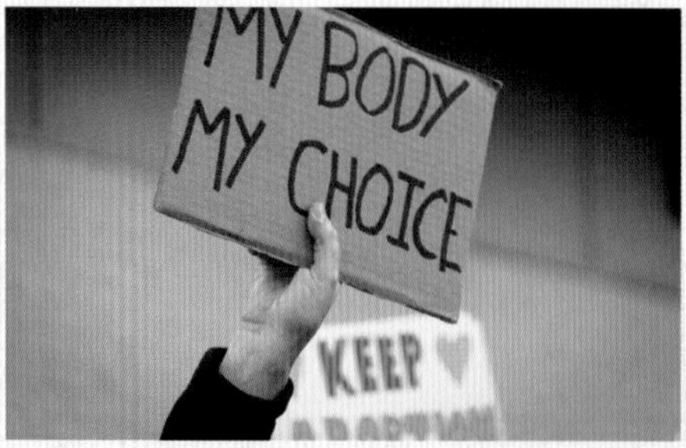

미국 대선 2: 선거인단 제도

도널드 J. 트럼프가 대통령으로 당선된 바로 그날 저녁, 스티브 콜버트(Stephen Colbert)는 그의 쇼에서 다음과 같이 말한다.

If your child asks the ultimate question, "Why do bad things happen to good people?", you finally have the answer. "The electoral college."

(해석) 만일 당신의 아이가 "왜 좋은 사람들에게 나쁜 일들이 일어나는 건가요?"라는 궁극적인 질문을 한다면, 당신은 이제 그 답을 알고 있습니다. "바로 선거인단 제도 때문이지."

다수의 한국 뉴스에서도 이미 보도되었듯이, 지난 미국 대선에서 힐러리 클린턴 후보가 300만 표 가까이 더 받았음에도 불구하고 대통령으로 당선된 사람은 도널드 트럼프다. 미국의 선거제도를 이해하지 못하는 사람 입장에서는 이건 정말 말도 안 되는 일일 것이다. 선거인단제도는 대체 어찌 돌아가길래 이런 희한한 결과를 낳게 되는 걸까?

미국의 각 주들은 인구 숫자에 비례에서 선거인단 수를 가진다. 그래서 선거 결과 해당 주에서 이긴 사람이 그 주가 가진 선거 인단 숫자만큼의 표를 모두 독차지하는 승자독식의 시스템이다. 대체 이게 무슨 말이냐 하면… 예컨대, 지난 한국 대선을 우리가 선거인단제도로 치렀다는 재미있는 상상을 한번 해 보자. 우리나라의 "도"를 미국의 "주"라고 가정하면, 경기도가 30표, 경상도가 20표, 충청도가 10표 등과 같이 각각의 도가 인구 숫자에 비례해서 선거인단 수를 가지게 된다. 그리고 각 도에서 이기는 후보가 그 도의 선거인단 숫자만큼의 표를 전부 다 가져간다. 예를 들어, 만약 경상도에서 1% 차이로 홍준표 후보가 문재인 후보를 이겼다고 가정할 때, 홍후보가 경상도가 가진 선거인단 수인 20표를 전부 다 싹쓸이해서 가져간다는 말이다. 이 경우, 문재인 후보는 경상도에서 졌기 때문에 경상도 사람들이 찍어준 문후보 표는 모조리 사표(死票)가 되어버린다. 즉, 단 1%라는 근소한 차이로 졌음에도 불구하고 경상도에서는 문재인 후보가 단 한 표도 못 가져간다는 말이다. 이런 식으로 해서 선거인단 숫자를 최종적으로 더 많이 가져가는 사람이 당선된다. 그러니 미국은 대통령 선거 때마다 이런 식의 사표가 어마어마하게 발생한다. 이런 제도 하에서 전국을 다 포함한 전체 득표율이 더 높다는 것은 선거 결과와는 아~무 상관이 없다. 그게 바로 힐러리 클린턴이 전체 득표수를 300만 표나 더 받고도 떨어진 이유다. 같은 이유로 2000년 대선에서는 앨 고어가 조지 W. 부시 보다 훨씬 더 많은 표를 받고도 떨어졌다.

더 많은 국민의 지지를 받고도 당선되지 못하는 경우가 심심찮게 나오는 이 제도에 강한 의문을 품게 되는 건 비단 우리들만이 아닌 것 같다. 이 책의 스티브 콕 씨와의 인터뷰에서도 볼 수 있듯이 적지 않은 숫자의 미국인들도 우리처럼 생각하고 있는 것만은 분명하다. 그렇지만 이 제도를 옹호하는 사람들의 말을 들어보면, 선거인단제도를 미국이 아직도 유지하고 있는 이유가 이 제도를 통해서 인구가 적은 주의 사람들 목소리까지 정치에 반영할 수 있기 때문이라고 한다. 만일 미국이 우리처럼 전체인기투표 방식을 따른다면, 인구가 적은 알래스카주나 버몬트주 같은 곳에서는 정치인들이 선거 운동을 아예 안 하거나 혹은 소홀히 하게 될 것이며, 그 결과 그런 주에 사는 국민들은 영원히 중앙 정치에서 소외되게 된다는 것이 이들의 주장이다.

하지만 이번 선거 기간 말 한마디 내뱉을 때마다 수백만의 안티를 양산했던 트럼프 후보에게, 선거 결과가 나오자마자 많은 사람들이 300만 표나 적게 받고도 선거인단제도 때문에 운 좋게 대통령이 되었다고 그를 공격하기 시작했다. 그러자 트럼프 당선자는 자기

는 주어진 선거제도 하에서 최선을 다했으며, 만일 인기투표제도였다면 자기네 진영은 전혀 다른 방식으로 선거운동을 했을 것이기 때문에 여전히 결과는 달라지지 않았을 것이라고 단언했다. 그렇지만 투표결과에서도 드러났듯이 미국 인구 전체를 봤을 때, 트럼프를 싫어하는 사람이 좋아하는 사람보다 훨씬 더 많다는 사실을 감안해 보면, 개인적으로 아선생에게 트럼프의 이런 주장은 개풀 뜯어먹는 소리로 들린다. 게다가 더 흥미로운 점은 후보 시절 선거 기간 내내 모든 것이 자신에게 불리하게 돌아간다고 생각한 트럼프는 유명한 그의 트윗에 "The electoral college is a disaster for a democracy."(선거인단제도는 민주주의에 있어 재앙이다.) 라는 말을 남겼다. 그리고서는 이 제도 덕분에 표를 더 적게 받고도 당선된 후에는 다시 말을 바꿔서, "The electoral College is actually genius in that it brings all states, including the smaller ones, into play. Campaigning is much different!"(선거인단제도는, 작은 주들을 포함해서 모든 주들을 함께 참여하게 한다는 점에 있어서, 실로 훌륭한 제도이다. 그 선거운동 과정은 매우 다르다.)라고 했다. 이 남자, 실로 웃기지 못하는 개그맨들을 자괴감에 빠지게 할 캐릭터가 아닌가!

어쨌든 미국의 이런 선거제도 때문에 미국 대선에서의 사표 심리 또한 우리나라의 그것과는 조금 다르게 작용하는 것 같다. 일단 비슷한 양상부터 짚어보자면, 우리나라의 지난 대선에서도 사표방지 심리 때문에 바른정당 유승민 후보나 정의당 심상정 후보 지지자들 중 적지 않은 숫자가 선거 당일까지 갈팡질팡했던 것처럼, 지난 미국 대선에서도 자유당 개리 존슨과 녹색당 질 스타인을 지지하는 사람들이 자신들이 지지하는 후보와 힐러리 후보 사이를 정신없이 왔다 갔다 했다. 아선생의 친구들 중에서도 정치적으로 굉장히 진보적인 제3당 지지자들이 꽤 있는데, 그들을 뽑으면 트럼프가 대통령이 된다며 절대로 제3당을 지지해서 진보표를 분산시키는 일만은 막아야 한다는 목소리 또한 이 친구들은 무시할 수 없었다고 했다. 아무튼, 여기까지는 우리나라 사정과 많이 비슷한듯하다. 그런데 선거인단제도로 인해 미국은 사표방지 심리와 더불어 또 다른 형태의 사표 심리 양상이 존재한다. 지난 대선 때 아선생이 가르치던 학생들 중 두 명이 어차피 자기네 표는 사표가 될 것이 뻔하기 때문에 선거하러 고향 집으로 가지 않는다고 했다. 그들은 각각 조지아주와 앨라배마주 출신 학생들이었는데, 자신들이 속한 주는 압도적인 공화당 텃밭이기 때문

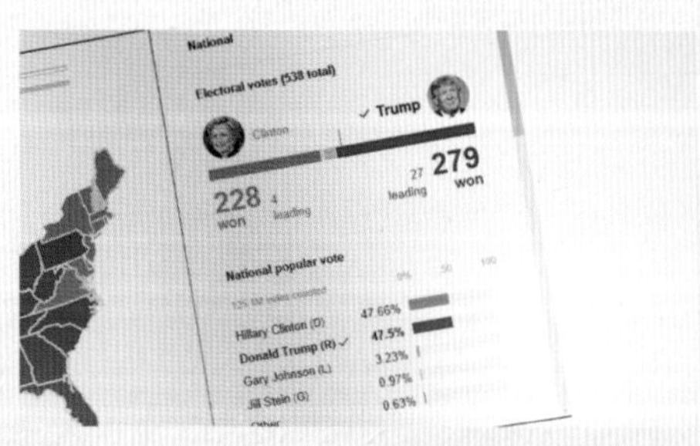

에 민주당 지지자인 자신들이 아무리 투표를 해봐야 결과에는 눈곱만큼도 영향을 못 미칠 거라고 했다. 즉, 승자독식인 지금의 선거제도 하에서는 자신이 찍는 민주당 지지표는 자신들의 주에서는 단 한 표의 값어치조차도 가지지 못하리라는 것을 알기 때문에, 힘들게 3, 4시간 운전해서 투표하러 갈 하등의 이유가 없다는 것이었다. 이는 민주당 텃밭인 캘리포니아주나 워싱턴주에 사는 공화당 지지자들 또한 마찬가지로 느끼는 무력감일 것이다. 이렇게 자신의 한 표가 한 표의 가치를 행사하지 못하는 시스템 속에서 사람들이 투표할 의욕을 상실하는 것은 너무도 당연한 일이다.

이런저런 이유로, 선거가 끝날 때마다 많은 미국 사람들을 갑론을박하게 해왔던 이 선거인단제도는, 특히 전체 득표율에서 어마어마한 표 차이로 진 트럼프가 당선된 이번 선거에서는 더욱더 거센 논란을 불러일으켰다. 미국의 주요 도시들을 포함한 여러 곳에서 시위가 벌어졌는데, 많은 사람들이 "Not my president!"라고 크게 외치며 행진하기도 했다. 어떤 이는 워싱턴 포스트지를 통해서, "One person, one vote!"(…to mean that votes should be equal in their power)이라는 슬로건을 내세우며, '모든 표는 똑같은 파워를 가져야 한다'고 주장했다. 아선생이 듣기에는 지구가 둥글다는 말만큼이나 당연한 이 주장에 여전히 설득이 안 되는 미국인들이 대다수라는 사실이 그저 놀라울 따름이다.

힐러리와 제3당 후보들을 지지했던 아선생의 친구들은 트럼프가 당선된 그다음 날 밤 쓰디쓴 마음을 설탕범벅의 마가리타로 달래면서, 그래도 전체적으로 힐러리를 뽑은 사람들 숫자가 미국에는 더 많다는 사실을 위

안으로 삼았다. 거기에 한술 더 떠서, 그러니 선거제도를 바꾸게 되면 그래도 이 나라가 제대로 굴러갈 거라는 결론을 내리려던 찰나에, 내 친구 다이애나는 우리들의 희망 찬가를 다음의 한 마디로 종식시켰다. "많은 사람들은 선거인단제도를 탓하지만, 내 생각은 조금 달라. 그 어떤 선거제도를 썼든지 간에 어쨌든 트럼프 같은 사람이 당선될 만큼의 충분한 표를 얻었다는 사실은, 미국사회에 대한 내 희망을 잃게 해." 그날은 마음 잘 맞는 친구들과 술이 함께 했음에도 여러모로 깜깜한 밤이었다.

Epilogue

〈미국 보통 사람들의 지금 영어〉를 통해 내 미국인 친구들을 만나본 필자의 한국인 친구들은 필자 주변에는 정말 그렇게 좋은 미국 사람들만 있는 건지, 아니면 대체 어디서 어떻게 그렇게 선하고 바른 사람들만 만날 수 있었는지가 궁금하다고 했다. 그에 대한 내 대답은, 우리가 살면서 백만 번도 더 들었을 법한 바로 그 말로 대신하고자 한다. "사람 사는 곳은 어디나 다 똑같다."

2016년 미국 대선 캠페인 당시, 일반 사람들이 생각하는 "좋은 사람"과는 거리가 멀어도 한참 먼 대통령 후보자, 도널드 트럼프와 그런 그를 지지하는 많은 미국 사람들을 TV 뉴스에서 접한 이들이라면 자연스럽게 일반 미국인들에 대해 부정적인 편견을 갖게 되었을 것이다. 하지만 우리가 속한 한국 사회에는 과연 일부 트럼프 지지자들과 같이 편견과 증오에 찬 사람들이 없는가? 결국, 나라가 크든 작든, 이 세상 어느 사회를 가도 좋은 사람과 나쁜 사람들이 섞여 산다는 것은 누구나 다 아는 상식이다.

2003년 미국에 도착한 바로 그 순간부터 미국 사회에 동화되고자 무던히 애를 썼던 내게도, 좋은 미국 사람, 나와 생각이 맞는 미국 사람들을 만난다는 것은 결코 쉽지 않은 일이었다. 그럼에도 불구하고, 포기하지 않고 더 많은 미국인들을 만나려고, 또 더 많은 미국인들과 친해지려고 노력하다 보니, 10명에 한 명 정도는 나와 코드가 정말 딱! 맞는, 그러면서 인격적으로도 매우 훌륭한 미국 사람들을 만날 수가 있었다. 그 10명 중 한 명이 모이고 모여, 지금의 내 주변을 이루는 환경이 되었으며, 그 친구들 모두는 현재 내 삶의 일부가 되었다. 〈미국 보통 사람들의 지금 영어〉에서 인터뷰했던 사람들과는 또 다른 개성을 가진 〈조금은 특별한 미국 보통 사람들의 영어〉 속의 인터뷰이들의 이야기를 들으면서, 독자들이 미국 영어와 더불어 미국 문화와 미국 사람들에 대해서도 한층 더 깊이 있는 이해를 할 수 있었으면 한다. 그래서 이 책이, 많은 이들이 미디어를 통해서 미국인들을 접할 때 가질 수밖에 없는 한계를 극복하는 데 조금이나마 도움이 되기를 기대해 본다

2017년
플로리다에서
저자 **김아영**

Good Luck!
Cross your fingers!

CHAPTER 1
SPEAKING TRAINING

STEP 2

1. My experience teaching and studying abroad and also my multi-cultural background set me up for being an ESL teacher.
2. I'd say, as for grammar, my students usually have trouble with articles and prepositions.
3. It was at night, so I didn't get a good grasp of my surroundings.
4. Panic was rising up in my chest.
5. I wanted to build a closer relationship with my grandmother.
6. As a kid, it was hard fitting in because I felt like there were parts of me that were different.

STEP 3

예시 답안

1. My experience teaching and studying abroad and also my multi-cultural background set me up for being an ESL teacher.
제가 외국에서 공부한 경험과 또한 제 다문화적 배경이 저를 영어 선생님으로 자리 잡게 했습니다.

2. I'd say, as for English grammar, people usually have trouble with articles and prepositions.
제 생각에는, 영문법에 관한 한, 사람들이 보통 관사와 전치사를 힘들어합니다.

3. I didn't get a good grasp of that chapter.
나는 그 챕터를 잘 이해하지 못했습니다.

4. When I was walking on the dark street, panic was rising up in my chest.
제가 그 어두운 거리를 걸을 때, 가슴 속에 공포가 밀려왔습니다.

5. I wanted to build a closer relationship with my grandmother.
저는 할머니와 더 가까운 관계를 맺고 싶었습니다.

6. It was hard fitting in because I felt like there were parts of me that were different from them.
어울리기가 힘들었어요. 왜냐면 제 속의 여러 모습이 그들과는 다르게 느껴졌으니까요.

7. I feel like a big difference between American culture and Korean culture has to do with how they value the relationships with other people.
미국 문화와 한국 문화의 큰 차이 중 하나는 다른 사람들과의 관계에 얼마나 중점을 두느냐 하는 것과 연관 있는 것 같아요.

8. Some people still frown upon interracial marriages.
어떤 사람들은 여전히 타인종 간의 결혼에 대해 눈살을 찌푸립니다.

9. I was never bitter about being turned down by her.
나는 그녀에게 거절당한 것에 대해 단 한 번도 나쁜 감정을 가진 적이 없어.

10. One thing I have in common with her is that both of us love classical music.
내가 그녀와 가지고 있는 공통점 한 가지는 우리 둘 다 클래식 음악을 좋아한다는 거예요.

STEP 4

1. 예시 답안

Yeah. She is a really strong and brave lady. She grew up in Korea on a farm, and she has six sisters and a brother. She was the second oldest, so she had a lot of responsibility growing up to help take care of her siblings. She also met my dad there while he was stationed in the military. They've been married for about 35 years, so she has actually lived in America longer than she has lived in Korea now. She's a little Americanized, but I think she still holds a lot of traditional Korean values.

네. 저희 어머니는 정말로 강하고 용기 있는 여성이세요. 한국의 한 농가에서 자라셨는데, 어머니에게는 6명의 자매와 1명의 남동생이 있으세요. 어머니께서는 둘째였기 때문에 형제자매들을 돌보는 것을 도우면서 자라야 하는 막중한 책임이 따르셨어요. 어머니께서는 제 아버지께서 그곳의 군대에 배치되셔서 계시는 동안 만나셨어요. 두 분은 35년여간 결혼 생활을 하셨고, 그래서 어머니는 한국에서 사셨던 것보다 더 오랜 세월을 미국에서 사셨어요. 조금 미국화되시긴 하셨지만, 여전히 많은 한국의 전통적 가치관을 가지고 계시다고 저는 생각해요.

2. 예시 답안

It was very interesting. I was different from the other kids. You know, I had a different set of customs that we practiced at home than my friends did, so it was always kind of embarrassing for me when I was young to have my friends over and then have to tell them "Oh, you have to take off your shoes," or I was always nervous about my lunch because my mom would pack it and I'd think "God, the other kids are gonna think it's stinky," or you know, just weird. So I think, as a kid, it was hard fitting in because I felt like there were parts of me that were different, but now as a grown woman, I'm grateful for those experiences.

아주 흥미로웠죠. 저는 다른 아이들과 달랐거든요. 그러니까, 제 경우, 우리가 집에서 다른 친구들이 하는 것과는 달리 행하는 관습들이 있었기 때문인데, 이를테면 우리 집에 친구들이 놀러 오면, 걔들한테 "어… 너 신발은 벗어야 해."라고 말해야 하는 것이 언제나 좀 쑥스러웠어요. 또는 어머니께서 싸 주시는 점심에 대해 항상 불안해하면서, "다른 애들이 내 음식에서 냄새가 난다고 생각할 거야." 또는, 그냥 이상하다고 생각할 거라든가, 뭐 그런 거요. 그래서, 제 생각에, 아이 때는, (주변 친구들과) 어울리는 것이 좀 힘들었던 것 같아요. 왜냐면 제 속의 어떤 모습들은 (그들과) 다르다고 느껴졌으니까요. 하지만 성인이 된 지금, 저는 그런 경험들에 감사해요.

3. 예시 답안

I think, in my experience, I feel like a big difference between American culture and Korean culture has to do with how they value the relationships with other people. For example, I feel like, in American culture, maintaining your individuality is the most important thing no matter what, so if you're making a decision and you wanna do something, you just do it. You don't think about how it might affect others, but I feel like, in Korean culture, when you make a decision, you consult those around you and your family, and then you take that into consideration when making a decision.

제 생각에는, 그러니까 제 경험상으로는, 미국 문화와 한국 문화의 큰 차이 중 하나가 다른 사람들과의 관계에 얼마나 중점을 두느냐 하는 것과 연관 있는 것 같아요. 예를 들어, 미국 문화권에서는, 어떤 경우에도 자신의 자립성을 유지하는 것이 가장 중요해요. 그래서 어떤 결정을 하고 무언가를 하고 싶을 때, 사람들은 그냥 그걸 하죠. 그 일이 주변 사람들에게 어떻게 영향을 줄지는 생각 안 하죠. 하지만, 제가 느낀 바로는, 한국 문화권에서는, 사람들이 결정할 때, 주변 사람들이나 가족들과 상의를 하고, 결정할 때 그런 것들을 모두 고려하죠.

4. 예시 답안

I think just having an open mind and actually seeking to know about the way other people live…'cause I believe if you don't travel and don't interact with other people who live in different places, you're kind of in a bubble. I think the more you interact with others, the richer your life is, so that's why I feel like I love my family and I love the life that I've had, and I appreciate my husband's culture too and learning about his family because they're different too. It just makes life more fun.

저는 열린 마음을 가지고 실제로 다른 사람들이 살아가는 방식에 대해서 알려고 노력하는 자세라고 생각해요. 그 이유는, 저는, 사람들이 여행하지 않고 다른 곳에 살고 있는 다른 사람들과 소통하지 않으면, 그 사람은 사실 고립된 것이나 마찬가지라고 믿거든요. 당신이 다른 사람들과 소통을 많이 할수록, 당신의 삶은 더 풍요로워질 거라고 생각해요. 바로 그런 점 때문에 저는 제 가족과 또 제가 살아온 삶을 사랑합니다. 그리고 제 남편의 문화 또한 그 진가를 인정하며, 그의 가족들에 대해서 배우게 된 것도 감사해요. 그들도 또 다르니까요. 이런 것들은 인생을 좀 더 재미있게 하거든요.

CHAPTER 2
SPEAKING TRAINING

STEP 2

1. I think we were very careful and very purposeful in how we approached our courtship and our early years of marriage.
2. Whether that is a good idea or not is a very tricky political question.
3. For me, the joys of being a preschool Director far outweigh the challenges.
4. I can very often win them over with a smile.
5. If we box them into too much formal, strict regime too soon, we're scared that we will just squash them.
6. I have the honor and the privilege of living that philosophy out with young children and their families.

STEP 3

예시 답안

1. My name is Alexandra Copeland, but you can certainly call me Andra.
제 이름은 알렉산드라 코프랜드인데, 앤드라라고 부르셔도 됩니다.

2. Edinburgh is a wonderful city and somewhere that your friends should think about visiting.
에든버러는 멋진 도시인데, 당신의 친구들이 방문할 것을 생각해봐야 하는 곳 중 하나예요.

3. There's a castle just right in the middle of the city.
도시의 딱 한가운데에 성이 하나 있어요.

4. We were very careful and very purposeful in how we approached our courtship and our early years of marriage.
우리는 우리의 연애와 결혼 초기 생활에 접근하는데 아주 조심스러웠고 매우 결의에 차 있었어요.

5. Whether that is a good idea or not is a very tricky question.
그게 좋은 생각인지 아닌지는 정말 대답하기 힘든 질문입니다.

6. For me, the joys of being a preschool director far outweigh the challenges.
제게는, 유아원 원장으로서 얻는 기쁨이 그런 힘든 점들보다 훨씬 더 크답니다.

7. I can very often win them over with a smile.
대개는 미소로 그들을 제 편으로 만들 수 있어요.

8. My philosophy of life is to leave this world a better place.
제 인생관은 이 세상을 좀 더 나은 곳으로 남겨 주는 것입니다.

9. I always consider myself a citizen of the world.
저는 언제나 저 자신을 세계 시민이라고 생각합니다.

10. The world becomes smaller with technology and the ease of international travel.
첨단 기술과 쉽게 여행할 수 있다는 점으로 인해서 세계가 더 작아진 것 같아요.

STEP 4

1. 예시 답안

Yes, Edinburgh is a wonderful city and somewhere that your friends should think about visiting. Edinburgh is not the largest city in Scotland, but I think it's the most beautiful and wonderful city…well, I suppose I'm biased. Haha... It is the capital, and it's on the east coast of Scotland, in the south of Scotland on the banks of the River Forth. It's a very old and beautiful city. Probably the most significant landmark in Edinburgh is the old castle, which sits on a volcanic rock, right in the center of town. It's a very dramatic site to see. For visitors to Edinburgh, you see it when you come out of the railway station and come up the steps from the train; there's the castle just right in the middle of the city.

네, 에든버러는 멋진 도시인데, 당신의 친구들이 방문할 것을 생각해봐야 하는 곳 중 하나예요. 에든버러는 스코틀랜드에서 가장 큰 도시는 아니지만, 제 생각에 가장 아름답고 멋진 곳이에요. 음...제가 편견이 있을지는 모르겠지만요. 하하… 그곳은 수도인데, 스코틀랜드의 동쪽 해안에 있어요. 스코틀랜드 남쪽에 있는 포스 강가에요. 오래된 아름다운 도시죠. 에든버러의 가장 의미 있는 장소라면 화산암 위에 위치해 있는 고성인데, 도시의 딱 한가운데에 있어요. 정말로 드라마틱한 볼만한 장소죠. 에든버러에 오실 분들을 위해서 말씀드리자면, 기차역에서 나오실 때, 기차에서 내려서 계단을 올라가면서 그곳을 보실 수 있어요; 도시의 바로 한 가운에 그 성이 있거든요.

2. 예시 답안

Yes. I was an undergraduate student at St. Andrews University in Scotland. In my second year there, Brant Copeland came to St. Andrews University on a Rotary International fellowship. He was an American graduate student who had completed his studies at Southwestern College in Memphis, Tennessee. He came to St. Andrews University to study for one year. I was an undergraduate student, and I fell hopelessly in love with this tall, dark older American graduate student.

네. 저는 스코틀랜드의 세인트 앤드루스 대학의 학부 학생이었어요. 제가 거기서 2학년일 때, 브랜트 코프랜드씨가 국제 로터리 클럽의 장학금을 받고 세인트 앤드루스 대학에 왔죠. 그는 테네시주 멤피스에 있는 사우스웨스턴 대학에서 학부를 마친 미국인 대학원생이었어요. 세인트 앤드루스 대학에는 1년간 공부하러 왔고요. 저는 학부생이었는데, 이 키 크고 까무잡잡한 나이 많은 미국인 대학원생과 절망적으로 사랑에 빠졌죠.

3. 예시 답안

Let's think of my educational philosophy for early childhood education. At First Presbyterian Preschool in Tallahassee, our educational philosophy is that young children learn best in a warm nurturing environment where they are honored and respected, and where they have an opportunity to play. When these young children leave us, most of them go on to many, many, many years of formal education, so at preschool we want to give them the opportunity to play with blocks and cars and trains and baby dolls, and lots and lots of books, and singing and dancing and snacks and cookies and teachers who have warm laps for them to sit in. If we provide that, they're also learning, learning, learning all the time. However, if we box them into too much formal, strict regime too soon, we're scared that we will just squash them, and that's not what we want to do with young children.

유아 교육에 대한 제 교육 철학을 생각해 봅시다. 탈라하시에 위치한 퍼스트 프레즈비테리안 유아원에서, 우리의 교육 철학은 어린아이들이 인정받고 존중받으면서 또 놀 수 있는 기회를 가질 수 있는, 그런 따뜻한 양육 환경 속에서 가장 많이 배운다고 생각합니다. 이 아이들이 우리를 떠나면, 그들 대부분은 아주 아주 오랫동안 정규 교육을 받게 되기 때문에 유아원에서는 우리가 그 아이들에게 블록과 장난감 차와 기차, 인형을 가지고 놀 수 있는 기회를 주고 싶고요, 또 많은 책과 노래나 춤, 스낵과 쿠키, 그리고 그들이 앉을 수 있는 따뜻한 무릎을 가진 선생님들도 함께요. 우리가 그런 것들을 제공할 수 있다면, 그들도 항상 배우고, 또 배우겠죠. 반면, 우리가 아이들을 딱딱하고 엄격한 체제에 너무 빨리 가두게 되면, 그 아이들을 짓누르게 될까 봐 두려워요…그리고 그건 우리가 어린아이들에게 하고자 하는 교육이 아닙니다.

4. 예시 답안

My philosophy of life is to leave this world a better place. I have the honor and the privilege of living that philosophy out with young children and their families…and I hope that every day I'm able to make a difference in the life of young children and their families. Some days I really see that happening in front of me by being able to help a mom or a dad who is busy, worried, harried, concerned about the health of their child…concerned that they aren't able to spend time with their child…and I hope that our little school is able to make the difference for their child.

제 인생관은 이 세상을 좀 더 나은 곳으로 남겨 주는 것입니다. 제게는, 어린아이들과 그들의 가족과 함께 그 인생관에 따라 살 수 있는 영광과 특혜가 주어졌어요. 그래서 저는 제가 그 아이들과 그들 가족들의 삶에 매일 변화를 줄 수 있기를 희망합니다. 어떤 날에는, 바쁘고, 걱정스럽고, 어찌할 바를 몰라 하며, 아이들의 건강에 대해서 염려하는, 또 아이들과 함께하지 못하는 것에 대해 안타까워하는 엄마나 아빠를 도와줌으로써, 정말로 제 눈앞에서 그런 일이 일어나는 걸 볼 수 있어요…저는 우리 작은 학교가 그들의 아이를 위해서 차이를 만들어 낼 수 있기를 바랍니다.

CHAPTER 3
SPEAKING TRAINING

STEP 2

1. One of the most unique experiences I have had is flying through a hurricane.
2. We had on board a variety of instruments to measure the storm.
3. She may think I want something in particular or I am trying to push her to do something, but I usually have no such intention.
4. To be successful in science, you have to have a lot of self-motivation and determination.
5. It is also helpful to build up a network of colleagues with whom you can share ideas and experience.
6. Like with food, I think everyone probably has their own recipe for happiness.

STEP 3

예시 답안

1. One of the most unique experiences I have had is flying through a hurricane.
제가 했던 가장 독특한 경험 중 하나는 허리케인을 통과하면서 비행하는 것이었습니다.

2. We had on board a variety of instruments to measure the storm.
우리는 폭풍을 측정하기 위한 다양한 기구들을 싣고 있었습니다.

3. It was a long trip, and we had some challenging moments trying to avoid some severe thunderstorms.
그것은 긴 여행이었는데, 혹독한 폭풍우를 피해야 했던 힘든 순간들이 있었습니다.

4. One kind of conflict that we have is that sometimes when I ask her a question, she thinks I have some hidden intention.
우리가 접하는 갈등 중 하나는, 가끔 제가 그녀에게 질문을 하면, 그녀는 내게 어떤 숨겨진 의도 같은 것이 있다고 생각합니다.

5. To be successful in science, you have to have a lot of self-motivation and determination.
과학계에서 성공하기 위해서는, 상당한 자기 동기 부여와 투지가 있어야 합니다.

6. It is also helpful to build up a network of colleagues with whom you can share ideas and experience.
당신의 생각과 경험을 나눌 수 있는 동료들과의 네트워크를 구축하는 것 또한 도움이 됩니다.

7. I think everyone probably has their own recipe for happiness.
저는 모두가 행복해지는 데에 대한 저마다의 방법이 있을 거라고 생각합니다.

8. My recipe for happiness is living life to its fullest, learning the mysteries of the universe, and loving and being loved by friends and family, especially my wife.
제게 행복해지는 방법은 삶을 최대한 만끽하며 사는 것, 우주의 신비에 대해 배워가는 것, 그리고 사랑하고, 또 친구들과 가족들에게 사랑받는 것입니다, 특히 제 부인에게요.

9. I had no desire to eat there.
저는 거기서 먹고 싶은 마음이 없었거든요.

10. I often travel to places like Korea and Brazil to work on science projects with colleagues.
저는 과학 연구 프로젝트를 동료들과 함께하기 위해서, 한국이나 브라질 같은 곳으로 자주 갑니다.

STEP 4

1. 예시 답안

One of the most unique experiences I have had is flying through a hurricane. I flew aboard a NASA research plane through Hurricane Georges in 1998. We had on board a variety of instruments to measure the storm. Before we started our mission, we flew over the Kennedy space center very low to the ground, in order to calibrate the instruments. We flew through the eye of the storm when it was over the Dominican Republic. It was a long trip, and we had some challenging moments trying to avoid some severe thunderstorms, but it was quite a ride.

제가 했던 독특한 경험은 허리케인을 통과하면서 비행한 것입니다. 1998년, 저는 NASA의 연구 비행기를 타고 허리케인 조지즈를 통과했어요. 우리는 폭풍을 측정하기 위한 다양한 기구들을 싣고 있었습니다. 우리의 임무를 시작하기 전에, 케네디 우주센터를 위를 땅 쪽으로 아주 낮게 날고 있었어요, 그 기구들을 조정하기 위해서 말이죠. 도미니카 공화국 상공에 다다랐을 때, 우리는 폭풍의 눈을 통과해서 날고 있었습니다. 그것은 긴 여행이었는데, 혹독한 폭풍우를 피해야 했던 힘든 순간들이 있었지만, 인상 깊은 여정이었습니다.

2. 예시 답안

There are so many big political issues right now, and it seems to change daily. Of course, the health care system is perhaps the biggest issue at the moment. We have some of the best doctors and medical technology in the world. However, we have had the worst health insurance system for a long time. Obama tried to move it in a better direction, but it has become too politicized, and now it is not clear what is going to happen.

지금 너무나 많은 커다란 정치적 이슈들이 있는데, 그게 매일 바뀌는 것 같아요. 물론, 의료 보험 제도가 현재 아마도 가장 큰 이슈 같아요. 우리는 세계에서 가장 좋은 의료진과 의료 기술 중 일부를 보유하고 있습니다. 하지만, 우리는 오랫동안 최악의 의료 보험 제도를 가지고 있어요. 오바마 대통령이 그것을 좋은 방향으로 움직이려 했지만, 이 문제가 지나치게 정치적 논쟁거리로 되었고, 이제는 뭐가 어떻게 될지 불투명해졌어요.

3. 예시 답안

Most of my Korean friends say they are embarrassed and ashamed of what the president did, but I told them they should be proud that Korea held their president accountable for what she did. Presidents in our country have committed worse crimes, and nothing happened.

대부분의 제 한국인 친구들은 박대통령이 한 일에 대해서 창피해하고 수치스러워하지만, 저는, 한국이 대통령에게 그녀가 한 일에 대해서 책임을 물었다는 점에서, 한국인들이 자랑스러워해야 한다고 그들에게 말해 줬습니다. 우리나라의 대통령들은 더 나쁜 범죄를 저질렀지만, 아무 일도 일어나지 않았거든요.

4. 예시 답안

You have to have a lot of self-motivation and determination. It is also helpful to build up a network of colleagues with whom you can share ideas and experience. I often travel to places like Korea and Brazil to work on science projects with colleagues, who often become very good friends.

상당한 자기 동기 부여와 투지가 있어야 합니다. 또한, 당신의 생각과 경험을 나눌 수 있는 동료들과의 네트워크를 구축하는 것도 도움이 됩니다. 저는 과학 연구 프로젝트를 동료들과 함께하기 위해서, 한국이나 브라질 같은 곳으로 자주 가는데, 그들은 종종 제 좋은 친구들이 됩니다.

CHAPTER 4
SPEAKING TRAINING

STEP 2

1. Professionally, I've gotten to do a lot of really wonderful Shakespearean roles.
2. I've done Ophelia in Hamlet, which was one of my favorite roles.
3. In film acting, you get to do so much with your eyes. It's a very subtle form of acting.
4. In film acting, you shoot scene by scene.
5. It's a really neat place, and the coolest part about it is all of my neighbors are artists as well.
6. I've also gotten to do lots of modern plays recently.

STEP 3

예시 답안

1. Professionally, I've gotten to do a lot of really wonderful Shakespearean roles.
직업적으로, 저는 정말 멋진 셰익스피어 작품 속의 역할들을 많이 했어요.

2. I've done Ophelia in Hamlet, which was one of my favorite roles.
햄릿의 오필리아 역할을 해봤는데, 그건 제가 좋아하는 역할 중 하나였죠.

3. In film acting, you get to do so much with your eyes.
영화 연기를 할 때는, 눈으로 많은 것을 해야 해요.

4. I live in a beautiful loft in Atlanta, Georgia.
그리고 저는 조지아주 애틀랜타의 아름다운 로프트에 살아요.

5. It's a really neat place, and the coolest part about it is all of my neighbors are artists as well.
정말로 근사한 곳인데, 가장 멋진 점이라면 제 이웃들도 모두 예술가라는 점이죠.

6. As an actor, you really have full control of the journey, which is pretty rewarding.
배우로서, 정말로 그 모든 것들을 컨트롤하는데, 그건 아주 가치 있는 일이에요.

7. It's an honor to be in a space with other people and to get to act and to feel them feeling it, to hear them laughing. That's really what's addictive about live theater.
다른 사람들과 한 공간에서 함께하면서 연기하고 그들이 그것을 느끼는 것을 느끼며, 그들이 웃는 것을 들을 수 있다는 건 영광스러운 일이에요. 그것이 바로 라이브 무대가 가지는 중독성이죠.

8. I'd really like to play a character like Katniss in the Hunger Games movies.
저는 헝거 게임 영화에 나오는 캣니스 역할을 정말 해 보고 싶어요.

9. I define happiness is knowing your most authentic self, knowing your true voice, and being able to communicate it.
저는 행복을 자신의 진정한 자아를 아는 것, 자신의 진짜 목소리는 아는 것, 그리고 그것을 (다른 이들에게) 전달할 수 있는 것이라고 생각해요.

10. I can't wait to come to Korea someday.
저도 언젠가 꼭 한국에 가보고 싶어요.

STEP 4

1. 예시 답안

Professionally, I've gotten to do a lot of really wonderful Shakespearean roles. I've done Desdemona in Othello. I've done Lavinia in Titus Andronicus. I've done Ophelia in Hamlet, which was one of my favorite roles…and I've also gotten to do lots of modern plays recently. I actually just got nominated by the Atlanta Theater Award Ceremony for the best supporting performance in a musical for my portrayal of Maureen in the musical "Rent", which is about the 90s in New York City. I also played Queen Guinevere, Camelot, and some other roles…maybe in lesser-known plays.

직업적으로, 저는 정말 멋진 셰익스피어 작품 속의 역할들을 많이 했어요. 저는 오셀로의 데스데모나 역할을 해봤고요. 타이투스 안드로니카스의 라비니아 역할을 해봤습니다. 햄릿의 오필리아 역할을 해봤는데, 그건 제가 좋아하는 역할 중 하나였죠… 그리고 최근에는 현대극도 많이 해봤어요. 애틀랜타 연극시상식에서 90년대 뉴욕을 배경으로 한 뮤지컬 "렌트" 속의 모린 역할로 조연상 후보에 올랐었습니다. 저는 또한 쥬느비에 여왕과 카멜롯 그리고…아마도 덜 알려진 작품 속의 여러 다른 역할들도 연기했었습니다.

2. 예시 답안

Yes. I live in Atlanta now. I have a wonderful boyfriend. I've been dating him for about five years, and we have two cats. Both are rescue cats. One is a little grey kitty. Her name is Luna, which is Italian for the word, "Moon", and she was abused unfortunately, so we adopted her from a shelter. The second cat we have was found at a dumpster. I always joked that he was found at a dumpster between Krispy Kreme and Burger King because he only ate cheese burgers and donuts for like the first year of his life...haha...and his name is Ludo, so Ludo and Luna are my pets. I'd love to have a dog, but with two actors, oh my boyfriend is also an actor, there's hardly time to walk a dog, so we have cats because they're a little more independent.

네. 저는 지금 애틀랜타에 살아요. 그리고 아주 멋진 남자 친구가 있어요. 한 5년 정도 데이트해왔는데, 우리에게는 고양이가 두 마리 있어요. 둘 다 구조된 고양이들이죠. 하나는 작은 회색 고양이에요. 이름은 루나인데, 이탈리아어로 달이라는 말인데, 그녀는 불행히도 학대당했었고, 그래서 우리가 동물 보호소에서 입양했어요. 우리의 두 번째 고양이는 쓰레기 더미에서 발견되었어요. 저는 그가 크리스피 크림과 버거킹 사이에 있는 쓰레기통에서 발견되었다고 항상 장난삼아 말하는데, 왜냐면 그 고양이는 생애 첫 1년 동안 치즈버거와 도넛만 먹었거든요. 하하.. 그의 이름은 루도예요. 이렇게 루도와 루나는 제 애완동물들이에요. 저는 개를 키우고도 싶지만, 두 사람 다 배우라, 오 제 남자 친구 또한 배우거든요, 개를 산책시킬 시간이 거의 없어요…그래서 우리는 고양이를 기르는데 왜냐면 그들이 조금 더 독립적이기 때문이에요.

3. 예시 답안

I live in a beautiful loft in Atlanta, Georgia. It's in a 150-year-old cotton mill, so it's all beautiful brick, 30-foot-ceilings, a spiral staircase to get to the bedroom. It's a really neat place, and the coolest part about it is all of my neighbors are artists as well. They call them the artists' lofts. I live across the hall from an opera singer. We hear him singing…and he lives across the hall from a graphic designer who hosts salons, so it's about the coolest place an artist could live.

저는 조지아주 애틀랜타의 아름다운 로프트에 살아요. 그건 150년 된 면직공장 안에 있는데, 모두 아름다운 벽돌로 지어졌고, 30피트 높이 천장에, 나선형 계단을 통해 침실로 가게 되어 있죠. 정말로 근사한 곳인데, 가장 멋진 점이라면 제 이웃들도 모두 예술가라는 점이에요. 그래서 사람들이 그곳을 예술가들의 로프트라고 불러요. 제 경우, 오페라 가수가 바로 맞은 편에 살아요. 우리는 그가 노래하는 걸 항상 들어요…그리고 그는 살롱을 운영하는 그래픽 디자이너 맞은 편에 살죠. 그래서 예술가들이 살 수 있는 아마도 가장 멋진 곳인 것 같아요.

4. 예시 답안

The worst one that has ever happened was kind of a funny anecdote. I was not in performance, thankfully, was in a final dress rehearsal, so there was no audience, just us...but I was in two plays in repertory, which means that, let's say, you're doing one play on Thursday night and the second play on Friday night, and then the first play on Saturday night and the second play on Sunday night. I happened to be playing a character that was very similar, and my blocking was very similar - blocking is where you're told to stand like across the stage or things like that, and I went down at the end of the scene. I was supposed to raise a ring and say, "King, this is the ring that was given to me," and I dropped down on my knees to say it, and I began to say the lines from the wrong play, so I was rehearsing the play I was supposed to be on Thursday night, but I was saying the lines from the play that's supposed to be on Friday night…and I was just in the middle of my monologue. "No, that's wrong!" and the whole cast erupted in laughter. It took us about 10 minutes to get back on track because it was so silly.

제게 일어났던 최악의 실수는 사실 우스운 일화이긴 해요. 다행히 공연 중은 아니었고, 마지막 총연습을 할 때였는데, 즉 관객은 없었고, 그냥 우리만 있었어요…하지만 저는 한 레퍼토리의 두 연극을 했는데, 그러니까, 이를테면, 배우가 하나의 연극을 목요일 밤에 하고 두 번째 연극은 금요일 밤에, 또 첫 번째 연극을 토요일 밤에, 두 번째 연극을 일요일 밤에 하는 식이죠. 저는 (그 두 연극에서) 대단히 비슷한 캐릭터를 연기했는데, 연출(blocking) 또한 매우 비슷했죠 – blocking이란 배우가 어디에 서서 연기해야 하는지, 그러니까 이를테면 무대를 가로지르는지 등과 같은 것들이에요. 암튼 제가 그 씬 마지막에 낮게 앉았어요. 반지를 하나 들고서는 "왕이시여, 이것은 저에게 주어진 반지입니다."라고 무릎을 꿇고 말해야 했거든요. 그런데 다른 연극에서의 대사를 말하기 시작했어요. 그러니까 저는 목요일 밤에 해야 하는 연극을 리허설하고 있었는데, 금요일 밤에 올리는 연극의 대사를 말하고 있었던 거죠…제가 독백을 한참 하고 있던 중에, "아니, 그거 아니야!"라고 누군가 말했고, 모든 연기자들이 웃음을 터뜨렸어요. 그게 너무나 바보 같은 실수라서, 다시 제자리로 돌아오는데 한 10분 정도 걸렸어요.

CHAPTER 5
SPEAKING TRAINING

STEP 2

1. The school opened its doors not long after the American Civil War, during which slavery of Negros was abolished.
2. FAMU, as it is affectionately called, was one of many "land-grant" colleges created by the U.S. government in the late 1800s.
3. I enjoyed being the first person to know what was going on, being privileged to ask questions about things that mattered, and researching all sides of an issue.
4. This university was created to teach agricultural and mechanical arts as well as classical studies to educate the working class.
5. I enjoy working on a deadline and among people who care about accuracy and social justice.
6. We have been married 30 years and are child-free by choice. My husband and I both grew up in families that enjoyed pets, so we have adopted many pets over the past 30 years.

STEP 3

예시 답안

1. FAMU, as it is affectionately called, was one of many "land-grant" colleges created by the U.S. government in the late 1800s.

FAMU는, 애칭으로 불리는 이름인데, 1800년대 후반에 미국 정부에서 땅을 지급해 줘서 만들어진 많은 대학들 중 하나입니다.

2. I enjoy being the first person to know what was going on, being privileged to ask questions about things that mattered, and researching all sides of an issue.

저는 제가 무슨 일이 일어나는지에 대해 가장 먼저 아는 사람이라는 점과 중요한 일들에 대해서 질문할 수 있는 특권이 주어지는 것, 또한 한 이슈에 대해서 다양한 각도에서 알아보는 일을 즐겨요.

3. I enjoy working on a deadline and working among people who care about accuracy and social justice.
저는 마감 시한을 두고 일을 하는 것과 정확성과 사회 정의를 중요하게 생각하는 사람들과 함께 일하는 것 또한 즐깁니다.

4. My school was created to teach agricultural and mechanical arts as well as classical studies to educate the working class.
저희 대학은 노동자 계층을 교육하기 위해서 고전을 가르칠 뿐만 아니라, 농업과 공업 기술을 가르치기 위해서도 만들어졌습니다.

5. We have been married for 30 years. My husband and I both grew up in families that enjoyed pets, so we have adopted many pets over the past 30 years.
우리는 30년 동안 결혼 생활을 했어요. 제 남편과 저는 둘 다 애완동물을 좋아하는 가족들 속에서 자라서, 우리는 지난 30년 동안 많은 반려동물을 입양했어요.

6. I earned my Ph.D. in Education at Florida State University, and I worked as a newspaper journalist in Florida.
저는 플로리다 주립대에서 교육학으로 박사학위를 받았고, 플로리다에서 신문 기자로 일했습니다.

7. My school, Florida A & M University is considered the top public HBCU in the United States of America.
저희 대학인, 플로리다 A&M 대학교는 미국의 탑 공립 HBCU로 여겨집니다.

8. My mother said I was reading our local newspaper by the time I was 5 years old.
제 어머니께서는 제가 5살이 됐을 무렵 우리 지역 신문을 읽었다고 말씀하셨어요.

9. I guess I learned to love journalism as soon as I learned to read.
추측하건대 제가 글자를 읽는 법을 배우자마자 저널리즘에 빠지게 된 것 같아요.

10. My passion for international education was ignited in 1996 when I traveled to Africa for the first time to work on a U.S. AID grant project.
국제 유학생들 교육에 관한 제 열정은, 1996년 제가 미국 정부 보조금 프로젝트 일을 처음 했을 때 아프리카로 여행을 갔었는데, 그때 불이 붙었어요.

STEP 4

1. 예시 답안

Florida A&M University was created more than 125 years ago, initially to train black teachers. The school opened its doors not long after the American Civil War, during which slavery of Negros was abolished. FAMU, as it is affectionately called, was one of many "land-grant" colleges created by the U.S. government in the late 1800s. It was created to teach agricultural and mechanical arts as well as classical studies to educate the working class. Today, FAMU is considered the top public HBCU in the U.S. HBCUs are Historically Black Colleges and Universities. According to its website, FAMU has an enrollment of nearly 12,000 students, and about 90% of the students are black. As for the faculty, about 70% of the nearly 600 faculty members are black.

플로리다 A&M 대학은 125년도 넘게 전에 생긴 대학으로, 처음에는 흑인 교사들을 교육시키기 위해 만들어졌어요. 미국 남북 전쟁 후 얼마 안 되어, 흑인 노예제도가 폐지되던 중에, 학교가 문을 열었지요. FAMU는, 애칭으로 불리는 이름인데, 1800년대 후반에 미국 정부에서 땅을 지급해 줘서 만들어진 많은 대학들 중 하나입니다. 이 대학은 노동자 계층을 교육하기 위해서 고전을 가르칠 뿐만 아니라, 농업과 공업 기술을 가르치기 위해서도 만들어졌죠. 오늘날, FAMU는 미국의 탑 공립 HBCU로 여겨집니다. HBCU(Historically Black Colleges and Universities)란 역사적으로 흑인들의 대학을 말하지요. 이 대학의 웹사이트에 나와 있듯이, FAMU는 거의 12,000명의 학생들이 등록해있고, 이 대학의 90% 학생들이 흑인입니다. 교수진들의 경우…대략 600명가량의 70% 정도가 흑인이지요.

2. 예시 답안

My father said I was reading our local newspaper by the time I was 5 years old. The newspaper was delivered to our home early each morning, and Dad would read it before leaving for work. Often, I got the newspaper before Dad did and took the pages I wanted to read. So I guess I learned to love journalism as soon as I learned to read. In high school I worked on the student newspaper and on our school yearbook staff. I enjoyed being the first person to know what was going on, being privileged to ask questions about things that mattered, and researching all sides of an issue. I enjoy working on a deadline and among people who care about accuracy and social justice.

제 아버지께서는 제가 5살이 됐을 무렵 지역 신문을 읽었다고 말씀하셨어요. 신문은 우리 집으로 매일 아침 일찍 배달되었고, 아버지께서는 일터에 가시기 전에 그걸 읽으셨어요. 자주, 저는 아버지보다 먼저 신문을 가져와서는 제가 읽고 싶은 페이지를 떼어 갔죠. 그래서 추측하건대 제가 글자를 읽는 법을 배운 순간부터 저널리즘에 빠져있었던 것 같아요. 고등학교에서는 학생 신문과 졸업 앨범의 스텝으로 일했어요. 저는 제가 무슨 일이 일어나는지에 대해 가장 먼저 아는 사람이라는 점과 중요한 일들에 대해서 질문할 수 있는 특권이 주어지는 것, 또 한 이슈에 대해서 다양한 각도에서 알아보는 일을 즐겼어요. 저는 마감 시한을 두고 일을 하는 것과 정확성과 사회 정의를 중요하게 생각하는 사람들과 함께 일하는 것 또한 즐깁니다.

3. 예시 답안

Hollywood too often casts Asians in a clichéd role like a Korean grocer or an overachieving model minority. Filmmakers and TV producers must more often cast Asian actors and actresses in mainstream roles.

할리우드는 너무 자주 아시아인들을 한국 식품가게 주인이나 기대 이상의 성과를 내는 모범이 되는 소수 민족 등과 같이 판에 박힌 역할로 캐스팅해요. 영화 제작자와 TV 프로듀서들은 아시아인 배우들을 주류 역할에 더 자주 캐스팅해야 합니다.

4. 예시 답안

I have one brother who's three years younger than I. He lives with his wife and son in Atlanta, Georgia that's in the Unites States. I live in Tallahassee with my husband, Ken Schilling. Ken and I have been married 30 years and are child-free by choice. Both my parents and my husband's parents died several years ago after living very long and very happy lives in Florida. Ken and I both grew up in families that enjoyed pets, so we have adopted many pets over the past 30 years. Right now our family includes one miniature schnauzer and three fish.

저는 저보다 세 살이 어린 남동생이 하나 있어요. 그는 그의 아내와 아들과 함께 미국 조지아주에 있는 애틀랜타에 살아요. 저는 탈라하시에서 제 남편, 켄 쉴링과 함께 살고요. 켄과 저는 30년 동안 결혼 생활을 해왔고, 우린 아이 없는 삶을 선택했어요. 제 부모님과 제 남편의 부모님께서는 몇 년 전에 돌아가셨는데, 플로리다에서 매우 길고 너무나 행복한 삶을 사신 후였죠. 켄과 저는 둘 다 반려동물을 좋아하는 가족들 속에서 자라서, 우리도 지난 30년 동안 많은 동물들을 입양했어요. 지금의 우리 가족들은 작은 슈나우저 한 마리와 물고기 세 마리를 포함하지요.

YOU'RE A WINNER!

여기까지 오느라 정말 고생 많으셨습니다.
끝까지 온 여러분은 진정한 승리자입니다!
끝까지 했다는 희열은 해본 사람만이 느낄 수 있지요.
앞으로도 여러분의 영어 학습이 승승장구하기를 기원합니다.